John Ya-Otto
**Namibia —
autobiographischer
Bericht**
rotpunktverlag

fracción mágica 7

John Ya-Otto
Namibia –
autobiographischer Bericht
aus dem Englischen übersetzt von Margrit Lienert

rotpunktverlag

Das Buch erschien 1982 in England (bei Heinemann Educational Books Ltd) und in den USA (bei Lawrence Hill & Co.) unter dem Titel "Battlefront Namibia".

September 1984, erste Auflage
Copyright by rotpunktverlag (rpv), Zürich
Wiedergabe (auch auszugsweise) durch Papier, Funk und Bild nur mit Genehmigung des Verlages
Satz: WTS-Satz, Basel
Druck: Gen. ropress, Zürich
Umschlag, Gestaltung und Layout: Heinz Scheidegger
Lektorat: Dieter Fahrni
Glossar: Margrit Lienert

Verlagsadresse: rpv, Postfach 397, CH-8026 Zürich
Auslieferung: Schweiz: AVA, Postfach 89 8910 Affoltern a.A.
BRD: Prolit, Postfach 111008, 6300 Giessen 11
Berlin: Regenbogen, Seelingstr. 49, 1000 Berlin 19
Österreich: Karl Winter, Landesgerichtsstr. 20, 1010 Wien
ISBN 3-85869-026-0
Printed in Switzerland

Inhaltsverzeichnis

Bemerkung	6
Einleitung und kleine Einführung in die Geschichte Namibias	7
1 Die grosse Familie	15
2 Lektionen in Schwarz und Weiss	34
3 Das Massaker von Windhoek	51
4 Die Fronten verhärten sich	75
5 Konfrontation	95
6 Folter in Pretoria	112
7 Zwischen Leben und Tod	132
8 Der Prozess der Terroristen	149
9 Die Heimkehr	168
Glossar	185
Fotos	189

Bemerkung

Manche Geister (Gemüter) und Hände haben zur Verfassung dieses Buches sowie der eigentlichen Geschichte beigetragen. Die Idee kam von Mitgliedern der Befreiungs-Unterstützungs-Bewegung, die eine Serie von Lebensgeschichten über afrikanische Freiheitskämpfer zusammenstellte. Aber bald wurde klar, dass die Geschichte über den ursprünglichen Plan hinausging.

Die Wahl Ya-Ottos, um die Geschichte des Kampfes von Namibia zu erzählen, war von der nationalen Befreiungsbewegung SWAPO getroffen worden. Dann folgten drei Monate von Unterredungen und Tonbandaufnahmen in und rund um Lusaka, Zambia, in den Jahren 1975 und 1976. Ole Gjerstad war für diesen Teil der Arbeit verantwortlich, während er und Michael Mercer zusammen das Gesprochene niederschrieben und die Berge von Abschriften anschliessend in die nachfolgende Geschichte zusammenfassten. John Ya-Otto las die Endschrift durch bevor das Ganze in den Druck ging.

Unter den vielen Leuten, die zu diesem Werk beigetragen haben, geht ein spezieller Dank an Peter Lewis für seine geduldige Abschrift und an Nicholas Coleman und Susan Kearney für die geschickte Redaktion. Viele Mitglieder der Befreiungsbewegung waren unentbehrlich für ihre Ermutigungen und ihre finanzielle Unterstützung.

Soweit dieses Buch "allen gehört", so ist es doch die Bevölkerung von Namibia, die weiterhin ihre besten Söhne und Töchter opfert, um die Freiheit zu erlangen, die ihr Geburtsrecht ist.

John Ya-Otto
Ole Gjerstad
Michael Mercer
September 1980

Einleitung und kleine Einführung in die Geschichte Namibias

John Ya-Otto, 1938 geboren, 1974 ins Exil geflüchtet, schildert in diesem Buch die bedeutsamsten Ereignisse seiner ersten 36 Lebensjahre. In einer nüchternen und genauen Sprache, versteht es John Ya-Otto bald einmal, Leser und Leserin dieses autobiographischen Berichts mit Lebensumständen und politischer Lage im damaligen Namibia vertraut zu machen.

Seit seinen ersten Lebensmonaten wurde er von seiner weitverzweigten Verwandtschaft aufopfernd umsorgt. Trotzdem verbrachte er keine unbelastete Jugend. Denn die Diskriminierungen der rassistischen Ausbeutung in Namibia brachte den Schwarzen nur Hunger, Not, Elend, Kinderarbeit und miserable Schulbedingungen ... — und das auch heute noch.

In seiner kindlichen Unvoreingenommenheit musste John schmerzhaft die Unmöglichkeit erfahren, in einem rassistischen System offene Beziehungen mit Weissen einzugehen. Meistens begegneten ihm die weissen Kinder und Erwachsenen feindselig. Gedehmütigt wurde er, bestenfalls toleriert, sofern er sich den Interessen der Weissen unterwarf.

John vermochte all diesen Einschüchterungen, Herabsetzungen und kolonialen Überheblichkeiten deshalb Stand zu halten, weil er die Kraft hatte, zu seiner menschlichen Würde zu stehen.

Ende der fünfziger Jahre, begann er als junger Erwachsener sich aktiv gegen die Unterdrückung seines Volkes durch das südafrikanische Apartheid-Regime zu wehren. Es war die Zeit, als die nationale Befreiungsbewegung, die "SWAPO of Namibia", gegründet wurde.

John berichtet eindrücklich vom politischen Kampf, von hoffnungsvollen Erfolgen, aber auch von Verhaftung, Folter, Schauprozess, Gefängnis und Ermordung seiner Mitkämpfer.

Die brutalen Mechanismen der rassistischen Unterjochung Nami-

bias werden dem Leser ebenso vor Augen geführt, wie das unermessliche Leid, das durch das südafrikanische Apartheid-Regime seit bald siebzig Jahren in Namibia ausgerichtet wird.
Notwendigerweise schreibt John vor allem über eigene Lebenserfahrung, und er beschränkt sich auf die Zeit von zirka 1938 bis 1974. Wer nun die Geschichte Namibias nicht genau kennt, ist so nicht in der Lage, alle seine Schilderungen örtlich und zeitlich einzuordnen. Deshalb soll hier die Geschichte des Landes kurz umrissen werden. Die Darstellung steht auf der Seite der ihrer Menschenrechte beraubten Namibier. Und, es versteht sich von selbst: Die Hoffnung kann nur auf dem nationalen Befreiungskampf liegen.

Die erste Kolonisierung

Das Gebiet des heutigen Namibia wurde im Vergleich zum übrigen Afrika spät kolonialisiert. Die Namib-Wüste im Westen und die Kalahari-Wüste im Osten bildeten einen natürlichen Schutz. Um 1800 lebten mehrere verschiedene schwarze Völker im heutigen Namibia. Sie hatten ihre jeweiligen eigenen Kulturen. Sesshafte Ackerbauern und Handwerker lebten im Norden, eher nomadisierende Viehzüchter im Zentrum und im Süden. Andere waren Jäger und Sammler in der Kalahari-Wüste.
Die ersten weissen Händler, Missionare und Forscher drangen um 1850 in das Gebiet vor.
1883 war das Jahr, in dem der Bremer Kaufmann Adolf Lüderitz den Schwarzen mit umstrittenen Verträgen Land abluchste. Diese sogenannten Verträge waren für die Schwarzen schon deswegen irreführend, weil sie in ihrer Kultur Eigentum an Land im europäischen Sinne gar nicht kannten.
1884 stellte Bismarck die erworbenen Ländereien unter deutsche "Schutzherrschaft". Die "Deutsche Kolonialgesellschaft aus Südwestafrika" wurde erst später gegründet. 1889 trafen die ersten deutschen Soldaten ein.
Die Schwarzen wurden in der Folge mit Waffengewalt gezwungen, Land und Vieh abzutreten. Mit der Unterzeichnung von sogenannten "Schutzverträgen" sollten sie sich der deutschen Herrschaft unterstellen.
Verschiedene Volksgruppen leisteten erbitterten Widerstand. Örtliche, kleine Revolten waren fast an der Tagesordnung. Es kam auch zu mehreren Schlachten. Die überlegenen Waffen der deutschen Truppen und mangelnde Koordination unter den

schwarzen Gruppen gaben den Ausschlag für ihre endgültigen Niederlagen in den Jahren zwischen 1904 und 1906.
Die deutschen Kolonialtruppen hatten an den Namibiern einen tatsächlichen Völkermord begangen. Von 100'000 Herero-sprechenden Bewohnern überlebten nur 20'000. Sie wurden mit Frauen und Kindern in die Wüste getrieben, nachdem sie die Sandveld-Schlacht verloren hatten. Die Sammler und Jäger der Kalahari-Wüste wurden fast ganz ausgerottet.
Die von Hendrik Witboot geführten 20'000 Nama-Sprechenden hatten 10'000 Tote zu beklagen.
1906 wurden rassistische Pass-, Arbeits- und Niederlassungsbestimmungen gegen die Interessen der überlebenden Schwarzen erlassen.

Namibia unter südafrikanischer Verwaltung

1915 verlor Deutschland seine Kolonie an Südafrika, das damals noch als unabhängige Union dem Commonwealth angehörte.
1920 gab der Völkerbund Südafrika den Auftrag, Gerechtigkeit in Namibia aufzubauen und die nationale Unabhängigkeit des Landes in die Wege zu leiten.
Südafrika aber tat genau das Gegenteil. Die Vorrechte der weissen Siedler wurden in den Jahren zwischen 1922 und 1928 weiter ausgebaut. Rassistische Gesetze aus Südafrika wurden auf Namibia ausgedehnt. Neue Revolten der Schwarzen wurden blutig niedergeschlagen. Namibia, das damals noch "Südwestafrika" hiess, wurde quasi als 5. Provinz Südafrikas an das "Mutterland" angeschlossen. Reiche Fischgründe entlang der Küste, riesige Diamantenfunde, Kupfer und andere Bodenschätze waren Grund genug, das äusserst dünn besiedelte Gebiet in die Südafrikanische Nationalwirtschaft einzubeziehen.
Die Nachfolge-Organisation des Völkerbunds, die UNO, lehnte einen Annektierungs-Antrag Südafrikas ab und betraute Südafrika trotzdem mit einem ähnlichen Mandat, wie es der Völkerbund schon getan hatte. Dies 1946.
Zwei Jahre später, nach dem Wahlsieg der Nationalen Partei in Südafrika, wurde die Apartheid vollends zur offiziellen Staatsdoktrin. Die Zwangsumsiedlung von 1959 in Windhoek war eine direkte Folge der forcierten Rassentrennung.
Viele offene Briefe, in denen hoch angesehene schwarze Persönlichkeiten Gerechtigkeit für ihr Volk gefordert hatten, wurden vom Apartheid-Regime übergangen. Auch Proteste und Memo-

randen der beiden grossen schwarzen Kirchen, die zusammen die Mehrheit der Namibier repräsentierten, blieben ohne Wirkung. Zusammen mit multinationalen Unternehmen hatte das Apartheid-Regime die Plünderung der natürlichen Schätze des Landes massiv vorangetrieben. Gegen 90% der Gewinne werden heute noch aus dem Land abgezogen. Der Aufbau einer gesunden Volkswirtschaft ist bewusst nie in Angriff genommen worden. Schwarze Arbeiter sind gezwungen, ihre Familien zu verlassen, um im weissen Gebiet für Löhne unter dem Existenzminimum zu arbeiten. Für die meisten ist weder die Arbeit noch der Arbeitgeber wählbar.

1964 kündigte das Apartheid-Regime mit dem Odendaal-Plan an, die Schwarzen sollten gemäss ihrer sprachlichen Zugehörigkeit auf zehn eigenständige Gebiete aufgeteilt werden. Damit wurden die Namibier zu Ausländern in ihrem eignen Land.

Die SWAPO kämpft für die nationale Befreiung

Angesichts dieser aussichtslosen Situation entschied sich die 1960 gegründete nationale Befreiungsbewegung, die "SWAPO of Namibia", den bewaffneten Befreiungskampf aufzunehmen. Am 26. August 1966 wurde der erste Schusswechsel zwischen der SWAPO und dem Apartheid-Regime registriert. Dieses verstärkte daraufhin seine militärische Präsenz in Namibia und verhaftete fast alle im Land gebliebenen Exponenten der SWAPO. Die Verschärfung der Lage zwang die internationale Gemeinschaft dazu, sich endlich mit Namibia zu befassen. 1966 erklärte die UNO das südafrikanische Mandat für beendet. 1971 bezeichnete der Internationale Gerichtshof in Den Haag die Besetzung Namibias formell als illegal.

Dies hinderte weder die südafrikanischen noch amerikanischen, kanadischen oder englischen Multis daran, die reichen Bodenschätze weiterhin durch die billigen Arbeitskräfte auszubeuten. Ein landesweiter Streik der Vertragsarbeiter, die Zunahme des Kriegs, Notstandsgesetze im bevölkerungsreichsten Norden, Massenverhaftungen und die Flucht von 20'000 Namibiern im Jahre 1974 hatten die Lage in den vorhergehenden drei Jahren noch einmal erheblich verschärft.

Als 1975 Truppen des Apartheid-Regimes das kurz zuvor unabhängig gewordne Angola überfielen, um die marxistisch orientierte MPLA-Regierung aus dem Sattel zu heben, wurden kubanische Soldaten und Kriegsmaterial aus der UdSSR eingeflogen.

Das Apartheid-Regime musste sich zum grössten Teil aus Angola zurückziehen. Die SWAPO konnte nun auch in Angola Flüchtlingslager einrichten und dort Guerilla-Verbände stationieren. Nachdem Namibia schon Teil des Nord-Süd-Konflikts war, geriet es nun auch in den Brennpunkt des Ost-West-Konflikts. Nicht zuletzt aufgrund der politischen Kämpfe der SWAPO auf diplomatischer Ebene verabschiedete die UNO im Jahr 1977 die Resolution 435. Diese Resolution legt fest, wie Namibia die nationale Unabhängigkeit in drei Etappen erlangen soll. Die drei Schritte sind: 1. Waffenstillstand und Rückzug der meisten Soldaten des Apartheid-Regimes; 2. Freilassung aller politischer Gefangener und Vorbereitung von Wahlen; 3. Abhaltung der Wahlen in einer verfassungsgebenden Versammlung.

Es war schon damals und ist heute noch klar, dass die SWAPO freie Wahlen eindeutig gewinnen wird.

Das Apartheid-Regime weigerte sich, die Resolution 435 zu befolgen. Die USA, Grossbritannien, die BRD, Frankreich und Kanada bildeten eine Vermittlergruppe, mussten aber 1983 ihre Bemühungen nach fünf Jahren abbrechen, nachdem das Apartheid-Regime immer wieder neue Wege gefunden hatte, die Anwendung der Resolution zu verhindern.

Die SWAPO hat mehrmals einen Waffenstillstand und direkte Verhandlungen mit dem Apartheid-Regime angeboten, das aber seinerseits Gesprächsbedinungen stellt, welche für die SWAPO nicht annehmbar sind.

Neben der Ausweitung des Kriegs auf Angola hat das Apartheid-Regime auch versucht, eine Alternative zur SWAPO aufzubauen. Der erste Versuch mit der "Demokratischen Turnhalle Allianz" ist an seiner eigenen rassistischen Struktur 1982 endültig gescheitert. Die Allianz war nicht in der Lage, weite Bevölkerungsteile für sich zu gewinnen. Ein zweiter Versuch, mit zum Teil neuen Gesichtern, wurde Ende 1983 lanciert. Dieses, als Mehrparteienkonferenz gestaltete Projekt ist schon nach wenigen Monaten daran, an denselben Widersprüchen auseinanderzubrechen. Etwa 90% der über 40 Parteien in Namibia bleiben bedeutungslos, weil es ihnen nicht gelingt, sich im Volk zu verankern. Sie vertreten kleine Partikularinteressen, bieten keine glaubwürdige politische Perspektive an und haben oft weniger als 20 Mitglieder.

Obwohl es der SWAPO verboten ist, sich öffentlich zu versammeln, ist sie im ganzen Land organisiert.

SWAPO-Mitglieder haben die Nationale Gewerkschaft Namibischer Arbeiter (NUNW) Ende der 70-Jahre reaktiviert. Sie verbreiten politische Manifeste, beteiligen sich an Streiks und an andern "Basisaktionen".

Die SWAPO hat einen Jugend-Verband, regional aufgebaute Frauengruppen und "Alten-Räte". Es bestehen enge Verbindungen zwischen den grossen schwarzen Kirchen und der SWAPO. Wichtige kirchliche Würdenträger sind offizielle Vertreter der SWAPO.

Die wenigen Parteien, die konsequent gegen das Apartheid-Regime Stellung bezogen haben, sind daran, ihre Zusammenarbeit mit der SWAPO auszubauen.

Die SWAPO betont immer wieder, dass alle Weisse, die sich mit dem Aufbau eines unabhängigen und nichtrassistischen Namibia identifizieren, höchst willkommen sind, im Lande zu bleiben. Die SWAPO zählt unter ihren Mitgliedern auch weisse Namibier.

Heute... und Morgen?

Das Apartheid-Regime ist die Grossmacht der Region und kann nicht mit militärischen Mitteln allein aus Namibia vertrieben werden. Die SWAPO ihrerseits ist zu stark im Volk verankert, um vernichtet zu werden. Prognosen für die Zukunft sind vage Spekulationen.

Die militärische Kontrolle von Namibia kostet das Apartheid-Regime inzwischen etwa 2,2 Mrd. sFr. pro Jahr. Gegen 100'000 südafrikanische Soldaten sind ständig in Namibia stationiert. Zu den militärischen Ausgaben Südafrikas müssen jährliche Verwaltungs-Kosten von 660 Mio sFr. dazugezählt werden.

Vier von fünf Namibiern leben heute unter einem de facto Kriegsgesetz. Politischer Mord, Folter, Verhaftung ohne Gerichtsverfahren, Einschüchterung der Bevölkerung und Ausgangssperren sind in der nördlichen Hälfte des Landes alltägliche Ereignisse. Sehr hohe Arbeitslosigkeit, Kleinkriminalität, Drogenmissbrauch, Jugendprostitution und Kriegstraumata stellen enorme Probleme dar. Ein Ende des Kriegs, die nationale Unabhängigkeit, sowie der wirtschaftliche und soziale Aufbau des Lands sind dringend notwendig.

Dies sind auch die wichtigsten Ziele der SWAPO, die sie mit pragmatischen Mitteln erreichen will.

Kleinunternehmen sollen im Privatbesitz bleiben. Staatseigentum ist in unterschiedlichem Ausmass in den Schlüsselsektoren vorgesehen (Bergbau, Fischerei, Viehwirtschaft, Bank- und Finanzwesen, sowie im Grund- und Bodenbesitz). Genossenschaftlicher Besitz soll allgemein gefördert werden. Beteiligungen der multinationalen Unternehmungen sind im begrenzten Ausmass erwünscht. Der Aufbau einer verarbeitenden Industrie wird angestrebt.

Mehrere zehntausend Fachkräfte werden fehlen und müssen in kürzester Zeit herangebildet werden. Gegen 100'000 Flüchtlinge werden nach der Unabhängigkeit im Land reintegriert werden müssen.

Nur der Zusammenschluss der Wanderarbeiter mit ihren Familien wird schon mindestens 150'000 neue Wohnungen erfordern.

Wir wünschen ein rasches Ende des Krieges, freie Wahlen und eine internationale Gemeinschaft, welche alle Namibier bei der Erreichung dieser Ziele unterstützt.

Zürich, Juli 1984　　　　　　　　　　　　*Jeremy Hellmann,*
Anti-Apartheid Bewegung der deutschen Schweiz

Namibia (824'269 qkm) ist nach Australien, der Sahara und einigen Scheichtümern am Persischen Golf das am wenigsten dicht bevölkerte Land der Erde (etwa 900'000 Einwohner, davon 100'000 Weisse). Die Karte links zeigt die Umrisse Namibias massstabgetreu, über die Karte Europas kopiert.

Die elf ethnischen Gruppen des Landes sind die Ovambos (46%), die Weissen (12%), die Damaras (9%), die Kavangos (7%), die Buschmänner 3%), die Kaokovelder (5%), die Baster (2%), übrige (1%) (Karte rechts). Die Baster sind Mischlinge von Buren und Hottentottenfrauen, sie wanderten ab 1830 aus Südafrika ein. 80 bis 90 Prozent der Einwohner Namibias sind Christen, vorwiegend evangelisch-lutherischer Konfession.

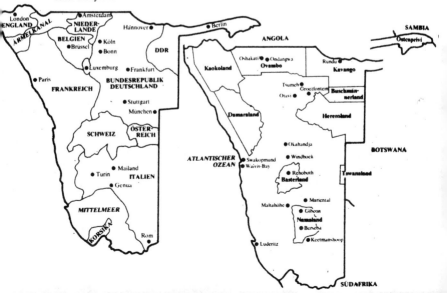

Oben links: der Autor dieses Buches, John Ya-Otto
Oben rechts: Sam Nujoma. SWAPO-Präsident und das darunter vereinigte SWAPO-Zentralkomitee

1
Die grosse Familie

Der Bus von *Ondangwa, Ovamboland,* hielt mit einem Ruck vor dem Kontrollposten an. Die von rotem Staub bedeckten Reisenden, müde von der 150 Meilen langen Fahrt nach Süden über die dürren Ebenen, sammelten ihre Bündel zusammen und stiegen schweigend, einer nach dem anderen, aus dem Bus, um sich dem durchdringenden Blick des weissen Mannes zu stellen. Der Polizist, der an der Bustür stand, bombardierte sie mit Fragen und stocherte mit seinem Stock in ihrer Habe.

Meine Tante Anna bedeckte vorsichtig ihren grossen Korb, hob ihre Tasche auf und begab sich nach vorne; sie war die letzte, die ausstieg. Mit gesenktem Kopf stellte sie ihre Tasche zu Füssen des Polizisten.

"Wo wohnst du?" fragte er.

"*Keetmanshoop, Baas**." Ihre Stimme war kaum hörbar.

"Was hast du im Norden gemacht?"

die mit * bezeichneten Wörter und Ausdrücke sind im Glossar auf Seite 185 erklärt

"Meine Familie besucht, *Baas*." Anna studierte den Staub, wie eine Dienerin vor dem Meister. Dem Blick des weissen Mannes zu begegnen, hätte bedeutet, das Unheil zu suchen.
"Was ist im Korb?"
Ihr Herz machte einen Sprung, aber sie liess sich nichts anmerken.
"Esswaren, *Baas*."
"Geh weiter", brummte der Polizist. Ohne ein weiteres Wort drehte er sich auf seinem Absatz um und ging zurück in den Schatten seines Büros.
Wieder im Bus lüftete Anna das Tuch von ihrem Korb und blickte lächelnd zu dem Kind hinunter, das unschuldig, in Decken eingewickelt, schlief. Ich war sechs Monate alt und hatte soeben eine der vielen Hürden von Apartheid-Namibia geschafft.
Als kleiner Junge machte es mir Spass, diese Geschichte von Anna zu hören, verstand aber ihre Bedeutung erst Jahre später, als ich lernte, dass Ovamboland eine "begrenzte Zone" war, ein weites ländliches Ghetto für Ovambos. Ich hätte als *SWAPO*-Führer nie erreichen können, was ich erreicht habe, wenn die Behörden gewusst hätten, dass ich in Ovamboland geboren war. Durch diesen Schmuggel aber wurde das ganze Land zu meinem Territorium, von Namaland im Süden bis zum Ovamboland im Norden, und ich lernte gleichzeitig die Sprache der *Namas*, der *Hereros* und diejenige der *Ovambos*.* Meine grosse Familie lebte über ganz Namibia verstreut und obwohl wir alle Ovambos waren, hatte ich nie das Gefühl, zu einem Stamm oder an einen speziellen Ort zu gehören.
Anna und ihr Ehemann Abraham hatten Ovamboland in den frühen Zwanziger-Jahren verlassen und waren nach Süden gezogen, bevor die Südafrikaner ihre Kontrollposten errichtet hatten. Abraham hatte in den kalten, kahlen Bergen nahe des *Oranje*-Flusses eine Arbeit gefunden als Schienenleger bei der südafrikanischen Eisenbahn. Er lernte selbst lesen und schreiben und in meiner klarsten Erinnerung sehe ich ihn vor mir, wie er am Küchentisch sass; seine grobe, schwielige Hand hielt krampfhaft einen Bleistift und kritzelte einen Brief nach dem andern an unsere Verwandten in *Ondangwa*, *Tsumeb*, *Windhoek* oder *Kasise*. Alle paar Jahre hatte er genug Ferientage gespart, um mit der Familie eine Reise in den Norden zu unternehmen. Die von vielen Halten unterbrochene Reise nach Ondangwa, wo die meisten unserer Verwandten lebten, dauerte drei Wochen und es blieb dem armen Abraham nie viel Zeit, lange zu bleiben. Anna und ihre zwei

Kinder, Moses und Johanna, blieben während der Regenzeit da, um auf den Feldern zu arbeiten und sich mit Fleisch und frischer Milch zu stärken, da diese Nahrungsmittel in den südlichen Eisenbahnstätten schwierig zu erhalten waren. Während einer dieser Besuche im Jahre 1938, entschieden sie, mich, den neugeborenen dritten Sohn von Abraham's Schwester zu adoptieren. Als die Ernte eingebracht und ich entwöhnt war, packte mich Anna in den Korb und machte sich auf den langen Weg zurück nach Keetmanshoop.

Der Kampf, die Familie mit einem Hungerlohn aufzuziehen, hatte aus Anna eine so starke und weise Frau gemacht, wie ich sie selten getroffen habe. Ihre Schultern und Arme waren fest und muskulös wie die eines Mannes und wenn sie im Garten ihre Hacke schwang, so verschwand diese bis zum Stiel in der Erde. Mit einem Dreh der Handgelenke pflügte sie grosse Klumpen krustiger Erde um; Johanna und ich folgten ihr mit Stecken, um die Erdklumpen zu zerkleinern. So arbeitete sie sich durch die Reihen und grub die harte Erde um. Später führte sie uns Kinder an beim Pflanzen, Jäten und Ernten. Der Kohl und die Rüben dieser Beete waren ein wichtiger Zusatz zu unserer eintönigen Kost aus Mais und Brot und dem gelegentlichen Stück gebratenen Fleisches. Die Lasten, die Anna trug, waren so schwer, dass viele Männer sie nicht hätten heben können. Sie ging in die Knie und lud sich mit einem Schwung grosse Zuber nasser Wäsche auf den Kopf. Dann streckte sie langsam ihre Beine, während sie die Last mit den Händen festhielt. Den Weg vom Wasserplatz zur Wäscheleine machte sie ohne stillzustehen, ihre Beine folgten geschickt ihren Schritten, den Rücken hielt sie gestreckt, um das Gewicht auszugleichen. War die Last ungewöhnlich schwer, so verfiel sie in einen Laufschritt, hastete die Böschung hoch zu unserem Haus und rief durchs Tor, "Johnny, hilf mir das auf den Boden stellen, schnell!" Gewöhnlich gehörte die Wäsche weissen Familien von der anderen Seite der Stadt. Wenn sie getrocknet und gebügelt war, faltete sie sie säuberlich auf und nahm mich mit zur Ablieferung. So lange wir im Süden lebten, arbeitete Anna immer für weisse Familien, entweder im Haushalt, oder als Wäscherin.

Zuhause war Anna oberste Herrscherin; Abraham wagte es nicht, sich in Streitigkeiten mit seiner selbstsicheren Frau einzulassen. Eine häufige Quelle von Spannungen war die *"shebeen"*, die Anna in unserem Heim führte — sie braute und verkaufte Bier. Das meiste Geld, das Anna bei den Weissen verdiente, wurde ausgegeben für Zucker und *"erkies"* (eine Art von Bohnen), die sie in einem Zehn-Gallonen Fass mischte und gären liess. Samstag abends, wenn ein Fass bereit war, füllte sich unser Haus mit durstigen Männern, die sich den Kohlenstaub einer Woche Arbeit aus den Kehlen spühlten. Bei diesen Gelegenheiten war Anna in Höchstform. Ihre tiefe Stimme hallte durch den Lärm in *Nama, Zulu, Afrikaans,* Deutsch und sogar einigen Brocken Englisch*. Während sie das Bier ausschenkte, erzählte sie die letzten Neuigkeiten vom Dorf und wachte gleichzeitig darauf, dass die Polizei sie nicht überraschte. Als *"shebeen"*-Königin* führte sie ein straffes Regiment; wurde einer streitlustig, stützte sie ihre Hände in die Hüften und befahl dem Mann, sich anständig zu be-

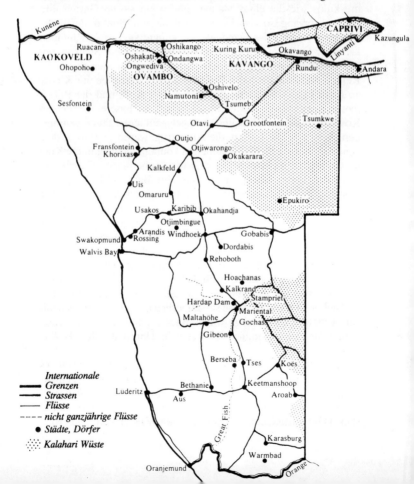

nehmen, falls er je wieder bei ihr bedient werden wolle. Wenige haben es gewagt, sie nicht zu respektieren.

Als Johanna älter wurde, gewann unsere *"shebeen"* an Beliebtheit bei den jungen Arbeitern und den Soldaten, die während des Zweiten Weltkrieges kamen, um die Eisenbahn zu beschützen. Anna bewachte ihre Tochter wie ein Falke und verbrachte Johanna zuviel Zeit mit einem Gast, wurde sie von Anna in die Küche gerufen. "Nie, solange ich es verhindern kann, wirst du dein Leben in einem elenden Bahnhofschuppen verbringen", sagte sie zu Johanna.

Einige der Männer gaben mir ein *"tickie"* — eine Dreipenny-Münze — um einen Zettel zu Johanna zu schmuggeln; eine herausfordernde Aufgabe, die ich gerne übernahm, bis zu dem Tag, als mich Anna auf frischer Tat ertapppte. Ruhig, mit mehr Schmerz als Zorn in der Stimme, sagte sie zu mir: "Sohn, wir wollen für Johanna ein glückliches, gesichertes Leben. Wenn du deine Schwester liebst, so höre auf, ihr solche Zettel zu übergeben." Sie nahm meinen Kopf in ihre Hände und ich schaute in ihre tiefen, dunklen Augen. Zum ersten Mal verstand ich etwas von Annas unaufhörlicher, mühseliger Arbeit: sie schuftete bis zur Erschöpfung, damit wir Kinder es vielleicht einmal besser hätten.

Ihre Augen schienen zu bitten: "Mach nicht, dass alle meine Arbeit umsonst war."

Zu dieser Zeit lebten wir in *Aus*, einer kleinen Eisenbahnstadt am südlichen Rand der *Namib-Wüste*. Unser Heim war ein umgewandelter Güterwagen, der gleich unterhalb der Schienen auf dem Kies stand, so nahe, dass der Dampfstrahl der Lokomotiven mit pfeifendem Lärm die Rückwand unseres Wagens traf, wenn die mit Erz oder Fischmehl beladenen Züge von der *Luderitz-Bucht* vorbeiratterten. Die Schuppen der Eisenbahnarbeiter lagen verstreut unterhalb unseres Heimes, einige Dutzend Holzhütten verschiedenster Formen und Grössen, die sich bis zur Bahnstation erstreckten. Mit seinen vier Räumen war unser "Haus" eine leidlich gute Unterkunft. Das Holz der Wände war zwar so verfault, dass ich mit meinen Fingern Splitter herausreissen konnte; aber die Holzbretter und Metallstreifen, die Abraham vom Bahnhof-Gelände heimbrachte, hielten die schlimmsten Windstösse fern. Wenn der Windzug drohte, die Kerosenlampe auszublasen, stopften wir Lappen in die Risse rund um Fenster und Türe und kauerten um den kleinen Kachelofen, bis es Zeit war, zu Bett zu gehen.

Es war ein kalter Wind, der von der Wüste her gegen Aus wehte. Aus blassblauem Himmel sauste er durchs Tal, bog jeden Busch um, polierte die Felsen des längst ausgetrockneten Flusses und wirbelte um unsere Baracken unaufhörlich riesige Staubwolken auf. In einer Woche bräunte er die verwelkenden Maishalme in unserem Garten. Gänse und Hühner suchten Schutz, indem sie sich gegen die Wand schmiegten und es sah aus, als kauerten sie monatelang unbeweglich dort. Der Sand schien seinen Weg in jeden Winkel zu finden. Er sammelte sich in kleinen Haufen entlang den Rissen im Fussboden, wo er unter unseren Füssen knirschte, wenn wir morgens aufstanden. Unser Trinkwasser hatte ständig einen braunen Belag, auch wenn wir den Eimer bedeckten.

Die Bewohner, die keinen Ofen in ihren Hütten hatten, versuchten der Kälte mit Feuereimern zu begegnen. Mit Kohle von der Eisenbahn bereiteten sie in einem alten Kübel ein Feuer, das sie ins Haus trugen, nachdem der schlimmste Rauch verqualmt war. Ein guter Feuereimer konnte die ganze Nacht durch brennen, wenn man einige Male aufstand, um das Feuer zu schüren. Aber es war auch gefährlich: Einige Häuser weiter entfernt feierte ein älterer Arbeiter seinen Zahltag mit ein paar Bieren. Da seine Familie nicht bei ihm, sondern in Owamboland lebte, war niemand

da, der ihn aufweckte, als der Eimer zu rauchen anfing. Ich ging grad beim Haus vorbei, als man seinen, in eine Decke gewickelten Körper aus der dunkeln, kalten Hütte trug.
Noch schlimmer war der Winter für die Hirten, die die Berge oberhalb Aus durchstreiften. Die Abhänge lieferten gutes Weidegras für die *Karakul*-Schafe,* deren dicke, schwarze Wolle den Deutschen und Buren-Farmern in Süd-Namibia Reichtümer einbrachte. Die Farmer engagierten nur Vertrags-Arbeiter, hauptsächlich Ovambos, die während des ganzen Jahres mit den Herden leben mussten. Mit sehr wenig Essen und ärmlicher Kleidung, in Unterschlupfen, die sie sich selbst aus Felsen und trockenen Büschen gebaut hatten, waren diese Hirten schlecht gewappnet, dem eisigen Wind standzuhalten. Manchmal kamen einige von ihnen herunter, um uns — die einzige Ovambofamilie von Aus — zu besuchen und ihre gefrorenen Glieder aufzutauen. Bärtig und abgezehrt, in ihre Lumpen gekleidet, sassen sie rund um den Küchentisch mit Abraham. Ich höre sie von Freunden erzählen, die erfroren waren und von Prügeln des *"Baas",* wenn Schafe fehlten. Aber für mich war ihre Welt weit entfernt und ihre Geschichten waren wie Märchen von fremden Leuten in weit entfernten Kontinenten.
Während dieser ersten Jahre in Aus erstreckte sich meine eigene Welt nur vom Laden und der Rheinischen Missions-Schule auf der einen Seite des Barackendorfs bis zur Bahnstation auf der andern Seite, wo Abraham seine Tage verbrachte, indem er Kohle in die leeren Heizkessel der Lokomotiven schaufelte. Die Station war für uns Kinder verbotenes Gebiet, aber das Zeichen "Nur für Angestellte" machte es umso aufregender, uns durch das Tor zu stehlen. Vom Bahndamm oberhalb der Schienen konnten mein Freund und ich Abraham und seinen Kollegen, Mr. Weiko, beobachten, wie sie die Kohle in den Heizkessel schaufelten. Diese Kohle war anders als diejenige, die wir für unsere Heizung gebrauchten; es waren bläulich glänzende Klumpen, die durch die Rinne in die Stahlkessel fielen. Und sie waren schwer. Sogar an den kühlsten Tagen zogen Weiko und Abraham ihre Hemden aus und die Schweissperlen, die an ihrer Brust runterrannen, zeichneten feine Muster auf ihre kohlebedeckten Körper. Beim Heizkessel stand der Wasserturm, von dessen Höhe aus wir die Siedlung sehen konnten. In der Reparaturwerkstatt beobachteten wir die Schweisser hinter ihren furchterregenden Masken, wie sie sich direkt in den Regen von blauen und gelben Funken hinunterbeugten. Sie mussten einer speziellen Rasse von Leuten angehören,

dachte ich, um so mit Feuer umgehen zu können. Manchmal erkühnten wir uns, näher zu treten, um die auf unsere Füsse hinunterfallenden Funken herum zu springen, bis einer der Arbeiter uns wegschickte. Am aufregendsten war es, auf den Lokomotiven hinunter zur Drehscheibe und zurück zu fahren. Ich klammerte mich an den Griff an der Seite des Heizkessels und konnte das Pochen der Stange unter meinen Füssen spüren, und der weisse Dampf schoss an mir vorbei. In meinen Träumen war ich der Lokomotivführer und führte Anna und Abraham und die Bewohner der ganzen Siedlung bis zum Ende der Linie nach Kapstadt.

Beim Ertönen der Fünfuhr-Pfeife war ich zurück am Tor, um Abraham zu erwarten. Sobald ich seine grosse Gestalt erblickte inmitten der russbedeckten Männer, schrie ich *"Kuku eya, kuku eya!* Der Onkel kommt." Er warf mich in die Luft und setzte mich auf seine Schultern, und zusammen machten wir uns auf den Heimweg, wo Anna uns mit dem Abendessen erwartete.

Das waren Jahre, wo es schwer war, Nahrung zu finden. Es herrschte eine Dürre im Land, und auch der Krieg hatte einiges mit den leeren Gestellen im Laden zu tun. Wir kriegten jeden Monat einen Sack Maismehl, aber das war alles. Fleisch war rar; wenn es keinen Zucker mehr gab, konnte Anna kein Bier mehr brauen und Geld wurde zum Problem. Aber es ging uns immer noch besser als anderen Familien und ich kann mich nicht erinnern, ohne Nahrung gelebt zu haben, wie das vielen meiner Freunde passierte. An den Tagen, an denen Anna für die Weissen arbeitete, kam sie mit Brot und in Tuch eingewickelte Nahrungsreste nach Hause und gab mir vor den anderen zu essen. "Iss jetzt und sag nichts", meinte sie zu mir. "Es gibt nicht genug für alle."

Ich war Annas Freude und Stolz und es fehlte mir an nichts. Ich hatte immer etwas Nettes anzuziehen für die Sonntagsschule, wo wir — wie in der Kirche — gut aussehen und unser Bestes geben mussten. Als ich mit der Schule begann, musste Johanna meine Hausaufgaben kontrollieren und wenn ich aus irgendeinem Grund nicht das tat, oder mich nicht so benahm, wie sie es wollte, machte sie mir Vorwürfe, dass ich die Familie schlecht vertrete. Ihre Strafe war eher moralischer als körperlicher Art; ein einziges Mal schwang sie den Gürtel, als ich blutig und mit zerrissenem Hemd von der Schule heimkam, nachdem ich mich mit David Rhomann, dem Raufbold der Klasse, gestritten hatte.

"Welche Schande, schau dich an. Nach allem, was ich dich gelehrt habe..."

"Aber *'meme'**, er nannte mich *'Ovambo'* "*, protestierte ich und machte ihr klar, dass er das Wort als Beleidigung gebraucht hatte. "Ich schlug dafür seine Nase blutig", fügte ich hinzu.
Sie liess den Gürtel fallen. "Tat er das? Dieser Schurke!" Sie sah erlöst aus. "Ja, dann hat er gekriegt, was er verdient hat. Morgen kaufen wir dir ein schönes neues Hemd."
Abraham kaufte mir nie etwas. Nicht, dass er geizig gewesen wäre; nein, er sparte jeden Penny, den er konnte, für das Haus, das er in Ovamboland nach seiner Pensionierung bauen wollte. Das war sein Traum seitdem er die Arbeit bei der Eisenbahn angefangen hatte, ein Traum, der für mich durch seine Zeichnungen und ausführlichen Berechnungen, die er bei flackerndem Kerosenlicht machte, immer realistischer wurde. Als Moses seine Schule beendet hatte und Eisenbahn-Polizist in Windhoek wurde, fanden noch einige Schillinge mehr den Weg in die Pensionskasse am Ende jedes Monats. Als ich sieben war, und Johanna einen Ladenangestellten aus Luderitz heiratete, war die Zeit für Abraham gekommen, den Platz in Ovamboland für den zukünftigen *"Kraal"** auszusuchen.
Ovamboland hatte grosse Bäume, saftiges, grünes Gras und Wasserpfützen, in welchen ich mit meinen Brüdern und Schwestern herumhüpfte. Abed war der Älteste, dann kam Thomas, dann ich und noch fünf jüngere Geschwister. Als ich ankam, beobachteten sie mich während langer Zeit, bevor sie sich näherten, um meine Schuhe und meine neuen Khaki-Kleider zu betasten. Ihre eigenen Kleider waren ausgetragen und unförmig, und ihre Füsse waren viel schwieliger als meine. Anna kochte für mich Porridge aus dem Maismehl, das wir aus dem Süden mitgebracht hatten, während sie ihr grobes *"omahangu"*-Getreide assen. Sie durften die Biskuits und Apfelsinen, die Anna für mich in *Ondjondjo* gekauft hatte, nicht anrühren. Ich fand das nicht gerecht, aber Anna gab Abed Prügel, als er versuchte, etwas von meinen Sachen zu nehmen. Für die andern war ich ein Schwächling, ein weicher Stadtjunge. Am ersten Tag, als wir das Vieh einbrachten, schlugen sie mich, weil ich nicht wusste, wie man melkte. Anstatt mir zu zeigen, wie man auf einem Esel reitet, halfen sie mir beim Aufsteigen und schlugen dann dem Tier auf die Hinterbeine, sodass es in die Luft sprang wie ein wildes Pferd und ich im Dreck landete. Das ging so während etwa zwei Monaten; ich zog es vor, die Erniedrigung zu erdulden, als nach Hause zu rennen und sie zu verraten.
Eines Tages, als Thomas und ich nach dem Vieh schauten, kamen

wir an einem Friedhof vorbei, wo drei frische Kindergräber waren.
"Ich wette, du kannst auch lesen", giftete Thomas. "Sag mir ihre Namen." Er zeigte auf die kleinen hölzernen Kreuze.
Ich las die Namen, laut; alles Knaben.
"Du lügst!" schrie er. "Jemand hat dir ihre Namen gesagt."
"Aber wer hätte sie mir den sagen sollen?" protestierte ich.
"Wen kümmert es!"
Thomas schaute verdriesslich vor sich hin. Er drehte sich um, und ich konnte sehen, dass er fast weinte. Plötzlich wünschte ich, nicht so hochmütig gewesen zu sein.
Von dem Tag an begann ich, mehr darauf zu achten, wie unsere Verwandten und ihre Nachbarn lebten. Die meisten Männer, mein Vater eingeschlossen, waren unter Vertrag im Süden. Die Kinder hatten immer viel Arbeit, viel mehr als ich es gewohnt war, und keine Zeit für die Schule. Aber hätten sie die Zeit gehabt, ich bezweifle, dass sie hingegangen wären. Die nächste Missionsschule war viele Meilen entfernt, und moderne Erziehung war so wenig ein Teil ihrer Welt wie Spitäler, Autos und Züge.

Anstatt mich zurück nach Aus zu nehmen, liessen mich Anna und Abraham bei meinem kinderlosen Onkel Rheinholdt, bei dem ich das nächste Jahr verbrachte. Für afrikanische Verhältnisse war Rheinholts Farm an der Eisenbahnlinie bei *Okasise* riesig. Er hielt eine grosse Herde Vieh und zahllose Hühner und Ziegen, die er zum Schlachten an seine weissen Nachbarsfarmer verkaufte. Ich arbeitete nur auf der Farm, wenn ich dazu Lust hatte, da Knaben aus der nahen Eisenbahn-Siedlung für meinen Onkel arbeiteten. Sie nahmen das Vieh frühmorgens, wenn ich noch schlief, vom Kraal und brachten die Eimer frischer, schäumender Milch bei Sonnenuntergang in Tante Karotuas Küche. Ich verbrachte viel Zeit in der Nähe der Hütten, damit ich zur Stelle war, wenn der Onkel in den Laden ging. Der Laden bedeutete für mich Biskuits, Süssigkeiten und Büchsenfleisch, und Rheinholdt sagte nie Nein, wenn ich auf etwas zeigte. Das eine mal, wo er ohne mich hinging, hatte er ein so schlechtes Gewissen, dass er mir fünf Pfund gab. Ich hielt die grosse Note in meiner Hand und konnte mir nicht vorstellen, was ich mit soviel Geld anfangen sollte. Ich dachte, Farmer wäre für mich das richtige Leben — keine Arbeit, viel Fleisch und Geld, soviel ich wünschte.
Sonntags versammelten sich die Bahnarbeiter in unserer Farm zu einem Gottesdienst. Rheinholdt prahlte mit allem, was ich tat,

und es war meine Aufgabe, laut aus der Bibel zu lesen. Ich las, stehend, in Nama und jemand übersetzte die Worte in Herero, damit die Arbeiter, die in einem Halbkreis auf dem Flur sassen, es verstanden. Nach dem Gottesdienst gab es Bier und Fleisch, und die Arbeiter wollten, dass ich bei ihnen blieb, um ihnen Gesellschaft zu leisten, etwas, das ausserordentlich war in unserem Land, wo Kinder bei gesellschaftlichen Anlässen und hauptsächlich beim Essen hinausgeschickt wurden. So lernte ich in einigen Monaten Herero und bald konnte ich aus der Herero-Bibel lesen. "Dein Junge", sagten die Männer zu meinem Onkel, "wird eines Tages ein grosser Mann werden."
Der Boss der Arbeiter war ein riesiger *Bure** namens Grobelaar. Als Rheinholdt und ich ihm einmal eine Ziege brachten, die er gekauft hatte, hörte er uns Worte wechseln in Afrikaans. "Hey, *'piccanin'**, was hast du soeben gesagt?" fragte er. Ich wiederholte den Satz, beängstigt, etwas Falsches gesagt zu haben.
Aber der Bure liess lautes Lachen erschallen. "Dieser Kleine, er spricht Afrikaans", schrie er mit Begeisterung.
"Oh ja", bestätigte Rheinholdt schnell, "er liest sogar Afrikaans."
Da entschied Grobelaar, dass ich sein "Boy"* werden sollte. Wenn immer die Schienenarbeiter in der Nähe unserer Farm arbeiteten, musste einer der Männer einen Platz unter einem Baum für uns zwei sauberwischen. Dort liess er seinen schwerfälligen Körper in einen Faltstuhl fallen und setzte mich auf seine Knie. Während ich aus einem seiner Bücher vorlas, überwachte er die Gruppe. Von Zeit zu Zeit unterbrach er mich, um die Arbeiter anzuschreien und zu fluchen, wenn sie ihre Schritte verlangsamten.
Grobelaar war die erste weisse Person, die ich kennenlernte. In Aus beschränkte sich mein Kontakt mit Weissen auf die wenigen Male, die ich Anna zu ihrer Arbeit bei weissen Familien begleitete. In ihren eleganten Häusern voll teurer Möbel hatte ich das Gefühl, auf Glas zu gehen. Und wenn es einmal vorkam, dass die Hausherrin, für die Anna arbeitete, ins Zimmer trat, schlug ich sofort die Augen nieder, wie ich es bei Anna gesehen hatte. Es war eigentlich nicht wichtig, da die Frauen mich sowieso nicht beachteten. In Berührung mit Weissen kam ich nur während der Kämpfe mit den Schuljungen. Zwischen ihrer und unserer Schule war ein Hain mit Kirschbäumen, die im April und Mai voller Früchte waren. Befanden sich die weissen Jungen dort, wenn Edgar Weiko und ich mit unseren Freunden ankamen, so jagten wir

sie mit Steinen weg — und umgekehrt. Wir waren jedoch meistens in der Überzahl und so passierte es nicht oft, dass die weissen Jungen ihren Platz behaupten konnnten. Grobelaar ordnete ich nicht in die Kategorie dieser Weissen ein; für mich war er ein heiterer Grosspapa, dessen Gesicht aufleuchtete, wenn ich rüber kam, um ihm aus seinem Lieblingsbuch vorzulesen.
Die ältere deutsche Frau, die den Laden in Okasise führte, war meine Grossmama — wenigstens für ein Weilchen. Wenn ich mich auf der Farm langweilte, nahm ich Rheinholdt's Fahrrad und radelte die paar Meilen runter zu ihrem Laden, wo es immer etwas zu tun gab. Die alte Frau musste Gefallen an mir gefunden haben, denn schon bald liess sie mich hinter dem Ladentisch helfen. Wie Grobelaar mit seinem Afrikaans, bestand sie darauf, Deutsch mit mir zu sprechen. *"Johannes, kommst du hier, mein Kind. Bitte hilf diesem Herrn"**, rief sie, wenn ein Kunde reinkam. Und ich war nur zu froh, helfen zu können, indem ich die Leiter raufkletterte, um Waren aus den höchsten Gestellen zu holen und die Preise auf kleinen Papierfetzen zu addieren. Keiner ihrer beiden Vertrags-"Boys" konnte lesen und schreiben. Deshalb ging ich, wenn Waren aus Windhoek ankamen, mit ihnen zum Bahnhof, um die Verpackungslisten zu kontrollieren. Nach einiger Zeit gehörte ich so zum Laden, dass die Leute zu witzeln begannen und von mir als dem "Assistenten" redeten. Als die alte Dame das hörte, lachte sie und tätschelte meinen Kopf; ich war wirklich ihr vertrauter Helfer.
Am Wochenende kamen ihre Enkel von Windhoek. Es waren zwei Jungen und ein Mädchen, etwa in meinem Alter. Natürlich spielten wir zusammen. Wir durchquerten Okasise mit unseren Fahrrädern, und ich zeigte ihnen unsere Farm und die Bahnarbeiter-Siedlung. Eines Tages kamen wir von einer solchen Expedition zurück, hungrig wie Wölfe und gingen in die Küche, um zu sehen, ob wir etwas Essbares finden konnten. Ich war dabei, die Schubladen nach Brot durchzusuchen, als die alte Dame plötzlich in die Küche stürmte. "Johannes! Was tust du hier? Wer hat dir erlaubt, in meine Küche zu kommen?" Bevor ich etwas sagen konnte, packte sie mich beim Arm und zerrte mich hinaus. "Geh", sagte sie und stiess mich die Treppe hinunter.
Ich war masslos verwirrt; war ich nicht ihr Freund? Ich hatte sicher etwas Falsches gemacht ... Ich ging weg, sagte aber nichts zu Rheinholdt, aus Angst, dass auch er mich bestrafen würde.
Die folgende Woche, als ich wie gewohnt wieder runter zum Laden ging, hielt mich die alte Frau an der Tür zurück. "Komm

* *Deutsch im Original*

nicht mehr hierher", fuhr sie mich an. "Ich brauche deine Hilfe nicht."
Da blieb ich weg. Aber ich spielte weiter mit den deutschen Kindern, wenn sie auf Besuch kamen. Wir spielten wie das Kinder tun, wetteifernd und zankend, und eines Tages geriet ich mit dem ältesten Knaben in einen Streit in der Nähe des Ladens. Wir rollten uns im Staub, und da fühlte ich, wie mich jemand von hinten ergriff. Es war die alte Frau. Mit Hilfe ihrer Enkel schleppte sie mich zu einem Baum und band mich mit einem Strick an den Stamm. "Du freches kleines *Kaffer*-Kind*", schrie sie, "du gehst zu weit." Auch die Kinder schrien mich an und warfen mir Sand ins Gesicht, bis ihre Grossmutter sie zurück ins Haus führte.
Allein gelassen und an den Baum gefesselt, verwandelte sich mein Erstaunen in Bestürzung und Tränen. Ich hätte diesen Jungen schlagen können, wenn ich gewollt hätte, aber es war kein ernsthafter Streit gewesen! Leute, die ich für meine Freunde gehalten hatte, hatten mich mit den schlimmsten Wörtern beschimpft! — Als die Frau endlich zurückkam und mich losband, nahm ich mein Rad, ohne sie anzuschauen und fuhr so schnell wie ich konnte davon. Während meines weiteren Aufenthaltes in Okasise ging ich nie mehr in den Laden zurück und habe auch nie jemandem erzählt, was passiert war.
Die meiste Zeit meines Aufenthaltes auf der Farm verlief jedoch sorglos und ich wäre gerne für immer bei Rheinholdt und Karotua geblieben. Aber Anna liess sich nicht bewegen; nach einem Jahr musste ich weg. Ich ging nachher nie mehr auf die Farm. Einige Jahre später erliess die Regierung ein Gesetz, das den grössten Teil von Rheinholdts Farm enteignete — die Burenfarmen brauchten mehr Land — und er wurde gezwungen, sein Vieh zu schlachten. Rheinholdt klammerte sich an das wenige, das ihm übrig blieb, aber mit der Armut kam die Entmutigung und nach einer Weile verliess ihn Karotua. Das letzte, was ich von ihm hörte war, dass er ein Alkoholiker geworden war — ein armer betrunkener Afrikaner.

Als Abraham und Anna sich 1950 nach Ovamboland zurückzogen, wurde ich nach Tsumeb gesandt, um mit meinem Onkel Isak Shitilifa zu leben. Tsumeb war eine grosse, geschäftige Stadt. Das Leben konzentrierte sich um die Mine, einem riesigen Komplex von Gebäuden und ungeheuren Maschinen, die nie aufhörten zu arbeiten. Nachts zeichneten die fluoreszierenden Lichter meilenhohe Bogen am Himmel und liessen die sonst glänzenden Sterne über der Wüste verblassen. Der laute, stampfende Lärm des Hüttenwerks, im Chor mit den Dieselmotoren, die die Pumpen, Lüftung und Aufzüge betrieben, dröhnte mir in meinem Kopf. Das schlimmste an der Mine war jedoch der Gestank. Als ich mich schon längst an den Lärm gewöhnt hatte, kam es vor, dass ich morgens mit Übelkeit aufwachte wegen der sauren Dünste des Oxydierungs-Betriebes. Am schlimmsten war es während der feuchten Jahreszeit, wo der Regen durchsetzt schien mit dem Zeug und sogar das Wasser des Flusses, der durch die Stadt floss, vergiftet war. Mein Vetter Neru warnte mich davor, aus dem Fluss zu trinken.

Die Mine hatte Leute vom ganzen Land angezogen. In der *Ohoromende*-Siedlung, die wir bewohnten, lebten *Hereros, Namas, Damaras* und *Ovambos* Seite an Seite. Fast alle Männer arbeiteten für die amerikanische *Tsumeb*-Gesellschaft als Angestellte Fahrer, Maschinisten oder im Hotel der Gesellschaft und für die Unterkünfte der Weissen. Die meisten Arbeiter in der Mine waren *Vertrags-Arbeiter,* deren Bewegungsfreiheit sich auf den *"Compound"* (bekannt als *Okatjari*) beschränkte. Er bestand aus einer Gruppe riesiger zementierter Schlafbaracken, umgeben von einer hohen Beton-Mauer mit nur einem Tor. Vom Barackendorf gingen die Männer direkt zur Arbeit und kamen den gleichen Weg zurück. Die Polizei war immer bereit, jemanden, der in der Stadt umherstreifte, mitzunehmen.

Nur an Sonntagen war es den Arbeitern erlaubt, das Barackendorf zu verlassen, und der Platz vor dem Tor füllte sich mit Leuten. Es wurde mit Seife, Zigaretten, Kerzen, Nahrung und Kleidung gehandelt, im Sand wurde *"owela"* gespielt oder man sass klatschend in Gruppen herum. Es wurden Neuigkeiten aus dem ganzen Land ausgetauscht, Geschichten aus vergangener Zeit erzählt und wieder erzählt, jedes Mal mit einer neuen Wendung, je nach Geschmack des Erzählers.

Die Vertragsarbeiter kamen vom Ovamboland, wo sie von der *South-West African Native Labour Association, SWANLA,* rekrutiert wurden. Sie kamen mit Lastwagen in Tsumeb an, jeder mit einem Kartonschild um den Hals gehängt, worauf sein Bestimmungsort stand. Oft, wenn ich beim Minenbüro vorbeiging, sah ich die Schlange neuer Arbeiter, die völlig desorientiert waren nach den vielen Tagen in den Wartelagern. Manchmal mussten sie den ganzen Tag in der glühenden Sonne warten, bis die Angestellten Zeit fanden, sich um sie zu kümmern.

Viele meiner Verwandten vom Norden kamen so herunter in den

Süden, und als Junge war ich oft im Barackendorf. Ich tauchte im Strom der von den Minen zurückkehrenden Männer unter und schlich so durch das Tor, um meine Vetter und Onkel zu besuchen. Ihre Zimmer waren noch mehr belegt als zuhause: acht, zwölf oder sechzehn Männer schliefen in Beton-Kojen — je vier übereinander an den Wänden entlang. Ihre Wäsche hing an Schnüren, die an den obersten Kojen quer durch den Raum gespannt waren, so dass man sich gebückt zur Tür durcharbeiten musste. Die einzige Glühbirne brannte ständig, damit die Bewohner nicht über all die Kleider und sonstige Gegenstände stolperten. Männer kamen und gingen zu jeder Tages- und Nachtzeit; diejenigen, die in der Frühmorgen-Schicht arbeiteten, sahen diejenigen, die nachmittags und abends arbeiteten nur selten. Der Zementtisch in der Mitte wurde benützt fürs Lesen, Kleider flikken und Essen. Die Nahrung für alle viertausend Arbeiter — Porridge und kleine Fleischklöschen — wurde im Kochhaus zubereitet und mit Schaufeln auf die Blechteller verteilt. Einige der Männer sparten etwas vom täglichen Porridge für Sonntags, wenn sie, versteckt im Busch hinter den Baracken, daraus ein süsses Getränk brauten, genannt *"maheu"* — dies trotz strikten Regierungsverboten und häufigen Polizeirazzien.

Im Sommer 1953-54, mit der Ankunft des neuen Eingeborenen-Kommissars, wurden die Razzien viel häufiger. Ich spielte mit einer Gruppe von Freunden Fussball an einem Sonntagnachmittag, als eine Polizeikolonne mit Jeeps und Lastwagen vorbeiraste, in Richtung Barackendorf. Die weissen Polizisten waren mit Gewehren bewaffnet, die schwarzen mit Knüppeln. Wir liessen den Ball fallen und jagten ihnen nach, indem wir eine Abkürzung über einen Hügel hinter den Minenbüros nahmen.

Vom Kamm des Hügels aus sahen wir ein Bild der Verwirrung und des Schreckens. Der Platz vor dem Baracken-Tor war ein Chaos von Polizisten, die nach Leuten jagten, sie prügelten und mit Füssen traten. Ware, die sorgfältig auf bunten Decken aufgeschichtet war, lag über den ganzen Platz verstreut.

Frauen drückten schreiend Kinder an sich und versuchten, wegzurennen. Männer rannten aus dem Busch hinter den Baracken hervor, verfolgt von Polizisten mit Hunden. Schreiend und fluchend drückte der Polizeikordon die von Schrecken ergriffene Masse gegen die Wand.

Wie hypnotisiert beobachteten wir die Razzia vom Abhang aus, ohne zu merken, dass sich mehr Beobachter zu uns gesellt hatten. Ich wollte etwas höher den Abhang hinauf, wo es sicherer war

und als ich mich umdrehte, stiess ich mit einem Mann zusammen, der direkt hinter mir stand. Mein Herz machte einen Sprung: es war Leo Mate, einer der afrikanischen Beamten, aber er trug einen zerrissenen Mantel und alte Khaki-Hosen. Es hatte also ein Informant die Razzia organisiert!
In diesem Moment brach die Menschenmenge durch die Polizeiketten. Eine Anzahl von Leuten, die sich in Sicherheit bringen wollte, rannte den Abhang hinauf, stolpernd und übereinanderfallend in die Richtung wo ich stand. Durch den Lärm hörte man Schüsse fallen — einer, zwei, dann schnelles Feuern. Ein Mann, drei Meter von mir entfernt, fiel zu Boden. Sein Körper zuckte einmal, dann lag er still. Ich starrte sprachlos und wartete, dass er aufstehen würde, aber er bewegte sich nicht. Während einer Zeit, die mir ewig schien, beobachtete ich, wie das Blut aus seiner Nase und seinem Mund sickerte.
Eine neue Salve holte mich aus meiner Betäubung zurück. Leo Mate wirbelte herum und stöhnte vor Schmerz auf. Blut strömte von seiner rechten Hand. Ich rannte den Hügel hinauf, rutschte in losem Kieselgestein aus. Ich sah nicht, wohin ich lief, bis ich einen Pfad fand, der mich an den Stadtrand führte und hinunter in unsere Siedlung, von der andern Seite her. Ich wollte nicht, dass Isak erfuhr, wo ich gewesen war.

Isak war einer der wenigen Männer in Ohoromende, der nicht für die Mine arbeitete; nach ein paar Verträgen in seiner Jugend, war er so eng mit der *Rheinischen Mission* verbunden, dass er jetzt sein Leben als Evangelist verdiente; er verbreitete das Wort Gottes an die Afrikaner in und um Tsumeb. Er lebte, was er predigte: harte Arbeit, Genügsamkeit und absoluter Gehorsam zum Herrn. Zwischen vier Uhr morgens, wenn er auf seinem Schubkarren die tägliche Ladung Feuerholz aus dem Busch heimbrachte, und der Schlafenszeit, setzte er sich kaum. Er erwartete die gleiche harte Arbeit von seiner Familie. "Warum sitzt du untätig herum?" fragte er. "Nur die, die arbeiten, verdienen zu essen."
Nicht, dass einer von uns sich drücken wollte; mit Isaks elendem Lohn mussten wir alle unser bestes tun, um zu überleben. Ich stand um fünf auf, um das Holz zu hacken, das Isak gebracht hatte, dann ging ich rüber zum *"Kraal"*, den wir mit drei anderen Familien teilten, um die Kühe zu melken und sie raus zu lassen. Neru, der so alt war wie ich, half meiner Tante in der Küche und wischte unser Haus und den Hof sauber. Die jüngeren Kinder Afeu und Ericson fütterten die Hühner und trugen das Holz ins

Haus. Unser Haus war spartanisch eingerichtet. Nur die Erwachsenen sassen auf Stühlen und der einzige Schmuck der Wände waren einige gerahmte Bibelsprüche. "Kinder, ich bin ein einfacher Mensch", pflegte Isak zu uns zu sagen, indem er an seinem ärmellosen Unterhemd zerrte. "Gebt mir nicht Tee aus einer dieser modernen Tassen — gebt ihn mir in einer Büchse." Und er hielt die alte Marmeladen-Büchse hoch, an die er selbst einen Metallgriff angemacht hatte. "Du kannst eine Tasse benützen, Johnny, aber ich, ich mag es einfach." Dabei zog er mit Genugtuung an seiner alten Pfeife — seinem einzigen Luxus.

Isak war in Tsumeb höchst respektiert. Seine sonntäglichen Gottesdienste füllten die örtliche Kirche und beim Katechismus-Unterricht im Hof des Barackendorfs versammelten sich riesige Mengen von Arbeitern, um ihn sprechen zu hören. Mit seiner tiefen, volltönenden Stimme und seinem weissen Haar war Isak eine Autoritätsfigur für Jung und Alt. Es war für mich völlig natürlich, dass die Leute zu ihren Kirchenführern aufblickten. So lange ich mich erinnern konnte, waren die Prediger der Rheinischen Mission für unsere Familie die höchste Autorität. Neben der Familie und dem Stamm gehörte der Kirche unsere Loyalität mit einer Selbstverständlichkeit, die niemand in Frage stellte. Und niemand gewann Anerkennung in unserer Gesellschaft, der nicht ein ausgewiesenes Mitglied der Gläubigen war.

Während meiner Schulferien begleitete ich Isak oft auf seinen Besuchsreisen zu den Farmarbeitern. Unser Eselkarren war vollbeladen mit Bibeln und Gebetsbüchern, die wir an diejenigen Arbeiter verkauften, die etwas Geld hatten. Meine Arbeit bestand darin, Wechselgeld herauszugeben, die Namen derjenigen niederzuschreiben, die Isak getauft hatte und die Verse vorzulesen, die Isak für jede Predigt ausgewählt hatte. Auf einigen Farmen hatten die Männer keine afrikanischen Kinder mehr gesehen, seitdem sie ihre Arbeit unter Vertrag begonnen hatten — sie durften die Farm nie verlassen — und meine Gegenwart rief Erinnerungen an daheim und ihre eigenen Familien wach. Wenn ich aus der Bibel las, waren ihre Augen auf mich fixiert, als wäre ich ihr eigener Sohn, ein Sohn der etwas Magisches meistern konnte, das sie nie gekannt hatten. Nach dem Gottesdienst lobten sie Isak, dass er mich so aufzog und sie brachten uns das beste Essen, das sie finden konnten. Unser Besuch war wie eine Erhellung der Wolken; sie bettelten, dass wir länger bleiben und so bald wie möglich wiederkommen sollten.

Selbstverständlich mussten wir die Bewilligung der Farmer krie-

gen, bevor wir mit den Arbeitern sprechen konnten. Einige waren froh, dass ein Prediger zu ihren Männern sah; anderen war es egal; wieder andere waren heftig dagegen. Ich erinnere mich an eine Reise im Jahr 1954, ein Jahr in welchem die Zeitungen voll waren von Greuelgeschichten der *Mau Mau Revolte in Kenya**. Isak und ich waren den ganzen Tag gereist, um in eine grosse Farm in der Nähe von *Otavi* zu gelangen. Wir hatten schon seit Stunden kein Wasser mehr; meine Kehle war ausgetrocknet und rauh vom Staub als wir endlich das Tor erreichten. Ein Trog mit klarem Wasser glitzerte in der späten Nachmittagsonne. Ich sprang vom Karren und machte mich auf, den Esel zum Wasser zu führen. "Warte!" sagte Isak. "Wir wollen zuerst um Erlaubnis fragen."
Als wir vor dem Farmhaus ankamen, erschien der Besitzer auf der Veranda. Er hielt ein Schiesseisen in den Händen. "Was wollt ihr, *Kaffer?*" schrie er. "Wer hat euch erlaubt, hierher zu kommen?"
Isak sagte nichts. Während längerer Zeit sassen wir wortlos auf unserem Wagen und der Bure starrte uns an.
Dann sprach er wieder. "Ich will keine fremden *Kaffer* auf meinem Besitz. Geht weg!" Er gestikulierte mit dem Gewehr gegen das Tor.
Als er sicher war, dass der Mann fertig war, sprach Isak endlich. "Ich bin gekommen, um das Wort Gottes zur predigen. Ich bin ein Evangelist der Rheinischen Mission." Und er hielt sein Beglaubigungsschreiben vor sich. "Wenn du selbst ein Christ bist, wirst du erlauben, dass das Wort Gottes an deine Arbeiter weitergegeben wird."
" '*Bliksems donner*', du schwarzer Bastard, denkst du etwa, ich sei so schwarz wie du?" stiess der Bure hervor. "Mann, ich bin überhaupt nicht schwarz."
"Ich weiss das", sagte Isak ruhig, "aber Gottes Liebe macht keine Unterschiede. Herr, ich will nur zu deinen Arbeitern sprechen; die Männer hungern nach Gottes Wort und es ist meine Pflicht, ihnen seinen Segen zu bringen."
Der Farmer richtete das Gewehr direkt auf meinen Onkel. "Mach, dass du wegkommst!"
Isak nahm die Zügel aus meinen Händen und drehte den Esel herum. "Könnten wir bitte etwas Wasser haben aus deinem Trog?" fragte er mit der gleichen ruhigen Stimme. "Mein Junge ist durstig."
"Schau, du, ich spreche nicht so lange zu *Kaffern*. Scher dich aus

diesem Tor — und zwar gleich!" Der Farmer kam die Treppe herunter. Hinter uns hergehend, hielt er das Gewehr ständig auf uns gerichtet, bis wir eine Kurve der Hauptstrasse erreicht hatten und ausser Sicht waren.
Wir ratterten wortlos weiter, der Esel zog unseren Wagen lustlos. Ich wartete, dass Isak etwas sagte, aber der alte Mann sass da wie immer und kaute mit langsamen, bedächtigen Bewegungen des Kiefers an seiner Pfeife. Dann hielt ich das Schweigen nicht länger aus. "War dieser Mann ein Christ?" fragte ich.
Die Antwort kam erst nach geraumer Zeit. Isak schien im Betrachten der untergehenden Sonne vertieft zu sein; seine Augen unter den buschigen Brauen waren fest geschlossen. "Wenn ein weisser Mann so sein Gewehr auf dich gerichtet hält", sagte er endlich, ohne mich anzuschauen, "dann kannst du sicher sein, dass er Christ ist." Erst als ich älter war, verstand ich, was mein Onkel gemeint hatte.

2
Lektionen in Schwarz und Weiss

Ich war eigentlich immer hungrig. Mein Frühstück aus Haferbrei und Milch hielt mich nicht lange satt, und wenn ich etwas Essbares zur Schule mitnahm, so hatte ich es bis zehn Uhr, der Pause zwischen der Turnstunde und dem Schulbau, den die Direktion der Rheinischen Mission in unserem Lehrplan vorgesehen hatte, verzehrt. Es war ein Kampf zwischen der Zeit und meinem knurrenden Magen. Der Nahrungsmangel machte mich so schläfrig, dass ich aufstehen und mich an die Wand stellen musste, um nicht einzunicken. Wenig später kam dann der quälende Hunger erneut, weil ich einen Studenten essen sah. Wenn die Qual einmal begonnen hatte, war es schwierig, sie zu ignorieren; keine Bibelwunder, keine Verben oder Multiplikationstafeln konnten das Bild von Fleisch und Weissbrot aus meinem Hirn verbannen. Die

stechenden Krämpfe in meinem Bauch gingen hinunter bis in die Beine. In den Pausen füllte ich meinen Magen mit Wasser, aber das half nur für kurze Zeit. Denn die ständigen Austritte zur Toilette machten mich nur noch schwabbeliger. Nichts ausser Nahrung kann den Hunger verjagen bei einem Heranwachsenden, der in die Höhe schiesst wie ein Maishalm.
Abendessen gab es erst gegen sieben oder acht. Deshalb überfiel ich nach der Schule mit meinen Freunden die Gemüsegärten der weissen Wohnquartiere. Grüne Erbsen und Tomaten sind etwas herrliches, aber es gab nie genug davon, um meinen Magen zu füllen. Ein besserer Ort waren die Blockhäuser der weissen Junggesellen, wo wir Kartoffeln und oft ganze Sandwiches in den Abfalleimern fanden. Auch in Aus war es meine Gewohnheit, in den Abfalleimern nach Nahrung zu suchen. Ich kratzte den Schimmel von Brot und Obst und verschlang die essbaren Teile gleich am Ort, so dass Anna nichts davon merkte. Aber hier in Tsumeb waren die Blockhäuser das Gebiet der älteren Jungen; sie respektierten gegenseitig ihre Orte und rotteten sich gegen jeden Eindringling zusammen, der in ihr Gebiet einzudringen versuchte. So blieben nur die Krümel für uns Jüngere zurück. Dabei erging es mir noch besser als den anderen. Danni Mutilifa, der einen der reichlicher bestückten Eimer "besass", hatte mich auserwählt, seinen Platz zu bewachen, bis die oberen Klassen Schulschluss hatten. Bevor ich die Schule verliess, fasste er mich am Kragen: "Mach, dass ich nur dich an meinem Eimer finde, Johnny, lasse niemanden anders an ihn ran!" Aber erst nachdem Danny seine Tagesbeute durchsucht hatte, kriegte ich meinen Anteil.
Eine andere Art, zu Nahrung zu kommen, war, für eine weisse Familie zu arbeiten. In dem Jahr, als ich vierzehn wurde, wurde ich von einem holländischen Paar angestellt in Kleintsumeb, dem Wohngebiet der Techniker und Direktoren. Nach der Schule begab ich mich direkt zur Hintertreppe, wo die Köchin, eine alte Herero-Frau, mir ein grosses Stück Brot und Kaffee mit viel Milch in einer Büchse reichte. Dann wusch ich das Geschirr, jätete Unkraut im Garten und machte in der Stadt Einkäufe mit dem Fahrrad.
Oft wurde es Abend, bis ich mit meiner Arbeit im Haus der Holländer fertig war. Es war nicht gut für einen schwarzen Jungen, nach Einbruch der Dunkelheit in Kleintsumeb aufgegriffen zu werden. Deswegen rannte ich meistens durch die Hinterstrassen bis zur *Ohoromende-Siedlung*. Eines Nachts rannte ich direkt in eine Gruppe weisser Jungen, die mit einem Hund spielten. Ich

machte schnell in der Gasse kehrt, war aber zu langsam. "Sklave! Kafferjunge!" schrien die Knaben. "Fass ihn, fass ihn!" Sie jagten den Hund hinter mir her. Es war unmöglich, dem Biest zu entkommen. Ich griff zu einem grossen Stein und drehte mich um. Seine Ohren lagen flach an seinem Kopf und er zeigte seine Zähne. Als er zum Sprung ansetzen wollte, warf ich mit einem Riesengeheul den Stein nach dem Hund. Meine Augen hielt ich vor Angst zugekniffen. Ich musste ihn getroffen haben, denn als ich hinschaute, sah ich ihn wimmernd zu den Jungen zurückhinken. Ich ergriff den Augenblick und verschwand in der Gasse, überquerte die nächste Strasse und war weg.

Ich war schon fast zuhause, als ein Polizist auf einem Fahrrad an meiner Seite anhielt. Ohne ein Wort ergriff er meinen Arm und fesselte mich an sein Fahrrad. Dann fuhr er so schnell Richtung Stadt, dass ich rennen musste, um nicht zu Boden geworfen zu werden. Ich war vollkommen atemlos, als wir die Gruppe der Jungen erreichten. "*Ja**, das ist er," schrien sie. "Er warf Steine nach unserem Hund."

"Ich werde mich um ihn kümmern", sagte der Polizist. "Komm, Blackie, gehn wir." Und weg waren wir, in der gleichen, atemberaubenden Geschwindigkeit. Als wir beim Polizeiposten ankamen, sah ich den Polizisten nur noch verschwommen.

Was würde man mir antun? Schon als kleiner Junge in Aus hatte ich gelernt, Schutzmänner zu fürchten. Sie machten Razzien in Annas *Shebeen* und verhafteten Nachbarn ohne Pässe. Von den Erwachsenen hörte ich, wie sie Vertragsarbeiter verprügelten, die ihren Meistern davongerannt waren. In Aus jedoch waren dies die Sorgen der Erwachsenen gewesen; ich konnte spielen und mich raufen nach Lust und Laune. Als mein Häscher mich jetzt ins Anklagebüro führte, durchlebte ich die schlimmsten Ängste. Und hinter dem Schalter sass niemand anders als der Sergeant Rautenbach. Von allen Burenpolizisten war Rautenbach der meist gefürchtete in ganz Ohoromende. Er konnte jeden aufspüren und wenn er jemanden in seiner Gewalt hatte, war er erbarmungslos. Wenn er Pass- und Bierrazzien anführte, ging er an den verhafteten Frauen und Männern entlang, bevor sie abgeführt wurden, starrte jedem ins Gesicht, um ihn in seinem Gehirn zu registrieren. Dabei schwang er seinen Schlüsselbund am Finger. Wenn er so seine Schlüssel schwang, erschauerte jeder.

Bevor der gefürchtete Bure seinen Mund öffnete, begann ich zu weinen. "So, was hat dieser hier getan?" fragte er endlich, ohne seine ausdruckslosen Augen von mir zu nehmen.

* Deutsch im Original

"Nein, nein, *Baas*", protestierte ich. "Diese Jungen jagten den Hund auf mich und ich verteidigte mich, und das ist alles, was passiert ist, ehrlich."
Die Schlüssel schwangen an Rautenbachs Finger. Seine Augen durchborten mich. "Sagtest du 'Jungen'? Weisst du nicht, dass du ein *Kaffer* bist?"
"Aber *Baas*, sie waren jung, jünger als ich, *Baas*", versuchte ich mich zu verteidigen.
Unter seinem Schreibtisch zog Rautenbach ein '*Rottang*' hervor, ein dickes, mit Salzwasser behandeltes Rohr. Ohne mich anzuschauen, probierte er es auf dem Tisch aus. Mit einem pfeifenden Geräusch schlug das Rohr nieder. Plötzlich packte mich der Polizist, der mich hergebracht hatte, von hinten und klemmte mich mit seinem Arm ein. Er bog mich nach vorn und zog mir mein Hemd über den Kopf.
Der '*Rottang*' sauste auf meinen Rücken herunter. "So wie du mit mir sprichst, sprichst du mit allen Weissen", sagte Rautenbach. Und wieder der '*Rottang*' und ich schrie auf. "Ist es ein Knabe, so nennst du ihn '*Kleinbaas*'; ist es ein Mädchen, dann nennst du es '*Kleinmeisie*'*." Seine Stimme war ruhig, wie die eines geduldigen Lehrers. Jeder Satz war unterstichen mit einem Hieb des '*Rottang*'.
Als sie fertig waren, sandte Rautenbach einen afrikanischen Schutzmann zu Isak. Ich schluchzte immer noch, als er ankam. "Onkel, sie haben mich geschlagen, sie haben mich geschlagen!" Ich rannte zu ihm und hob mein Hemd hoch, um ihm die Striemen auf meinem Rücken zu zeigen.
"Das ist kein verdammter Ankleideraum hier", sagte einer der Weissen. "Mach, dass du mit dem Kind von hier wegkommst, Isak; er ist nur aufgeregt."
Auf dem Heimweg erzählte ich Isak, was passiert war. Der alte Mann sagte nichts; er kaute nur an seiner Pfeife und schaute auf seine Füsse hinunter, wie wir durch die Siedlung schlurften. Ich verstand das nicht. Isak schien überhaupt nicht zu reagieren.
"Aber können wir denn nicht etwas *tun*!" schrie ich endlich.
Isak hielt an und drehte sich zu mir. "Nein! Es gibt nichts, was wir tun können." Er versuchte, tröstend zu lächeln, aber seine Stimme verriet seine Bitterkeit. "Du musst verstehen, Johnny, dass wir nichts gegen diese Buren tun können. Du musst nur lernen, dich von Unannehmlichkeiten fernzuhalten, das ist alles."
Sich von Unannehmlichkeiten fernhalten! Offenbar konnten wir unser Haus nicht verlassen, ohne in Gefahr zu sein! Was hatten

wir denn getan, um so behandelt zu werden? Und Isak, der Ehrlichkeit und Gleichheit vor Gott predigte, wie konnte er es geschehen lassen? Je mehr ich darüber nachdachte, desto mehr Fragen entdeckte ich. Die Weissen hatten grössere Häuser, bessere Nahrung, mehr Geld als wir — warum mussten sie uns dann auch noch schlechter behandeln als Hunde? Fürchteten sie sich vor uns? Ich dachte an den Farmer, der sein Gewehr auf Isak und mich gerichtet hatte. Der Onkel hatte sogar gesagt, das sei ein Christ! Aber die anderen weissen Christen, die ich kannte, schienen anders zu sein — oder waren sie es nicht? Da gab es Pastor Rechtmeyer, Isaks Vorgesetzter in der Kirche: ich fand immer, er sei ein netter Mann, der uns Süssigkeiten gab, wenn wir für ihn eine Besorgung machten. Aber da gab es andere Eigenheiten an ihm, wo ich mich fragte, was für eine Art Mensch er sei. Wenn Isak erschöpft von seinen langen Reisen heimkehrte, musste er sofort mit dem Geld, das er gesammelt hatte, die zwei Meilen zu Fuss zum Haus des Pastors gehen, obwohl es für den Pastor nicht länger als fünf Minuten gedauert hätte, mit seinem Auto zu uns rüber zur Siedlung zu fahren. Und die wenigen Male, wo er kam, trat Rechtmeyer nie ins Haus; er blieb in seinem Wagen und sandte eines von uns Kindern zu Isak. Und so sprachen die zwei Männer auch — der Missionar hinter seinem Steuer, mit heruntergedrehter Scheibe — Isak auf der Strasse, zu ihm hinunter gebeugt, um zu verstehen, was der Boss ihm zu sagen hatte.

Es gab noch andere Dinge. Die Missionare verdienten acht oder zehn Mal mehr als Isak, obwohl sie nie rausgingen auf die staubigen Hinterstrassen, um feindseligen Farmern zu begegnen. Sie kamen auch nie zu Isaks Gottesdiensten in der überfüllten, unerträglich heissen Siedlungskirche. Eines Abends, beim Nachtessen, nach einem besonders anstrengenden Tag, konnte ich sehen, dass Isak aufgebracht war. "Diese Weissen sind alle gleich. Einige nennen dich 'Bruder, Bruder', und schütteln deine Hand, aber wenn du gegangen bist, waschen sie ihre Hände, wie alle andern." Er schien mit sich selbst zu sprechen und starrte auf seinen Teller. "Alles was sie interessiert, ist das Geld, das ich für sie sammle", murmelte er. Aber er blieb der Kirche treu. Gott, so sagte er mir oft, ist nicht für die Verrücktheiten der Menschen verantwortlich. Und da die Welt ausserhalb der Kirche für unser Volk trübe aussah, war die Religion für Isak die einzige Quelle der Hoffnung. Auf der Kanzel vergass er alles über Rassismus und Scheinheiligkeit; für eine kurze Zeit konnte kein irdisches Übel den Segen ausschliessen, der vom Zusammensein mit dem Herrn kam.

War es nun wirklich so, dass ich keinem Weissen trauen konnte? Nachdem ich von Rautenbach geschlagen worden war, wurde ich allen Europäern gegenüber misstrauisch. Dazu gehörten auch die Missionare, deren Paternalismus und scheinheilige Ansicht von Gleichheit nun allzu deutlich waren. Trotzdem hielten mich die Aufrichtigkeit und das ehrliche Pflichtbewusstsein einiger weniger davon ab, mich gegen die Kirche zu stellen. Eine solche Person war Emma Köller, meine Lehrerin der letzten zwei Jahre an der Schule der Rheinischen Mission. Gewisse Lehrer schlugen uns manchmal wegen unserer Disziplinlosigkeit die Knöchel blutig, während *Schwester** Emma sich nur im Extremfall dazu hinreissen liess, ein Lineal hochzuhalten und flehend zu sagen, "Es würde dich schmerzen, wenn ich das gebrauchen würde. Kind, es würde Jesus sehr unglücklich machen." Ihre grenzenlose Liebe wurde von Jungen wie Ben Amathila und mir, ihren Klassenbesten, ausgenützt. Hatte ich mich nicht für die Stunde vorbereitet, so lehnte ich mich auf der Bank zurück und wimmerte, bis Emma es merkte. "Johannes, bist du krank?" Sie kam rüber und legte ihre Hand auf meine Stirn. "Vielleicht bist du hungrig. Hast du heute schon was gegessen?" Ihre Küche hatte immer einen Vorrat an Brot, Konfitüre und Fleisch. Und ich verbrachte den Rest des Nachmittags in ihrem Haus hinter der Schule. Ich ass, pflückte Früchte im Garten und räumte auf, so dass alles schön aussah, wenn die *Schwester* nach Arbeitsschluss nach Hause kam.

Ich hielt noch Kontakt mit Emma jahrelang nachdem ich Tsumeb verlassen hatte. Sie sagte mir oft, dass ich die Begabung hätte, Bischof zu werden und sie war traurig, dass ich mich der Politik zuwandte. Einige ihrer Briefe wurden von der Polizeizensur geöffnet; falls sie sich fragte, warum so viele SWAPO-Kämpfer ehemalige Studenten von Emma waren, dann fand sie beim Lesen ihrer Briefe sicher keine Antwort: "Mein Kind, ich weiss wie sehr dich die Politik beschäftigt, aber du solltest auch deinen Heiland Jesus nicht vergessen. Er wird es sein, der uns erlösen wird und Seine Wege sind nicht gewalttätig."

Der Unterschied zwischen Emma und den andern Lehrern war der, dass sie uns zum Studieren und Lernen ermutigte. Während des letzten Jahres in der Missionsschule begann ich ernsthaft über meine Zukunft nachzudenken. Ich war unterdessen der Führer unserer christlichen Missions-Jugendvereinigung geworden, da ich ein beispielhafter Student war. Was ich mit meiner Erziehung anfangen wollte, war noch nicht so wichtig: ich wusste nur, dass ich nicht mein Leben lang Kohle schaufeln oder in irgendeinem

* *Deutsch im Original*

Vertragsarbeiter-Quartier leben wollte. Hätte es nicht die politischen Unruhen gegeben, die eine neue, weltliche Alternative anboten, wäre ich vielleicht geblieben, um Kongregationsrat, Chorleiter oder Sozialarbeiter in der Gemeinschaft zu werden. Aber mir fehlte das innere Feuer der Überzeugung, das aus Isak eine so starke Persönlichkeit machte.

Im Laufe dieses Schuljahres kam ich zur Überzeugung, dass meine ganze Hoffnung im Kollegium *Augustineum* in *Okahandja* lag, der einzigen Hochschule für Afrikaner in Namibia. Dort, so dachte ich, würde ich eine Oase der Vernunft finden, einen Ort ohne rassistische Schranken. Mit dem Diplom einer solchen Institution ausgerüstet, würde ich nach meinen Fähigkeiten beurteilt werden, nicht nach der Farbe meiner Haut. Aber der Wettbewerb für die Aufnahme war hart. Ich ging mit grossem Eifer meine Studien an und erzielte sehr gute Resultate beim Examen. Ben Amathila und Bernard Shanyengange, meine beiden einzigen Freunde mit dem gleichen Ziel, verliessen die Schule kurz vor den Examen. Shanyengange nach einem Streit mit einem Lehrer; Amathila weil seine Eltern zu wenig Geld hatten, um ihn weiter in Tsumeb zu lassen und von ihm verlangten, in seinem heimatlichen *Walvis Bay* in der Konservenfabrik zu arbeiten. Ich war also der einzige unserer Klasse, der direkt zur Hochschule ging.

Als ich im Januar 1955 in Okahandja dem Zug entstieg, hätte ich ein Schild auf meiner Brust tragen können "Neuer Student": Meinen Pappkarton-Koffer und eine Büchse Trockenfleisch hatte ich an mich gepresst; meine Uniform war makellos: ein weisses Hemd, blauer Blazer, graue Khaki-Shorts, schwarze Kniestrümpfe und glänzende schwarze Schuhe. Auf dem Blazer-Abzeichen stand in Latein: "Sieg durch harte Arbeit". Ich fühlte mich wie ein Mann. Meine Promovierung von der Missionsschule fiel zusammen mit meiner Konfirmation, dem formellen Schritt eines Knaben ins Erwachsenenleben. Der Zeremonie war eine ausführliche Vorbereitung im Katechismus-Unterricht vorausgegangen — obwohl neunzig Prozent meiner Gedanken bei der neu benötigten Kleidung waren, der Erwachsenenkleidung. Isak konnte nur das Notwendigste bezahlen, deshalb schrieb ich an meinen Onkel Petrus Haufiku in *Tsobis*, der mir einen Versandkatalog der Firma Edwards & Co in Kapstadt sandte. Ich bestellte einen dunkelbraunen doppelreihigen Anzug mit Bügelfalten, die scharf waren wie Messer. Das Juwel war ein wunderbarer "Battersby"-Hut, um den mich die gesamte Jugend von Ohoromende beneidete. Nach diesem wichtigen Ritual fühlte ich mich in jeder Hinsicht bereit, meinen Platz im Augustineum, der Hochburg der Weisheit unseres Landes einzunehmen.

"Sieg durch harte Arbeit" — wenn ich geglaubt hatte, das Augustineum sei anders, als die Missionsschule, so hätte ich mir zweimal überlegen sollen, was das Schulmotto wirklich meinte. Die Schulgebäude waren alt und hatten eine Renovation dringend nötig. Demzufolge war Maurerarbeit Teil des Lehrplans in meinem ersten Schuljahr. Sie wurde uns von einem Halbanalphabet, einem alten Buren, beigebracht, der mit kargen Worten und undeutlichen Gesten die Bauarbeiten des neuen Essraums überwachte. Am Morgen war er immer mürrisch, wie dies bei ehemaligen Überwachern von Strassenbau-Arbeiter üblich ist. Er zeigte uns nie wirklich, wie wir die Arbeit anzupacken hatten, verfluchte uns aber, wenn der Mörtel nicht richtig gemischt oder eine Wand nicht im Blei war. Das Niederreissen missglückter Arbeiten und das Abkratzen des trockenen Mörtels von den Backsteinen beanspruchte fast so viel Zeit, wie das Aufbauen. Gegen Mittag, wenn der Alte seinen ersten Schuss Gin intus hatte, verlangsamte sich der Rhythmus und nach und nach versank er ganz in seine eigene Welt. Wir Studenten suchten den Schatten der *Jakarandas*, während der restliche Mörtel verkrustete und sich in den Mischtrögen schliesslich zu solidem Fels verwandelte. Wir brauchten das ganze Jahr, um die Esshalle fertig zu bauen und am Ende sah sie aus, als ob ein rechter Windstoss keine Mühe hätte, dieses Zeugnis unserer neuen Fähigkeiten umzustossen.

Ich verbrachte dieses erste Jahr zur Hälfte mit Bauarbeiten. Die übrige Zeit waren wir im Klassenzimmer, unter Herrn Osborne, unserem Wissenschafts-Lehrer, und Frau Smith, die uns Geschichte und *Afrikaans* lehrte. Osborne war seines Faches sicher, und wenn er sich ans Lehren hielt, war die Klasse ruhig und aufmerksam. Leider vergass er aber allzu oft die Wissenschaft und begann, mit seinen physischen Kräften zu prahlen. Er war jung und gutgebaut, und wenn er mit seiner Faust auf das schwere Holzpult niederschlug, erzitterte es. "Ich kann jeden von euch schlagen", meinte er grinsend. "Mit dieser Faust kann ich euch zu Hackfleisch machen. Ein Schlag ins Maul und ihr werdet eure Zähne verschlucken wie Maiskörner." Er tanzte herum wie ein Boxer, fuchtelte wild in der Luft herum und lachte über seine eigenen Witze, bis die ganze Klasse auch lachte. Ich konnte nicht verstehen, wie ein kompetenter Lehrer seine Zeit mit solchen Verrücktheiten verbringen konnte. Aber so vieles am Benehmen der *Afrikaaner** war fremd für mich, und Osborne war nicht der Verrückteste, den ich kannte.

Frau Smith war ein anderer Fall. Ich weiss eigentlich nicht, warum sie Schule gab, da sie nicht daran glaubte, dass Afrikaner erzogen werden konntan oder sollten. Noch schlimmer, sie hatte uns gar nichts zu lehren; das einzige, was sie uns aufgab, war Texte zu lesen. In der übrigen Zeit mussten wir ihre rassistischen Tiraden über uns ergehen lassen. "Ihr seid nur hierher gekommen, um eure Mägen zu füllen und in einem Bett zu schlafen", meinte sie. Dann fuhr sie fort, dass wir Afrikaner komplett von den Weissen abhängig seien. "Wie viele Schwarze haben Gewehre?" fragte sie lachend. "Wenn wir wirklich wollten, könnten wir euch in einer Minute vernichten." Im Gegensatz zu Osborne, brachten wir Mrs. Smith keinerlei Respekt entgegen. Um ihr zu zeigen, was wir von ihren Beschimpfungen hielten, schlugen wir mit unseren Büchern auf die Pulte und brüllten durch das Klassenzimmer.

Eines Tages, als der Schulvorsteher, Herr Steenkamp, einen Inspektionsbesuch machte, fand Ishmael Tjombe den Mut, sich zu Wort zu melden. "Sir, wir möchten Sie auf etwas aufmerksam machen", sagte er sehr höflich. "Sir, wir kamen hierher, um eine Schulbildung zu erhalten, aber Mrs. Smith scheint viel mehr damit beschäftigt zu sein, uns zu beschimpfen."

Es folgte ein langes Schweigen und das Gesicht von Mrs. Smith verfärbte sich in alle Rottöne. Steenkamps Augen schweiften prüfend über die Reihe unserer erwartungsvollen Gesichter; es schien klar, dass Ishmael die Klasse hinter sich hatte. "Es ist auch mein Anliegen, dass ihr so viel lernt wie möglich", sagte Steenkamp endlich. "Mrs. Smith und ich werden uns darüber unterhalten."

Einige Wochen später fing Mrs. Smith jedoch wieder an mit dem gleichen Unsinn. Aber unsere Furcht war nun gebrochen; wir waren nicht bereit, das noch länger hinzunehmen. "Mrs. Smith", unterbrach sie einer von uns, "warum geben sie uns nicht einfach unsere Arbeit und lassen uns in Frieden studieren?"

Mrs. Smith wurde rasend vor Wut. Von "einem schwarzen Jungen wie du" einen Befehl zu erhalten, wie sie ihre Arbeit auszuführen habe, war die schlimmste Beleidigung, die ihr je widerfahren war. Sie befahl uns, zu schweigen oder abzuhauen. Aber am Ende war es Mrs. Smith, die uns ein Jahr vor meinem Schulabschluss verliess. Ein Sturm von Klagen hatte sie dazu gezwungen. Und wir fingen an zu begreifen, dass uns unsere Anzahl eine gewisse Stärke verlieh.

Für meine Familie bedeutete es ein grosses Opfer, mich ins Augustineum zu schicken. Isak hatte natürlich nicht genügend Geld für meine Schulgebühren. Abraham, Rheinholdt und einige andere meiner Onkel halfen, aber ihre Beiträge reichten kaum für die wichtigsten Ausgaben. Während des ersten Jahres verfügte ich über kein Taschengeld. Wenn meine Freunde samstags runter nach Okahandja gingen, täuschte ich meine Studien vor, um nicht mit ihnen zu gehen. Schlimmer war es, wenn sie zurückkamen, mit ihren Taschen voller Brot, Büchsenfleisch und Süssigkeiten, die sie in ihre Regale stellten. Besonders die Jungen aus Windhoek schienen über sehr viel Geld zu verfügen. Und wenn sie auch sehr grosszügig mit mir teilten, so hatte ich doch Mühe, ihre Geschenke anzunehmen. Ich konnte ihnen nichts anbieten. "Nein danke, ich mag nicht viel essen," behauptete ich, während ich mit Mühe meine Augen von der Rauchwurst nahm.
Ich musste einen Weg finden, um zu Geld zu kommen. Als mir Joe Ithana vorschlug, in den Sommerferien mit ihm nach Windhoek zu gehen, war ich sofort begeistert.
Joe hatte Arbeit an einer Tankstelle im Stadtzentrum. Am Tag nach unserer Ankunft, nahm er mich mit, um mich dem Boss vorzustellen. "'Die Arbeit ist sehr einfach", sagte er mir. "Es ist nur eine Frage der Einstellung."
Ausgerüstet mit diesem wichtigen Ratschlag, begab ich mich ins enge, rauchgefüllte Büro von Mr. Grobenau, der hinter seinem Schreibtisch sass, die Beine auf dem Tisch. Ich blieb in der Tür stehen und wartete, bis er von mir Notiz nahm.
"Ach, was ist?" sagte Grobenau endlich und blickte von seinem Papier auf. "Wie geht's Junge?" In seiner Stimme war kein Gruss zu erkennen.
Aber ich war bereit. "Sehr gut, *Baas*. Und wie gehts dem *Baas*?" Grobenau legte das Papier nieder. "Angenommen, ich bin ein Kunde, der soeben bezahlt hat — was sagst du zu ihm?"
"Danke, mein *Grootbaas*." Ich zeigte ein breites Grinsen und streckte meine Hand aus. "Hier ist ihr Kleingeld, mein grosser *Baas*."
Ich war angestellt. Grobenau gab mir Überkleider, eine Mütze und einen Lappen für die Scheiben. Er befahl Joe, mir die Arbeit zu zeigen — Böden reinigen, Autos waschen und platte Reifen flicken. Nach einer Woche war ich bereit, die Kunden zu bedienen. "Schau mir jetzt gut zu", sagte Joe und sprintete raus, um einen glänzenden Kombiwagen zu begrüssen, der soeben eingefahren war. Er verbeugte sich tief, als er die Bestellung entgegen-

nahm und tanzte rund ums Auto, als er die Fensterscheiben wusch und den Druck in den Reifen überprüfte. Er wusch auch die Scheinwerfer mit seinem Lappen und zeigte dem Fahrer den Ölstandanzeiger. Als alles vorbei und der Kombi wieder in der Strasse war, zeigte mir Joe das Zwanzig-Pence Stück in seiner Hand. "So musst du das machen", meinte er achselzuckend. "Du musst dich daran gewöhnen."
Nach kurzer Zeit hatte ich eine ziemlich überzeugende Routine. Wenn ein Kunde bei den Tanksäulen vorfuhr, rannte ich herbei, wie wenn ich den ganzen Tag auf ihn gewartet hätte. Ich wusch die Scheiben und überprüfte Öl und Wasser, bevor er irgendwas sagen konnte.
"Füll auf, Junge."
"Ah, mein *Grootbaas*, ich werde sie gut bedienen", schrie ich. Während sich der Tank füllte, lief ich rund ums Auto, polierte das Chrom, bis es glänzte. Und während der ganzen Zeit beobachtete ich den Fahrer und tat mein bestes, um von ihm bemerkt zu werden. Zeigte er sich zufrieden, so wusch ich auch die Scheinwerfer und Nummernschilder, bevor ich sein Geld in Empfang nahm. Je aufmerksamer der Kunde, desto grösser war das Aufhebens, das ich um ihn machte. War ein Mann begleitet von seiner Frau oder seiner Freundin, machte ich noch eine Extraanstrengung, indem ich mich auf die Knie warf und meine Mütze in die Luft wirbelte. "Oh, mein *Baas*, dies ist meine *Missies**. Wie schön sie ist!" Ich täuschte vor, ohnmächtig zu werden beim Anblick des Trinkgelds.
Mit der Erfahrung und der Gewandtheit, die ich an den Tanksäulen entwickelte, kam eine andere Dimension meines Jobs zum Vorschein: die Herausforderung, meine Kunden zu manipulieren. Am Anfang war ich sehr ängstlich, einen Fehltritt zu machen; aber jetzt waren meine Verbeugungen und meine Kratzfüsse berechnete Manöver. Während ich mich dem Wagen näherte, schätzte ich ab, wieviel der Fahrer wert war und behandelte ihn dementsprechend. Die sturen Typen, die Farmer und Regierungsbeamten, bekamen nur eine Mindestbehandlung. Jüngere Geschäftsherren und Arbeiter, Deutsche und speziell Amerikaner und Kanadier waren ein Fünfzig-Pence Trinkgeld wert, wenn alles gut ging, deshalb war meine Vorstellung für sie die beste.
Am Ende des Sommers hatte die Befangenheit, die ich früher in Tsumeb gegenüber Weissen empfunden hatte, jener Haltung des "was-kann-ich-aus-dieser-Situation-herausschlagen" Platz gemacht, die ich so an den Windhoek-Jungen bewundert hatte.

Während der ersten zwei Wochen bei Grobenau verdiente ich mehr Geld als ich während eines ganzen Sommers als Hausboy in Tsumeb verdient hätte. Und obwohl ich die Hälfte meines Verdienstes zur Seite legte für die Schule, blieb genug übrig für ein paar modische Tweed-Hosen und einen Pullover, wie ihn die Stadtjungen trugen. In dieser Ausstattung war ich nicht mehr zu scheu, um mit Joe und seinen Freunden ins Kino zu gehen. Nachdem ich einen Film mit Louis Armstrong — dem grossen Satchmo — gesehen hatte, kaufte ich mit dem Trinkgeld einer Woche einen gebrauchten Plattenspieler und einige alte Platten der Marke "His Master's Voice". Diese Musik bewegte mich sehr. Früher hatte ich nur afrikanische Sänger gekannt, wie etwa *Dorothy Masuka* und *Miriam Makeba*. Als ich aber ins Augustineum ging, hatte bereits amerikanische Popmusik Namibia überflutet. Die Mills Brothers, die Everly Brothers, Pat Boone und Elvis; wir spielten ihre Platten so oft, bis wir die Texte aller Lieder auswendig kannten. Die Bedeutung kümmerte uns weniger. Meine Lieblinge waren "Jailhouse Rock" und "Shiboom, Shiboom" von Elvis und ich übte so lange, bis ich die gurgelnde, tiefe Stimme von Elvis besser als jeder andere imitieren konnte.
Die Wand hinter meinem Bettgestell war voller Bilder von Elvis, Harry Belafonte, Natalie Wood und Tony Curtis.
Ich hatte gelernt, wie ich mich in der Welt benehmen musste. Keine Mrs. Smith würde mich je wieder dazu bringen, meine Augen niederzuschlagen. Im Augustineum liess ich meinen Blazer und die schwarzen Kniestrümpfe zuunterst in meinem Koffer verschwinden und rührte sie bis zum Rest des Jahres nicht mehr an. Meine neuen Freunde waren Moses Garoeb, Onesmus Akwenye, Tommy Akwenye und die andern Stadtjungen. Sie waren weltmännische Kerle. Unter anderem lasen sie die Zeitung — etwas, was ich nie getan hatte. In den Jahren 1956 und 1957 waren die Zeitungen voll von Artikeln über die Bus-Boykotte und andere Protestaktionen gegen die Regierung in Südafrika.* 1957 wurde Ghana unabhängig unter der Führung von Kwame Nkrumah, einem gebildeten und scharfsinnigen Mann, der von vielen Europäern respektiert wurde, von unseren Lehrern jedoch nur als *Kaffer* bezeichnet wurde, der alles ruinieren würde, was die Briten für das Land getan hatten. Sonntags sassen meine Freunde und ich im Schatten der grossen Pappeln in der Nähe des Schlafsaals und sprachen über die Dinge, die wir gelesen hatten, wie zum Beispiel die Suez-Krise. Wir wussten, dass die Ägypter die Engländer hinausgeworfen hatten und diese sie dann bekriegten,

aber wir wussten nicht genau, was wir von diesem Konflikt halten sollten. Bis eines Tages, während einer seiner regelmässigen Bierreise-Prahlereien, Osborne davon anfing, die "frechen" Ägypter zu verfluchen.
"Ist es denn nicht ihr Kanal?" getraute sich jemand zu fragen.
"Waaaas, der Kanal der Ägypter????" wiederholte Osborne ungläubig. Südafrika würde so etwas nie hinnehmen, tobte er; Südafrika wüsste, wann einzuschreiten wäre. Während seiner halbstündigen Tirade erklärte er uns überhaupt nichts. Aber nur ein Verrückter hätte es gewagt, ihn noch etwas zu fragen. Die Antwort mussten wir uns woanders holen — und mit der Zeit fanden wir sie auch.
Ich begnügte mich oft damit, in unserer Gruppe bloss zuzuhören, während die andern Jungen über komplizierte Dinge diskutierten. Aber wenn jemand mir eine abgegriffene Kopie der "Cape Times" oder des "Windhoek Advertiser" gab, so suchte ich interessiert die Titel ab nach Artikeln über die Vereinigten Nationen, Suez, Ghana, Ungarn — alles, was während der Diskussionen besprochen worden war. Ich versteckte die Zeitungen in meinem Bettzeug, um sicher zu sein, dass niemand ausser meinen Freunden wusste, was ich las.
Eines Tages, es war 1957, kurz nach den Winterferien, zeigte mir Efraim Mieze ein Flugblatt, das er aus Südafrika zurückgebracht hatte. Es war ein einziges Blatt Papier, auf beiden Seiten bedruckt und in der Mitte gefaltet, so dass es vier Seiten ergab. Es beschrieb, wie sich die weissen Südafrikaner als *"Herrenvolk"** ansahen, wie sie die schwarze Bevölkerung ausnützten, wie ihre Polizei uns prügelte und quälte. Efraim sagte mir, dass er das Flugblatt von einem Mitglied des *African National Congress, ANC* (Afrikanischer Nationalkongress)* erhalten habe, einer Organisation, über die ich schon in den Zeitungen gelesen hatte.
Das zerknitterte Papier fühlte sich in meiner Hand an wie Feuer; falls es jemand bei uns gefunden hätte, wären wir in Schwierigkeiten geraten. Meine Augen konnten jedoch sich nicht von dem Papier trennen — was darin stand war die Wahrheit! *Herrenvolk*, das war es! Meine Hände zitterten, als ich las; mein Herz klopfte, als hätte ich einen plötzlichen Fieberanfall. Es war die Wahrheit — aber es war auch gefährlich. Ich war ins Augustineum gekommen zur Ausbildung und nicht, um in irgendetwas Umstürzlerisches verwickelt und schliesslich hinausgeworfen zu werden. Ich versuchte, so gleichgültig wie möglich auszusehen, als ich Efraim das Blatt zurückgab und wandte mich ohne ein Wort von ihm ab, um den andern Studenten in den Esssaal zu folgen.

* *Deutsch im Original*

Obwohl ich es versuchte, konnte ich das, was ich gelesen hatte, nicht mehr vergessen. Wo immer ich mich hinwandte, tauchten unbequeme Fragen auf. Mein Lieblingsfach in der Schule war Geschichte, aber unsere Lehrbücher widersprachen den Geschichten, die jedes Namibier-Kind von seinen Eltern gehört hatte. Die Deutschen waren nie von "kriegsführenden Stämmen eingeladen" worden, Frieden in unser Land zu bringen und ebensowenig hatte Südafrika uns Wohlstand gebracht. Es stimmt, wir hatten Kämpfe untereinander ausgetragen und die Deutschen hatten von dieser Tatsache profitiert, um unser Land zu erobern. Der Text sprach jedoch nicht vom Widerstand unserer Vorfahren und über das schreckliche Abschlachten der *Hereros* und *Namas*, das der Eroberung folgte. Sogar in den dreissiger Jahren hatten noch Flugzeuge der Luftwaffe das Dorf *Ukwambi* des Häuptlings Ipumbu bombardiert, nicht weit von meinem Geburtsort entfernt.

Nur während der letzten fünfzehn Jahre — seit ich geboren war — gab es keinen offenen Widerstand mehr gegen die Herrschaft der Buren. Aber die Lügen der Schulbücher erstaunten mich eigentlich nicht mehr; die Weissen wollten einfach, dass wir dachten, sie seien intelligenter als wir, sie seien eine überlegene Rasse und demzufolge dazu berechtigt, uns zu regieren. Aber welcher Verrückte hätte geglaubt, dass etwas "Überlegenes" in unserem alten, versoffenen "Maurer-Instruktor" drin steckte?! Und es war bei weitem nicht der einzige dumme Bure, den ich getroffen hatte!

Als ich im folgenden Sommer in die Garage zurückkehrte, brauchte mir keiner zu zeigen, wie man zu grossen Trinkgeldern kam. Ich verdiente mehr Geld als alle andern Tankstellen-Jungen. Zur Belohnung erlaubte mir Grobenau, auch in der Nachtschicht zu arbeiten. Da arbeitete ich allein, und nachdem der Abendverkehr abgeflaut war, machte ich mir eine Bettstelle auf den Bürostühlen und schlief darauf.

Eines nachts wurde ich vom ungestümen Hupen eines einfahrenden Wagens geweckt. Ich griff zu den Tanksäulen-Schlüsseln und rannte hinaus. "Ja, *Baas*?"

"Füll auf", sagte der Bure hinter dem Steuerrad.

Als ich fertig war, liess er den Motor an. "Zurück ins Bett, *Kaffer*", schrie er durch die Fensterscheibe. "Danke für's Benzin und geh zur Hölle." Und er raste davon, bevor ich irgendetwas sagen konnte. Das Geld wurde in solchen Fällen von meinem Lohn abgezogen.

Zweimal wurde ich von einer Bande betrunkener Weisser zusammengeschlagen, die nichts besseres zu tun wussten, als Afrikaner zu belästigen. Sie stiessen mich herum und gaben mir Fusstritte, rollten mich in Öllachen und sprühten mich mit dem Wasserschlauch ab. Ich war zu erschrocken, als dass ich mich zu wehren gewagt hätte. Als sie zum dritten Mal auftauchten, war ich schlau genug, die Tür verschlossen zu halten. Steif vor Angst beobachtete ich, wie sie versuchten, die Tür aufzubrechen und wie sie ihre vom Alkohol aufgeschwemmten Gesichter an die Scheiben pressten. "Öffne die Tür, du schwarzer Bastard, oder wir bringen dich um!" Diese betrunkenen Typen waren die Art von Leuten, für die ich tagsüber kroch. "Ich behandle sie wie Götter, und was kriege ich dafür?" dachte ich. Das unterwürfige Lächeln in meinem Gesicht wurde immer gezwungener und ein neues Gefühl nagenden Unmuts stieg jedesmal in mir hoch, wenn ich mich daran machte, einen Wagen zu bedienen. Wenn ein Afrikaner nur als Narr etwas Geld verdienen konnte, was nützte mir dann meine Schulbildung? Und wenn ich ans Augustineum dachte, dann kamen mir immer unsere Diskussionen in den Sinn. Früher oder später musste der Damm, der meine Gefühle zurückhielt, brechen. Aber bevor ich diesen Punkt erreichte, waren die Sommerferien vorbei und ich ging für mein Abschlussjahr ins Augustineum zurück.

Bei meiner Arbeit an der Tankstelle hatte ich erkannt, dass ich nie direkt unter Weissen würde arbeiten können. Das war einer, aber nur einer der Gründe, warum ich beschloss, Lehrer zu werden. Unser Land benötigte *"afrikanische"* Lehrer. Überall strömten die Kinder in die Schulen; vielerorts gingen sie eine Stunde und mehr zu Fuss, drängten sich dann in Schulzimmer, die so überfüllt waren, dass manche auf dem Fussboden sitzen mussten und nichts anderes zur Verfügung hatten als eine Schiefertafel und ein Stück Kreide. Aber um was zu lernen? Maurerarbeit? Den rassistischen Unsinn der Mrs. Smith? Im Augustineum hatte ich mindestens so viel gelernt: wenn wir Afrikaner lernen wollten, mussten wir uns auf uns selbst verlassen.

Viele meiner Klassenkameraden wählten den gleichen Weg. Je mehr wir über unsere Pläne sprachen, desto schlimmer fanden wir unsere Lage an der Hochschule. Und obwohl wir in diesem Jahr hart für unser Studium arbeiteten — das Abschlussjahr war entscheidend für unsere Zukunft — entstand eine Atmosphäre des Misstrauens in unserer Beziehung zu den Lehrern. Diese wurden nervös und witterten die schlimmsten Absichten in den einfachsten Fragen. Ihre Reaktionen machten uns nur noch widerspenstiger, und unsere Stunden wurden immer mehr zu einem Nervenkrieg. Jedoch erst während der Abschlussfeier kam es zur Explosion.

Die Tische waren aus der Esshalle geräumt worden und wir sassen in Reihen, in unserer besten Sonntagskleidung, ganz still und feierlich, wie es sich für die Bedeutung des Anlasses gehörte. Ich war ausgewählt worden, um die Abschiedsrede zu halten und hatte während Wochen nachgedacht, was ich sagen wollte. Ich konnte mich nicht entscheiden, ob ich heiter oder ernst erscheinen sollte, ob ich einfach von den erfreulichen Seiten dieser Zeit, die wir zusammen verbracht hatten, sprechen sollte, oder über die Herausforderung, die die Zukunft an uns stellen würde. Die Zeit verstrich und schliesslich hatte ich nichts als einige nichtssagende Zeilen hervorgebracht. Die Lehrer sassen auf der Bühne, zum letzten Mal uns gegenüber. Meine Schulbildung war offiziell beendet; ich hing nicht mehr von ihrem Wohlwollen ab und doch lastete ihr Urteil schwer auf mir, als ich meine Notizen in meine schweissigen Hände nahm. Ich hätte eigentlich verlangen sollen, dass jemand anders die Abschiedsrede hielt, da ich offenbar nicht den Mut hatte, meine Gedanken auszusprechen. Aber dafür war es jetzt zu spät.

Mr. Steenkamp, das Schuloberhaupt, rüttelte mich aus meiner Unentschlossenheit auf. Ich kannte ihn als sanften, fast demütigen Menschen und war deswegen nicht wenig erstaunt, als seine Abschiedsrede, statt weiser Worte der Ermunterung, nur eine unverhohlene Warnung enthielt: "Welche Laufbahn ihr auch immer einschlagen werdet, hütet euch davor, in die Politik verwickelt zu werden!" Speziell Lehrer, so sagte er, hätten der Regierung gegenüber eine Verpflichtung; wer immer das Schulzimmer als politische Plattform benütze, sei ein Sünder.

Dieses Gerede über Verpflichtungen gegenüber der Regierung erboste mich. Meine Verpflichtung lag bei meinem Volke, bei denen, die später meine Schüler sein würden. Mein Herz klopfte, als ich das Podium bestieg und als ich zu reden begann, hatte ich meine Notizen komplett vergessen. Ich sprach von der Wichtigkeit der Erziehung für unser Volk, und wie junge Lehrer dazu beitragen sollten, die Zukunft unseres Landes zu formen. Die Sätze folgten sich Schlag auf Schlag und logischerweise kam ich zum Schluss: "Nur durch Erziehung wird unser Volk auch die Unabhängigkeit erlangen."

Die Spannung hing schwer im Saal und die Zeremonie kam zu einem peinlichen Abschluss.

Im darauffolgenden Jahr brach im Augustineum ein offener Konflikt aus. In der Mitte des Abschlussjahres schloss die Regierung die Abschlussklasse und sandte die Studenten nach Hause. Zu der Zeit war ich Lehrer in Windhoek und hatte in der Zwischenzeit erfahren, dass die Polarisation, die sich im Augustineum abgezeichnet hatte, nur Teil einer Konfrontation war, die sich im ganzen Land zu entwickeln begann. Die Vorfälle in Windhoek waren allerdings von anderer Tragweite und ihre Folgen viel schwerwiegender.

3 Das Massaker von Windhoek

Der schlammige Platz trug noch das schmerzliche Zeugnis der Verwüstungen der letzten Nacht. Kleiderstücke lagen herum, zerrissen und im Schmutz zertreten. Alle Fenster und Türen des Regierungsgebäudes waren zertrümmert. Den Wänden entlang lag zerbrochenes Glas, das in der frühen Dezembersonne glitzerte. Ein wirrer Haufen geschwärzter Wellblechstücke war alles, was von der Bierhalle der "Alten Siedlung" übrig geblieben war. Das Feuer hatte die riesigen Bierfässer aufgerissen und die braune Flüssigkeit sickerte immer noch in die Asche. Ein faulig riechender Dampf legte sich an diesem windstillen Morgen über den ganzen Platz.
Zwei Gemeindearbeiter in Überkleidern hoben mühsam den Körper einer jungen Frau aus einer Pfütze, in der sie die ganze Nacht gelegen hatte. Sie trug immer noch ein gestreiftes Tuch um

den Kopf gewickelt; der obere Teil ihres blauen Kleides war mit Blut getränkt. Das Wasser der Pfütze hatte sich in ein dunkles, schmutziges Rot verwandelt.

Vier weitere Leichen lagen schon auf dem Lastwagen. Als die zwei Männer mit ihrer Last aufstanden, glitt ihnen der Körper der jungen Frau aus den Händen und fiel steif zu Boden. Der weisse Vorarbeiter fluchte sie aus der Kabine des Lastwagens an; als seine Augen aber meine trafen, schaute er sofort unsicher, fast ängstlich weg.

Der Ältere der zwei Männer schaute mich an und sagte kraftlos: "Dreckskerle".

Ich hätte auch gerne etwas gesagt, hätte ihm gerne zugestimmt, aber ich konnte nicht.

Ich spürte den Blick des jüngeren Arbeiters auf mich gerichtet. "Sag, bist du nicht einer der Boykott-Anführer?"

Ja, das war ich eine Weile, dachte ich. Aber jetzt? Der Boykott hatte nur Elend, gebracht. Wenn die Weissen dazu fähig waren, zu töten, um uns Afrikaner aus Windhoek zu vertreiben, was nützte es dann, Widerstand zu leisten? Irgendwie fühlte ich mich persönlich für die toten Körper auf dem Lastwagen verantwortlich. In diesem einen Jahr in Windhoek hatte ich schon zu viele schwerwiegende Einschätzungsfehler begangen. Aber einer Sache war ich nach der gestrigen Nacht sicher: die Leute der "*Alten Siedlung*" waren entschlossen, sich bis zum Letzten der Zwangsumsiedlung nach *Katutura* zu widersetzen; bis zum Letzten. Es war eine schmerzhafte Erkenntnis, als sich die Grundrisse des Konfliktes abzeichneten und ich entdecken musste, dass ich die Lage falsch eingeschätzt hatte.

Die riesige, übervölkerte Barackensiedlung überwucherte die kümmerlichen Hügel am Nordrand von Windhoek, gegenüber den weissen Vororten. Die struppigen Büsche wurden immer mehr verdrängt von Hütten aus Pappkarton, Lumpen, Überreste von Sperrholz, flachgestampften Ölfässern und anderem Behelfsmaterial, bunt und ohne erkennbare Anordnung zusammengewürfelt. Erst beim Nähertreten konnte man einzelne Hütten ausmachen; sie klebten so eng aneinander, dass einige Familien von ihren Fenstern aus die Wände des Nachbars berühren konnten. So wurden Familienzwiste, die sich hinter den dünnen, klaffenden Wänden abspielten, rasch zum Nachbarschaftsklatsch. Jeder kannte jeden und keiner blieb lange ein Fremder. Die unbezeichneten und namenlosen Strassen jedoch kannte man erst, wenn man längere Zeit in der "Alten Siedlung" gelebt hatte. Zwischen

den unregelmässigen Reihen von Hütten wanden sich enge und staubige Strassen. Sobald es regnete, verwandelten sie sich in reissende Flüsse, die Hütten wegschwemmten und tiefe Furchen zurückliessen. Nachbarn nahmen dann die Obdachlosen auf, bis genügend Material gesammelt war und eine neue Hütte aufgestellt werden konnte. Da es für einen Fremden unmöglich war, jemanden ausfindig zu machen ohne nachzufragen, war die Siedlung auch ein Zufluchtsort für Afrikaner mit Pass-Problemen, die sich vor der Polizei versteckten. Es war, als ob die Mühsal der "Alten Siedlung" eine grosse Familie gründete, in welcher jedes Mitglied sich um das andere kümmerte.
Trotz der Not herrschte eine merkwürdige Zufriedenheit und Gelassenheit in der "Alten Siedlung". Morgens beim Wasserplatz sangen die Frauen bei der Wäsche und die Kinder spielten in den Pfützen des Regens der letzten Nacht. Gegen Mittag, wenn die Hitze unerträglich wurde, verschwanden die Leute in den Hütten und die Nachmittagsstunden waren ruhig — sogar die Hühner und Ziegen suchten Unterschlupf unter der Dachrinne. Wenn die Schatten länger wurden, kamen die Frauen wieder aus ihren Häusern, um die Wäsche abzunehmen, die an den Leinen zwischen den Häusern hing. Die Kinder machten sich auf zu den Hügeln, um Holz für das abendliche Feuer zu suchen. Bevor die Sonne unterging, bildete sich aus dem Rauch von tausend Feuerstellen ein blau-grauer Dunst über der Siedlung. Und bald hörte man das Klappern von Töpfen und Pfannen von Strasse zu Strasse. Die ersten Sterne standen schon am Himmel, wenn die Arbeiter aus der Stadt heimkehrten. Sie kamen zu zweit oder zu dritt langsam den letzten Hügel hoch, die Schuhe noch dreckverklebt vom morgendlichen Gang zur Stadt. "Sie sind hier!" Der Ruf ging ihnen einige Strassen voraus, gefolgt von schrillen Kinderstimmen und raschen, kleinen Schritten. Dann folgten tiefe, dumpfe Stimmen und Gelächter. Später hörte man das Klappern von Tellern und Besteck. Gesprächsfetzen drangen aus den Hütten und man sah im Schatten der Kerosenlampen unter der Tür Gestalten hin und hergehen. Dann, wenn der Nebel den Hügeln entlangkroch, nahmen die Schatten ab, die Lampen wurden ins Haus geholt und die Ruhe kehrte ein über dem Labyrinth der dunklen Hütten. Das war die "Alte Siedlung", wie ich sie kennenlernte.
Ich verstand noch wenig von dieser Gemeinschaft, als ich im April 1959, frisch vom Augustineum, bei meinem Onkel, Ananias Kasheshe, einzog. Ich sollte gleich am nächsten Tag als

Lehrer in der Herero-Schule beginnen. Ich hatte die Schule noch nicht gesehen und wusste auch nicht, wo sie war; aber der Onkel kannte einen Lehrer, der in unserer Nähe wohnte. So traf ich Aron Hipondoka, der mich zur Schule mitnehmen und mich dem Vorsteher vorstellen sollte.

An diesem ersten Morgen verliess ich das Haus schon um sechs Uhr, zwei volle Stunden bevor die Schule begann. Aron war noch nicht auf und seine Frau wies mich an, mich in eine Ecke zu setzen, während sie ihren morgendlichen Beschäftigungen nachging — Feuer für das Badewasser ihres Mannes, Frühstück für die Kinder und Aufräumen. Ich wäre gerne frühzeitig in der Schule angekommen, aber Aron war schon seit fünfzehn Jahren Lehrer, also musste er es ja wissen ... Um sieben hatten die Kinder gefrühstückt und packten ihre Schultaschen. Draussen eilten Leute zur Arbeit. Ich sass auf der Stuhlkante und schaute alle paar Minuten auf meine Uhr. Frau Hipondoka lachte über meine Ungeduld. "Der alte Mann wird kommen, wenn er bereit ist. Er ist faul, das ist alles."

Zehn vor acht kam Aron endlich, langsam schwankend, in seinem schlotterigen Pyjama, aus dem Schlafzimmer. Ich sprang auf. "Guten Morgen, Sir." Mein lauter, formeller Gruss war vollkommen fehl am Platze. Aron rieb sich die Augen "Wer zum ...? Ah, der neue Ovambo-Lehrer." Auch Aron war ein Ovambo. Er sah mich an und ein eigenartiges Lächeln war in seinen Mundwinkeln. "Ich zieh mich schnell an und dann gehn wir."

Es war jetzt schon nach acht. Aron sass am Tisch und fummelte an seinen Kleidern herum. Gedankenverloren zog er sich an, oft von Gähnen unterbrochen. Sein Hemd war fleckig und seine Schuhe nicht geputzt. Mich so mit einer Hand am Türknopf dastehen zu sehen, irritierte ihn. "Setz dich und entspann dich", murrte er. "Ihr Schuljungen, ihr denkt, neue Besen fegen besser. Ach, du wirst rasch alt werden bei dieser Arbeit."

Die Schüler standen in Reih und Glied im Schulhof als Aron und ich endlich ankamen. Alle Altersstufen waren vertreten, vom siebenjährigen Jungen bis zu solchen, die älter und grösser aussahen als ich selbst. Alle Gesichter waren uns zugewandt als wir durch das Tor kamen, aber niemand sprach ein Wort. Ohne irgend jemanden anzusehen, schlurfte Aron direkt zu seiner Schülerreihe. Ich stand allein da.

Es verstrichen einige Minuten und niemand schien sich zu bewegen. Es sah so aus, als ob wir auf jemanden warteten — und plötzlich begriff ich, auf wen. Mit klopfendem Herzen schritt ich

zu dem grauhaarigen, Eindruck erweckenden Mann, von dem ich annahm, dass er der Vorsteher, Mr. Katjimune war. "Entschuldigen Sie, Sir, ich bin John Ya-Otto."
Katjimune nahm kaum Notiz von mir. "Okay, mein Sohn, stell dich da rüber. Sobald der neue Lehrer erscheint, werde ich dich einschreiben."
"Sir", sagte ich, tief Atem holend, "ich bin der neue Lehrer."
Er machte grosse Augen und brach in ein herzhaftes Lachen aus. Auf meinem Rücken konnte ich die Augen der vierhundert Schüler spüren und ich wäre am liebsten im Boden versunken. Aber Katjimunes Humor war gutmütig. "Jedermann aufgepasst! Unser neuer Lehrer ist schon hier", schrie er. Er drückte mir die Hand und wandte sich Schülern und Lehrern zu. Er legte eine Hand auf meine Schulter und machte eine kurze Willkommensbegrüssung. "Beurteilt einen Mann nie nach seiner Grösse", schloss er. "Die Jungen haben neue Ideen zu vermitteln. Deshalb bin ich glücklich, euch ... äh ..."
"John Ya-Otto", flüsterte ich.
"... John Ya-Otto vorzustellen", strahlte Katjimune, und die Schüler brachen in Gelächter aus und applaudierten. Ich hatte meine Lehrerlaufbahn begonnen!
Aron schien glücklich darüber, mich als Kollegen zu haben. Oft gingen wir zusammen von der Schule nach Hause und ich entdeckte, dass er trotz seiner Trägheit viel über seinen Beruf wusste und immer bereit war, mir einen Rat zu geben. "Wir Ovambos müssen zusammenhalten", sagte er. Aber aus irgendeinem Grund wollte Aron nichts zu tun haben mit dem Vorsteher oder den übrigen Lehrern. Während der Pausen sass er allein und brütete vor sich hin, während ich mich unter die andern mischte. Wenn die Schulstunden wieder begannen, sandte er mir jedoch oft einen Schüler mit einer Notiz, die mich in sein Schulzimmer bat. Zuerst dachte ich, es sei etwas Dringendes und eilte zu ihm. Aber ich fand Aron an seinem Pult sitzend, und der Höllenlärm, den die wildherumschreienden Schüler veranstalteten, schien ihn überhaupt nicht zu stören. Aron beklagte sich über Katjimune, den Vorsteher und erzählte von Begebenheiten, wo die beiden sich fast geschlagen hätten. Er erzählte von Lehrern, die seiner Ansicht nach untauglich zum Unterrichten waren und die nur darauf aus waren, Einfluss in der Gemeinde zu gewinnnen. Trotz meiner Verlegenheit sprach er vor seinen sechzig Schülern immer weiter. Es war schwierig für mich, ihm zuzuhören: was würde passieren, wenn meine Schüler wild draussen herumrennen wür-

den? — Aber Aron war mein Ratgeber und viele Jahre älter als ich. Gemäss unserer Tradition konnte ich ihm nicht einfach weglaufen. So hörte ich ihm weiter gequält zu.

Ich verstand Arons Feindlichkeit gegenüber unseren Kollegen vorerst nicht; er schien mir zu intelligent, um sich um solches Gezänke zu kümmern. Ich brauchte einen Monat, um seine Gründe zu begreifen.

Die Regierung hatte einen Ausflug geplant für alle afrikanischen Schulen von Windhoek: wir sollten Katutura besuchen, die neue Siedlung, die ausserhalb von Windhoek im Bau war. Wir machten eine lange Busreise über sandige Hügelketten und quer durch die windgefegte Ebene westlich der Stadt. Und plötzlich tauchten in der Einöde lange Reihen unfertiger Häuser auf, entlang von rasch angefertigten Strassen, die in alle Richtungen verliefen und, genauso unmittelbar wie sie begannen, in den Büschen aufhörten. Ein Afrikaaner-Beamter war unser Reiseleiter. Es gab allerdings nicht viel zu sehen. Jedes kleine Haus glich genau dem andern: viereckige Zementblock-Strukturen mit Blechdächern, zwei Fenster und ein kleiner Schuppen neben der Hintertür. Ein Arbeiter ging von Haus zu Haus und malte Nummern an die Eingangstüren: H3-17, H3-18, H3-19 ... Dies, so sagte uns der Beamte, wird die Herero-Abteilung, dritte Strasse, neunzehntes Haus. Die Ovambos würden dort drüben wohnen, die Namas dort — mit einer schwungvollen Armbewegung zeigte er uns die Unterabteilungen, die noch nicht existierten — jeder Stamm in seiner eigenen.

Wir gingen in Gruppen und kämpften gegen den Wind und den Staub, der uns von den Strassen entgegenfegte; Aron neben mir. Für einmal sah er zufrieden aus. "Sag mal, Johnny, die treiben die Sache hier wirklich voran. Jede Familie wird ihr eigenes hübsches Haus haben. Und bessere Schulen auch. Hör zu, ich möchte etwas mit dir besprechen."

Seit Jahren wollte Aron in Windhoek eine eigene Ovambo-Schule gründen. "Wir müssen für unser eigenes Volk schauen, weisst du. Warum sollten wir mit den Hereros zusammengewürfelt werden? Und du weisst ja, wie überfüllt diese Schule ist." Das stimmte. Ich hatte über neunzig Zehnjährige in meiner Klasse, und ich konnte mich mit dem besten Willen nicht jedem Schüler persönlich widmen, obwohl dies für eine gute Schulbildung äusserst wichtig wäre. Aber warum nicht einfach die Schüler in zwei Gruppen aufteilen, ungeachtet ihrer Stammeszugehörigkeit?

Aron vergewisserte sich, dass uns niemand hören konnte. "Seien wir doch realistisch, Johnny. Schulen kosten Geld. Ich habe die Frage schon mit dem Eingeborenen-Kommissar besprochen, und er wäre bereit, uns mit einer kleinen Schule behilflich zu sein, nur für die Ovambo-Kinder. Nur zwei Lehrer — du und ich. Aber zuerst müssen wir sie überzeugen, dass wirklich genug Ovambos hier sind, um zwei Klassen zu füllen."

Eine separate Ovambo-Schule wäre ein Rückschritt gewesen von der spontanen Integration der "Alten Siedlung", wo Stammesunterschiede nicht mehr so bedeutungsvoll waren wie früher. Aber die Qualität der Bildung war auch von Bedeutung. "Wenn du wirklich deinem Volk helfen willst und nicht nur davon träumst, so ist das deine Chance", sagte Aron, als wir in den Bus stiegen, der uns zurück in die überfüllte baufällige Herero-Schule brachte.

An diesem und am nächsten Abend besuchten Aron und ich alle Ovambo-Familien der "Alten Siedlung". Aron stellte die Fragen, während ich die Auskünfte in offizielle Formulare eintrug: Grösse der Familie, Anzahl Kinder, Einkommensquelle. Danach sammelte Aron die Blätter ein und führte mich zu der Regierungsbaracke vorne am Eingang der Siedlung. Das Licht brannte noch in einem der Büros. Aron befahl mir, zu warten und trat durch die Tür, wo "Büro des Eingeborenen-Kommissars" draufstand. Nach zehn Minuten erschien er wieder mit einem zufriedenen Schmunzeln. "Gut gemacht, Johnny, Jetzt warten wir es ab."

Wir brauchten nur eine Woche zu warten. Wir hörten zwar nichts von der Eingeborenen-Kommission, jedoch von der Herero-Beratungs-Behörde. Die Leute waren erzürnt darüber, dass ihre Kinder ohne die elterliche Bewilligung nach Katutura versetzt werden sollten. In einer ausserordentlichen Lehrer-Versammlung zeigte uns Kajimune den verärgerten Brief der Beratungs-Behörde. Die Lehrer wurden darin zu einer Gemeindeversammlung aufgerufen, wo sie ihre Handlung erklären sollten.

Die Beratungs-Behörde — es gab je eine pro Stammesgruppe — war vor vielen Jahren von den Südafrikanern ins Leben gerufen worden, mit dem Ziel, dem Volk die Regierungspolitik näher zu bringen. Niemand hatte den von der Regierung ausgewählten Unterhändlern viel Beachtung geschenkt; aber als die Behörde-Mitglieder sich in der letzten Zeit geweigert hatten, die Beschwerde der Leute den Buren zu übermitteln, hatte die Bevölkerung der "Alten Siedlung" sie gezwungen, ihre Posten aufzugeben, und sie durch radikalere Führer ersetzt.

Die *Komando-Halle*, der Treffpunkt der Hereros von Windhoek, war übervoll, als wir, von Kajimune angeführt, ankamen. Der Tumult von Hunderten von aufgeregten Stimmen schlug uns an der Tür entgegen. Wir waren schon bis zur Mitte des Ganges vorgedrungen, als die Leute uns bemerkten. "Hier sind sie! Macht Platz für die Lehrer!" Ich schaute an den Wänden der einstigen Kirche hoch. Es gab keine religiösen Symbole mehr und die schwachen Glühlampen, die von der Decke baumelten, erhellten die bunten Fenster kaum. Es war, als hätte Gott dieses Gebäude verlassen, um vom Gericht des Volkes ersetzt zu werden. Und das Volk war aufgebracht. "Lasst sie nach vorne. Macht Platz!" Zuvorderst in der Halle, wo früher die Kanzel gewesen war, sassen jetzt die düsteren Beratungsbehörde-Mitglieder an einem langen Tisch.

Der Präsident schlug mit seinem Stock auf den Boden und verlangte Ruhe. "Unsere Lehrer haben einiges zu erklären", begann er. "Sie müssten doch eigentlich wissen, dass wir nicht nach Katutura ziehen werden."

Die Menge applaudierte Beifall. Ich hatte nicht realisiert, dass die Leute so stark gegen die neue Siedlung waren. Ohne mir genau klar zu werden, was auf dem Spiele stand, wurde mir bewusst, dass ich einen schwerwiegenden Fehler begangen hatte. Die Behördemitglieder starrten uns an, während die Beifallsrufe langsam verstummten. "Wer will zuerst sprechen?" fragte der Vorsitzende.

Ein junger Lehrer von der katholischen Schule sprang auf. "Sir, wir sind Lehrer und nicht Politiker. Diese Katutura-Sache geht uns nichts an." Erzürnte Rufe kamen aus dem hintern Teil des Saals, aber der Vorsitzende stellte die Ruhe wieder her und der junge Lehrer fuhr unbeirrt fort. "Wir sind Staatsangestellte. Wir müssen uns vor der Regierung verantworten. Wer gab euch Leuten das Recht, uns zu richten?"

Dieses Mal wäre es für den Vorsitzender unmöglich gewesen, die Ruhe wieder herzustellen, auch wenn er es versucht hätte. Aus der allgemeinen Entrüstung konnte man Schreie hören wie "Tötet ihn!". Die Leute erhoben sich und ballten ihre Fäuste gegen uns. Eine Gruppe Raufbrüder im Hintergrund schwang bedrohlich ihre Knüppel.

Katjimune ergriff die Gelegenheit. Er holte seinen eigenen Knüppel unter seinem Mantel hervor und ging bis zum Tisch des Vorsitzenden. Als er auf den Tisch schlug und Ruhe schrie, setzte sich die Menge widerstrebend. "Dieser Mann", sagte Katjimune auf den jungen Lehrer zeigend, "spricht nur für sich selbst. Wir

von der Herero-Schule arbeiten für die Gemeinschaft und nicht für die Regierung."
"Warum hast du dann mein Kind nach Katutura genommen?" rief jemand.
"Ja, was sagst du dazu? Erklär uns das", widerhallte es im Saal.
Katjimune kämpfte um Ruhe. "Es war ein Irrtum von mir, und ich nehme die ganze Verantwortung auf mich. Ich wusste wirklich nicht ..."
"*Du wusstest nicht?*" Dieses Mal kam der Zwischenruf von einem Ratsmitglied. "Es ist doch ein eindeutiger Komplott, um Katutura unter den Kindern beliebt zu machen. Herr Schulvorsteher, bitte ..."
Katjimune schluckte. "Wir sehen es jetzt ein, es wird nicht mehr vorkommen. Wenn die Leute wirklich dagegen sind, umzuziehen, dann sind wir Lehrer es auch."
Der Applaus, der diesem diplomatischen Glanzstück folgte, brachte uns eine riesige Erleichterung. Karita, der Lehrerkollege, der neben mir stand, atmete tief auf. "Das hätte beinahe gereicht, beinahe."
Aber Karita hatte sich zu früh gefreut. "Ein Moment mal", ertönte eine tiefe Stimme, als der Vorsitzende sich daran machte, das Ende der Versammlung anzukündigen. Alle Augen richteten sich auf den Mann, der sich von seinem Stuhl erhob.
Sam Nujoma war schon jetzt eine Legende in der "Alten Siedlung". Als Eisenbahnarbeiter wurde er gefeuert, als er versucht hatte, eine Gewerkschaft zu gründen. Jetzt stand er bei allen Arbeitgebern auf der schwarzen Liste und so widmete er seine Zeit dem Beratungsausschuss und den Problemen der Gemeinde. Er hatte alle überrascht, als er sich dafür einsetzte, dass sein eigener, konservativer Onkel des Amtes im Ovambo-Beratungsausschuss enthoben wurde. Obwohl Sam offiziell nicht Mitglied irgendeines Rates war, betrachteten ihn die Leute der ganzen Siedlung als einen ihrer wahren Führer.
"Es gibt da noch etwas anderes zu erklären, Herr Katjimune", fuhr er fort. "Du sagst, dein Personal arbeite für die Bevölkerung. Und doch haben zwei deiner Lehrer eine Volkszählung für den Eingeborenen-Kommissar durchgeführt."
Ich wurde von der Angst gepackt, die man bei einer frühmorgendlichen Pass-Razzia spürt, wenn plötzlich der Strahl einer Taschenlampe auf dich gerichtet wird — du hast etwas Unrechtes getan, bist dir aber nicht im Klaren, was. Mein Magen schnürte sich zusammen.

Unbehagen erschien auch auf Katjimunes Gesicht. "Was erzählst du da, Sam? Wovon sprichst du?"
Sam, der immer noch stand, richtete sich jetzt an das Publikum. "Ich habe ein Gerücht gehört, und heute Abend wollen wir die Wahrheit erfahren." Klar und langsam stellte er Arons Plan für die Ovambo-Schule vor, Aron hätte es nicht besser tun können. Dann machte er eine kurze Pause und schlug plötzlich so hart auf den Tisch, dass ich fast von meinem Stuhl gesprungen wäre. "Das Problem", schrie er, "das Problem ist, dass die Regierung nur an einem Ort die Schule bauen wird: in *Katutura*! Aron Hipondoka, hast du irgendetwas dazu zu sagen?"
Ein verärgertes Raunen ging durch den Saal und die Leute versuchten, den Verräter zu sehen. Aron, neben mir, sprang mit schreckerfüllten Augen plötzlich auf seine Füsse.
"Tod dem Verräter!" schrie jemand, noch bevor Aron seinen Mund geöffnet hatte. Einige der knüppelschwingenden Männer kamen langsam aus dem Hintergrund des Saals auf uns zu.
Aron stürzte auf die Tür zu. In einigen grossen Schritten durchquerte er den Gang und war verschwunden, bevor jemand ihn aufhalten konnte.
Instinktiv wollte ich ihm folgen, aber ich zögerte. Sicherlich wusste Sam von meiner Beteiligung? Auch Katjimune und vielleicht sogar die übrigen Lehrer mussten es sich denken, hatte ich doch soviel Zeit mit Aron verbracht. Rannte ich jetzt davon, so musste ich immer weiterrennen — weg von meiner Arbeit, weg von Windhoek, weg von meinen Freunden — oder dann musste ich leben wie ein Ausgestossener, wie ein Verräter an meinem Volk. Ich fing an zu schwitzen und schätzte den Fluchtweg bis zur Tür ab, durch welche Aron verschwunden war.
"Wer ist der andere?" ging es durch die Menge. Mit geballten Fäusten schauten die Leute immer noch um sich. Ich starrte geradeaus, zu ängstlich, um irgend jemandem in die Augen zu schauen. Der Gang wäre jetzt frei gewesen. Ich konnte immer noch verschwinden.
Sam räusperte sich und starrte mich an. Mein Herz hörte fast zu schlagen auf. "Ich muss mich getäuscht haben. Hipondoka muss allein gehandelt haben."
So endete das Treffen. Den wenigen Leuten, die ich kannte ausweichend, verschwand ich in der Nacht und machte mich auf Hinterwegen auf den Heimweg.
Ich verstand die heftige Wut noch nicht ganz, die sich gegen Katutura entladen hatte. Ich verstand nur, dass ich mit meiner Hilfe

für Aron fast die Chance verloren hätte, den Respekt der Gemeinde zu erringen. Deswegen beschäftigte ich mich weiter mit dem, was ich verstand, meiner Arbeit als Lehrer. In einigen Monaten waren die Examen und meine Schüler waren nicht gut vorbereitet. Der alte Lehrer, den ich ersetzte, hatte sie nichts gelehrt. So widmete ich mich voll meiner Arbeit. Ich bereitete zusätzliche Schularbeiten vor, um die früheren Schuljahre nachzuholen und gab jenen Nachhilfestunden, die es am nötigsten hatten. Ich fragte Karita und die andern Lehrer um Rat, denn sie kannten die "Alte Siedlung" und ihre Probleme gut. Mehr konnten wir nicht tun, wo Hunger, Krankheit und Passprobleme das Leben ausserhalb der Schulzimmer bedrohten. Und doch hatten wir Fortschritte gemacht, als der Sommer kam. Meine Schüler wurden wiss- und lernbegierig.

An manchen Abenden ging ich durch die Siedlung, um die Schüler zu Hause zu besuchen und war von der Freundlichkeit überrascht, die man mir entgegenbrachte. *Mitiri* nannten mich die Leute; ein Wort, das den Respekt ausdrückt, den man normalerweise Lehrern entgegenbrachte, die doppelt so alt waren wie ich. Die ganze Familie versammelte sich jeweils um mich, der Vater überliess mir den besten Stuhl, die Kinder hockten auf dem gestampften Lehmboden mit angezogenen Knien und starrten mich schweigend an. Manchmal stand die älteste Tochter daneben und wartete auf den Befehl der Mutter, Tee zuzubereiten. Man gab mir von allem das Beste, auch wenn wenig da war.

Nach kurzer Zeit merkte ich, dass diejenigen Familien, die sich am meisten um die Ausbildung ihrer Kinder sorgten, auch an andern Fragen interessiert waren. In einem der ersten Häuser, das ich besuchte, nahm mich die Mutter, als ich die Tasse leerte und mich anschickte zu gehen, beim Arm und schaute mir ernsthaft ins Gesicht. "*Mitiri*, du solltest einer der Anführer der Gemeinde werden. Was hattest du wegen Katutura getan?"

Erschreckt blickte ich von ihr zu ihrem Mann, der unbewegt dasass, dann zu den erwartungsvollen Kindern auf dem Boden. Nein, sie wussten nichts von meiner Zusammenarbeit mit Aron; die Frage war keine Falle. "Ich weiss nichts über ...", ich unterbrach mich, als ich merkte, dass meine Worte diejenigen des jungen Lehrers von der Komando-Halle waren und sich kaum von den Ermahnungen des weissen Vorstehers vom Augustineum unterschieden, der uns davor gewarnt hatte, in die Politik verwickelt zu werden. Ich begann noch einmal, stotternd. "Bitte, ich bin noch neu hier. Ich verstehe das nicht — warum ziehen wir nicht einfach nach Katutura?"

"Ja, es würde einfacher sein. Aber wir dürfen es nicht zulassen, dass die Weissen uns so herumstossen."
"Aber ich habe Katutura gesehen", sagte ich. "Die Häuser sind neu. Und es gibt dort viel Platz."
"Die Häuser von Katutura mögen neuer und schöner sein als hier", unterbrach mich der Mann und schaute sich in der winzigen Hütte um, "aber wieviel Miete werden wir den Buren dafür bezahlen müssen? Und der Fahrpreis für den Bus zur Arbeit wird zu hoch sein. Und sobald wir nicht bezahlen können, werden wir hinausgeschmissen und in irgendein Reservat deportiert."
Als ich die Familie verliess, begleitete mich der Mann zur Strasse.
"Du bist ein guter Lehrer, Ya-Otto, und du meinst es gut. Aber du solltest bald zur Frage der Umsiedlung Stellung nehmen."
Diese Argumente hörte ich immer wieder anlässlich meiner Hausbesuche bei den Schülern. Der wertvollste Aspekt, den das Leben in der "Alten Siedlung" zu bieten hatte, war die Abwesenheit der Regierung. Hier fanden die Leute eine Atempause vor den ständigen Bemühungen der Buren, ihren Apartheid-Staat durchzusetzen. In Katutura aber würden jeder Mann, jede Frau und jedes Kind vom Eingeborenen-Kommissar eingetragen werden, und dieser konnte beim kleinsten Problem die Aufenthaltsbewilligung der Person für ungültig erklären. Keine Aufenthaltsbewilligung bedeutete keine Arbeit, und der nächste Schritt wäre der Abtransport zu den ferngelegenen Eingeborenen-Reservaten. In der neuen Siedlung würde es keine Orte mehr geben, wo man sich verstecken konnte. Der Staat würde auch die Kontrolle ausüben über den Busdienst, die Wasserversorgung und die Elektrizität — sofern man sich diese leisten konnte, und auch den Profit einstreichen. In einer Minute hätte die Polizei die einzige Strasse, die von Katutura wegführte, abgeriegelt. Kurz, wir würden so abhängig werden wie junge Katzen und jeder Bereich unseres Lebens wäre der genauen Überwachung der Regierung ausgeliefert.
Die Leute waren über den Plan der Buren höchst erzürnt und suchten auch bei den Lehrern nach Anweisung. Diese Familienbesuche beruhigten mich insofern, als meine kurze Zusammenarbeit mit Aron immer noch eine Geheimnis zu sein schien. Andererseits wurde mir aber klar, dass ich politisch nicht mehr länger abseits stehen konnte.
Als der beissende Winterwind über der Siedlung sich langsam legte und das Strassenleben wieder erträglicher wurde, kam die Umsiedlung nach Katutura immer mehr ins Gespräch. In Pass-

kontroll-Schlangen, Steueramt-Schlangen, an der Wasserstelle und sogar im öffentlichen Bad wurde sie zum Hauptthema.
Normalerweise ging ich in der Sommerhitze direkt von der Schule ins Bad, um eine erfrischende Dusche zu nehmen. Die Strasse führte an Sam Nujomas Haus vorbei. Oft sah ich Sam, wie er auf seiner Veranda vor einem Haufen Zeitungen sass und las. Ich versuchte dann, seinem Blick auszuweichen und an ihm vorbeizuschleichen. Er wusste, was ich mit Aron getan hatte; ich wusste, wofür er sich einsetzte. Er jedoch schaute unweigerlich auf und rief mir mit einem warmen Lächeln zu: "Guten Abend, *Mitiri*."
Ich war überrascht über seine Freundlichkeit. Sie war eine Einladung zum Plaudern, aber ich hatte nicht den Mut, sie anzunehmen, bis zu jenem Tag, als er direkter wurde: "*Mitiri*, setz dich bitte." Mit einer Handbewegung forderte er mich auf, neben ihm auf der Treppe Platz zu nehmen. Nervös und auf der Hut setzte ich mich auf die unterste Stufe.
"Ich höre viel Erfreuliches über den neuen Lehrer", begann er. "Ich hätte schon lang gern mit dir gesprochen, aber du scheinst es immer so eilig zu haben, wenn du hier vorbeigehst."
Das einzige, woran ich denken konnte, war die Versammlung in der Komando-Halle. "Schauen Sie, Sir, was ich getan habe mit Aron, ich ..."
"Mach dir keine Sorgen", unterbrach mich Sam. "Du bist noch nicht lange in Windhoek und die Probleme hier sind neu für dich. Ein verzeihlicher Irrtum."
Hinter seinem Lächeln beobachtete mich Sam eindringlich. Er nahm eines der Dokumente vom Stapel neben sich. "Lies das", sagte er. Das Papier trug die Anschrift der Vereinten Nationen, war aber unterschrieben von einer *Ovamboland People's Organization — OPO* (Organisation des Volkes von Ovamboland). Der Brief war eine Petition für die Unabhängigkeit Namibias. Überrascht schaute ich auf. Dann bemerkte ich, dass ein ganzer Stapel solcher Schreiben auf der Veranda lag, als wären es gewöhnliche Zeitungen. Was würde passieren, wenn die Polizei käme? Ich wurde plötzlich sehr nervös.
"So, *Mitiri*, was denkst du darüber?" fragte er ernst.
"Äh, interessant, sehr interessant." Innerlich spürte ich das gleiche ängstliche Beben, wie damals im Augustineum, als ich die Broschüre des ANC gelesen hatte. Wir konnten von jedem, der vorbeiging, beobachtet werden. Ich gab ihm rasch das Papier zurück. "Ich muss jetzt leider gehen. Ich habe noch viele Schulaufgaben zu korrigieren heute Abend."

Für Sam war die Sache aber noch nicht erledigt. "Am kommenden Samstag gehe ich nach *Rehoboth,* um die Führer der Farbigen zu treffen. Ich spreche aber nur schlecht Afrikaans; ich brauche einen Übersetzer. Man hat mir gesagt, dass dein Afrikaans sehr gut ist. Könntest du mir helfen?"
"Na, vielleicht ..." Eine Bitte von Sam konnte ich nicht so leicht abschlagen.
"Falls du kommen kannst, sei um acht Uhr morgens hier. Wir können dann weiter diskutieren unterwegs. Denk darüber nach. Wir brauchen Leute wie dich. Leute, die eine Bildung haben und den Respekt der Gemeinde geniessen."
Ich hatte schon von Versammlungen in der Siedlung gehört; sie mussten das Werk von Sam und seiner OPO sein. Die Leute sprachen also von Unabhängigkeit! Auch ich glaubte daran, dass wir eines Tages unsere eigene Regierung haben und dass Namibia einen *Nkrumah** haben würde, der uns anführte. Als wir jedoch diese Frage im Augustineum diskutierten, schien die Zeit noch sehr weit entfernt. Unsere Debatten hatten wirre Fragen von Studenten behandelt, die ihre Kenntnisse aus Büchern und Zeitungen hatten. Unser Messias sollte eine gutaussehende Person in einer wichtigen Stellung sein, die auf irgendeine Art und Weise veranlassen würde, dass die Buren das Land verlassen würden. Nie hätte ich gedacht, dass dieselben Ideen der Freiheit im harten täglichen Überlebenskampf in der "Alten Siedlung" genährt werden könnten. Ich mochte Sam; er war ein Mann, der den Respekt verdiente, den man gewöhnlich den Älteren zukommen liess. Aber ich war schon einmal getäuscht worden durch meinen Respekt für Aron. Trotzdem, ein bisschen Übersetzen würde nichts schaden; ich beschloss, Sams Angebot anzunehmen.
Meistens war es Sam, der während unserer Reise nach Rehoboth sprach. "Weisst du, Aron ist kein schlechter Mensch. Er wurde vom Eingeborenen-Kommissar missbraucht."
"Aber es war seine Idee." Ich fühlte mich nun persönlich von Aron betrogen und jede Gelegenheit war mir recht, um mich von Aron zu distanzieren.
"Ach, wir sollten unsere wirklichen Feinde, die Buren und ihre Regierung, nicht vergessen. Es gibt keinen Afrikaner, der mein Feind sein könnte — obwohl mir dies manchmal schwerfällt," fügte er mit einem bitteren Lächeln hinzu.
Wir verliessen Windhoek und fuhren ziemlich schnell auf der offenen, einsamen Strasse. Die kahlen, braunen Berge erhoben sich schroff zu unserer Linken und verloren sich im Horizont. Die Ge-

danken Sams waren schon bei unserem Treffen mit den farbigen Führern. "In dieser Sache müssen wir alle Leute zusammenbringen", sagte er. "Himmel, wenn wir uns nicht vereinigen können gegen Katutura, wie wollen wir dann eines Tages die Buren rauswerfen?"
Ich blieb ruhig, während Sam seinen Gedanken freien Lauf liess. "Wir brauchen eine nationale Organisation, die alle Stämme vertritt. Da gehören junge Leute wie du hin — gebildet und respektiert. Wir brauchen Leute wie dich, um eine solche Organisation zu gründen."
Und dann sprach er von Katutura: von der Miete, die wir bezahlen müssten und einer ganzen Anzahl neuer Steuern, von *Bantu-Läden* der Regierung, den hohen Busfahrpreisen. Wie die Buren, wenn sie uns endlich in Katutura hätten, viel Geld mit uns machen würden. Natürlich verdienten sie jetzt schon viel mit der "Alten Siedlung", speziell mit der Bierhalle. Aber die OPO hatte einen Plan, der dies ändern sollte: einen Boykott aller Gemeinde-Dienstleistungen, wie zum Beispiel Busse, Kinos oder die Bierhalle, bis die Regierung Katutura aufgeben würde.
Ich wusste, dass die meisten Leute der Siedlung einen solchen Boykott unterstützen würden, aber was wäre wohl die Antwort der Regierung? Die Buren hatten mit dieser Art von Aktionen Erfahrung aus vielen südafrikanischen Städten, wo die Kongress-Bewegung schon während Jahren Busse und Bierhallen boykottiert hatte. Aber ich sagte nichts, bis wir rund um den Tisch sassen in Diegaarts Haus, dem Führer der Farbigen. Meine Arbeit war es, zu übersetzen. Diegaart zeigte sich offensichtlich skeptisch gegenüber der Idee eines Boykotts. "Ich sage euch, die Buren werden nie nachgeben. Sie haben noch nie nachgegeben. Es wird Verletzte geben, und wer ist dann schuld? Wir."
Es war kein leeres Geschwätz. Schon vor dreissig Jahren hatten die Farbigen von Rehoboth revoltiert. Sie waren von der südafrikanischen Armee niedergemetzelt worden, weil sie keine andern Waffen hatten als Stöcke und einige alte Vorderlader-Gewehre. Jetzt litten die Farbigen unter der Apartheid und wurden von den weissen '*Baases*' herumgestossen. Aber in der Rassen-Skala der Buren standen sie noch eine Stufe über uns Schwarzen und kriegten etwas bessere Arbeiten, Schulen und Behausungen. Bei einer Konfrontation mit der Regierung durch einen Boykott würden sie mehr riskieren als wir.
Olivier, ein anderer farbiger Führer, strich mit seiner braunen Hand durch das gewellte Haar. "Warum bist du so an Katutura

interessiert? Lass doch die Sache den Hereros, Windhoek gehört zu ihrem Gebiet."

Als ich Oliviers Bemerkungen übersetzte, erhob sich Sam und ging im Raum auf und ab. "Schaut", und er richtete seinen Finger auf die zwei Männer, "wenn die Regierung im Sommer die Hereros umsiedeln kann, so werden sie es im Herbst mit den Ovambos tun und bald wird es auch ein Katutura geben für die Farbigen, wartet nur."

Wir kehrten nach Windhoek zurück ohne ein Versprechen der Farbigen, am Boykott mitzuhelfen. Sam jedoch war nicht entmutigt und innerhalb von einigen Tagen gelang es den OPO-Streikposten, alle Regierungsstellen der "Alten Siedlung" zu schliessen. Worte wurden zu Taten. Ich war von Sams Fähigkeit beeindruckt, Leute für seine Sache zu gewinnen. Und als der Boykott erfolgreich begann, gewannen wir sogar die Unterstützung der farbigen Gemeinde von Windhoek. Ich hütete mich immer noch davor, in die OPO hineingezogen zu werden, was mich aber nicht davon abhielt, ein guter Freund von Sam zu werden und auch ein erfahrener Übersetzer.

Der Boykott wurde so erfolgreich, dass die Buren bald zur Antwort gezwungen wurden. Die öffentliche Versammlung, die sie für den 2. Dezember geplant hatten, wurde zu einem nie gesehenen Ereignis: zum ersten Mal würden Burenbeamte direkt zu den Leuten der "Alten Siedlung" sprechen. Sie mussten es tun, denn die Beratungsbehörde für Stammesfragen konnte keine Regierungsanweisungen mehr weitergeben. Die Versammlung war ein Bekenntnis der Buren, dass der Widerstand gegen Katutura eine Macht war, mit der sie rechnen mussten.

Wie ich am Rande der riesigen Masse von Leuten stand und auf Sam und die OPO-Führer wartete, konnte ich einige Argumente hören, die durch die Mittagshitze knisterten. Einige Leute waren sicher, dass die Buren nur kommen würden, um uns eine definitive Ausweisungsanzeige zu übergeben; andere wiederum waren felsenfest überzeugt, dass die Regierung die Umsiedlung aufgegeben hatte. Männer schlossen über das, was geschehen würde, Wetten ab. Frauen verschoben die Kinder auf ihrem Rücken und schimpften über die Weissen, die sie warten liessen in der brütenden Sonne. In Erwartung einer entscheidenden Kraftprobe strömten Tausende aus der "Alten Siedlung" auf das kahle Fussballfeld.

Als Sam und seine Freunde ankamen, trennte uns ein Schwarm Leute von der hölzernen Bühne, wo einige Gemeindearbeiter

Lautsprecheranlagen und Stühle für die Redner aufstellten. Er gab mir die Hand und lächelte. "Heute, *Mitiri*, wird deine Stimme in weiter Ferne gehört werden."
Unserer Gruppe vorangehend, bahnte er sich einen Weg durch die Menschenmenge.
"Entschuldigung, bitte."
"Es ist Sam Nujoma. He, macht Platz." Die Leute stiessen sich zurück, um uns Platz zu machen und applaudierten, als wir vorbeigingen. Ich kam mir vor wie in einer Parade.
Der Häuptling Kutako und andere Mitglieder des Herero-Häuptlingsrates* kamen auf die Bühne. Ich suchte in der Menge nach bekannten Gesichtern. Jedermann schien hier zu sein: Arbeiter in schmutzigen Überkleidern und Khakis, Angestellte in weissen Hemden und gelösten Krawatten, Frauen mit bunten Tüchern, die Farbe in die Menge brachten und Kinder, die vor der Bühne herumrannten. Alle waren unruhig.
"Beginnen wir, Sam", schrie jemand. "Nein, wir müssen auf unsere Freunde warten", antwortete jemand anders, und wir lachten alle.
Bald zeigte eine Staubwolke das Nahen des Mercedes des Bürgermeisters an. Und knapp dahinter folgte der Jeep des Polizeichefs. Die Wagen hielten am Rande der Menge an, die vier Beamten, die sich an uns wenden würden, stiegen aus. Die Kleidung des Bürgermeisters, des Eingeborenen-Kommissars und des Siedlungs-Verwalters schien eher gemacht für ihr klimatisiertes Büro als für das heisse, staubige Fussballfeld. Sie zupften ihre dunklen Anzüge zurecht und schielten mit schrägem Blick in die Menge. Nur der Polizeichef Lombard hatte sich passend gekleidet. Er trug Shorts, ein offenes Hemd und eine dunkle Brille. Eine Hand leicht auf sein Pistolenhalfter gestützt, ging er den drei Männern mit ihren roten Gesichtern voran, durch die ruhig gewordene, feindselige Menge. Als sie bei der Bühne ankamen, schwitzten sie schon ausgiebig und plumpsten in die Stühle der vordersten Reihe.
Zu meinem Glück hatten die Buren ihren eigenen Übersetzer mitgebracht, einen mageren Farbigen, der mir mehr und mehr leid tat, als der Eingeborenen-Kommissar, Bruwer Blignaut, mit seiner Rede begann. Blignaut versuchte, freundlich zu sein. Er sagte, dass eine Umsiedlung nach Katutura tatsächlich in unserem Interesse sei, obwohl es schwierig sein dürfte für uns, dies zu verstehen. Er war überhaupt nicht fähig, mit den Leuten vor der Bühne einen Kontakt zu schaffen. Diese ignorierten ihn einfach

und warteten ruhig auf den nächsten Redner, den Verwalter Pieter Andries de Wet, der selbstsicher ans Mikrofon trat. "Den Namen *'Katutura'* haben wir gewählt, weil er bedeutet 'Wir wollen gehen und hier bleiben' ", begann de Wet.
Als der hagere Mann diese erste Bemerkung übersetzte, kam plötzlich Leben in die Menge. "Lügner! Lügner! Du kennst ja nicht mal unsere Sprache. Es waren die Leute der "Alten Siedlung", nicht die Regierung, die die neue Siedlung *'Katutura'* getauft haben, was in Wirklichkeit 'Wir werden ständig umgesiedelt' heisst." Die Leute schrien und schwangen ihre Fäuste nach dem verwirrten de Wet. Eine Frau lehnte sich über die Bühne. "Wir werden nie gehen. Ihr werdet unsere toten Körper nach eurem verdammten Katutura schleppen müssen!" schrie sie ins Gesicht des Buren.
De Wet, der ihre Worte nicht verstand, aber ihren Sinn nicht missverstehen konnte, sprang zurück. Schweiss strömte von seiner kahlen Stirn; er schien fast in seinem schwarzen Anzug zu schwimmen.
Auch wenn die Beamten noch mehr zu sagen hatten, so zogen sie es vor, abzuwarten. Nach einer verlegenen Pause ging Sam zum Mikrofon. "Ist das alles, was unsere Freunde tun können?" begann er, und ich übersetzte auf Afrikaans. Und er fing an, die Gründe zu widerlegen, welche die Buren für unsere Umsiedlung angaben. Bald verfiel die Menge in einen Gesang, "Wir werden nicht umsiedeln! Wir werden nicht umsiedeln!" Sam wandte sich an die Weissen und wartete darauf, dass der Lärm verstummte. "Warum siedelt *ihr* nicht um," sagte er, als man seine Stimme wieder hören konnte. "Ihr habt bewiesen, dass ihr uns nicht regieren könnt. Geht zurück nach Südafrika und lasst uns uns selbst regieren."
Ich hatte erst die Hälfte übersetzt, als Jaap Snyman, der Bürgermeister und einer der reichsten Männer von Windhoek, von seinem Stuhl sprang und mich vom Mikrofon stiess. "Hört nicht auf diesen kommunistischen Aufwiegler", schrie er hysterisch, "er führt euch auf Abwege. Wir wissen, was für euch das Beste ist."
Ein lautes, höhnisches Gelächter ging durch die Menge. Tausende von Schwarzen lachten offen ins Gesicht des Bürgermeisters. Einige begannen, in Afrikaans zu singen, "Buren, geht nach *Kakamas!* Buren, geht nach *Kakamas!*" (Kakamas war ein verlorener Vorposten in einem trostlosen Gebiet der südafrikanischen Kapprovinz, und dieser Slogan sollte bald zu unserem Wahrzeichen werden). Snyman, der nicht mehr länger fähig war, sich Ge-

hör zu verschaffen, trat zurück; sein Gesicht vor Frustration verzerrt, flüsterte er etwas zu seinen Kollegen und geschlossen verliessen die vier die Bühne, der unglückliche Übersetzer am Schluss. Die schreiende Menge wich auseinander, um sie vorbeizulassen. "Wir werden sehn, wer geht", schrien die Leute ihnen nach, als das Geleit der Buren in einer Staubwolke gegen Windhoek verschwand.

Sam stand immer noch neben mir, den entschwindenden Autos nachschauend. "Ha, denen haben wir es gezeigt, eh?" kicherte ich.

Aber Sam lachte nicht. Er beobachtete die Menge, die sich langsam auflöste und in Richtung "Alte Siedlung" abzog. "Die Buren kann man nicht lächerlich machen", sagte er bedächtig, "früher oder später werden sie uns das zurückzahlen."

Der Boykott war jetzt in vollem Gange; die Aufregung des öffentlichen Meetings spornte viele neue Freiwillige an, sich an den Streikposten der Bushaltestellen und Bierhallen zu beteiligen. Als Antwort vergrösserten die Weissen ihre Belästigungen. Gemeindepolizisten patrouillierten, immer zu zweit, durch das Gebiet. Polizei-Landrover kreuzten ständig zwischen der "Alten Siedlung" und der Stadt hin und her; sie fuhren ganz nah am Strassenrand, um die Leute in den Strassengraben zu drängen.

Der Triumph des Massenmeetings wich langsam einem Gefühl der Unsicherheit; der nächste Schritt würde von den Buren kommen und niemand konnte wissen, was sie tun würden. Ich begann jedoch erst am 10. Dezember, mir Sorgen zu machen, als der Bürgermeister alle Beratungs-Behörden zu einem speziellen Treffen aufforderte.

Das Treffen hatte schon begonnen, als ich ins Stadtkino schlüpfte. Eines der Mitglieder der Nama-Beratungs-Behörde aus der Vorderreihe sprach. "Seht ihr denn nicht, dass die Leute nicht umziehen wollen? Wenn jeder, der gegen Katutura ist, hier aussagen würde, wären wir sechs Monate lang hier." Er zuckte die Achseln und setzte sich.

Eine Weile lang sprach niemand. Die Beamten der Stadtbehörde sassen vorne an einem langen Tisch, Krüge mit Eiswasser vor sich. Ich bemerkte unter ihnen die vier vom Fussballfeld und etwa ein Dutzend ihrer Untergebenen. Sie lehnten sich in ihren Stühlen zurück, rauchten und schauten angenehm gelangweilt in die klimatisierte Kühle des Kinos.

Lombard erhob sich. Der Polizeichef war ein stämmiger Mann mit sonnenverbranntem Gesicht und blondem, kurzgestutztem

Haar. Nun trug er eine Uniform, hielt eine Hand auf seiner Pistole, während seine Augen die Afrikaner unter ihm scharf beobachteten.
"Bantus*, ich erzähle euch eine Geschichte."
Bantus — mit einem Wort stellte Lombard die Autorität der Weissen wieder her, welche sie auf dem Fussballfeld verloren hatten. Dieses hier war ein anderes Treffen. Höchst wahrscheinlich hatten die Buren schon beschlossen, was sie tun wollten.
Lombards Geschichte handelte von fünf Afrikanern, welche im Grasland auf eine Löwenfährte stiessen. Vier von ihnen waren freche Kerle und folgten der Spur, obwohl sie unbewaffnet waren. Natürlich wurden sie vom Löwen gefressen. Nur der eine, der umgekehrt war, überlebte.
Der Polizeichef schaute runter auf die Mitglieder der Beratungs-Behörden und nestelte an seinem Pistolengürtel herum. "Wir haben nun genug gesprochen", sagte er. "Zieht ihr nach *Katutura* — oder wollt ihr den Löwen treffen?"
Niemand antwortete. Das leichte Summen der Klimaanlage war das einzige Geräusch im Kino. Ich sah, wie Sam mit den andern Führern der Beratungs-Behörde besorgte Blicke austauschte. Nach einer Minute ordneten die Weissen ihre Aktentaschen und schlenderten schwatzend hinaus. Es würde keine Treffen mehr geben.
Um der fühlbar wachsenden Spannung zu entkommen, schaute ich an diesem Abend bei Freunden rein, die am Ende der Siedlung wohnten. Ich hatte das Treffen etwas vergessen, als etwa um neun Uhr ein Nachbar ins Zimmer platzte.
"Es tut sich etwas bei der Bierhalle. Jemand hat die Streikposten angegriffen und jetzt ist überall Polizei, die mit Stöcken auf die Leute einschlägt. Es ist eine Riesenmenge da unten." Der Mann war ausser Atem, da er den ganzen Weg den Hügel herauf gerannt war. Dann bemerkte er mich in der Ecke. "Ya-Otto, Mann, ich sah auch einige deiner OPO-Freunde da unten."
"Ich muss gehen." Ich war schon aus dem Haus und halbwegs unten an der Strasse, als er mich einholte. "Ich geh mit dir. Es könnte gefährlich sein da unten."
Und bald hörten wir den Tumult. Als wir näher kamen, hörten wir den Lärm von zerbrechendem Glas und jemand schrie durch ein Sprachrohr. Wir rannten dem Lärm entgegen.
Der Platz bei den Gemeinde-Gebäuden war umringt von Polizei-Wagen. Hunderte von zornigen Frauen und Männern befanden sich auf dem offenen Platz, sie schrien und schwangen ihre Fäu-

ste. Eine Doppellinie Polizisten versuchte, sie zurückzudrängen, gegen die Bierhalle hin. Polizeiknüppel schwangen durch die Luft, Körper wurden zu Boden geworfen und es herrschte ein Geschrei von Schmerz und Wut. Aber die Masse der Leute zwang die Polizei Schritt um Schritt zurück, die Sprachrohrstimme übertönend.

Mein Begleiter und ich wurden durch die Polizeilinie von der Menschenmenge getrennt. Wir versteckten uns hinter einem Streifenwagen. Steine flogen über unsere Köpfe hinweg. Sie trafen die Autos hinter uns mit einem scharfen Klirren. Ich wollte von dieser Stelle wegkommen, aber es gab keinen Ausweg. Ich verhielt mich kauernd, während mein Freund über den Wagen spähte.

"Sie brechen durch", sagte er plötzlich. Ich setzte mich auf, um etwas zu sehen. Die Polizisten krabbelten hinter die Wagenwand in Sicherheit. Offiziere entluden Gewehre aus einem Lastwagen und bellten ihr Befehle. *"Gaan hier die kant, en jy gaan daar!* Kommt hierher, schnell!" Innert Sekunden lehnte sich ein Dutzend Männer über die Wagen und zielte genau in die Menge.

Ich konnte kaum glauben, was ich sah. Die Menge war immer noch etwa hundert Fuss entfernt; vor der Wagenlinie verlangsamte sie sich. Das Sprachrohr war verstummt. Die letzten paar Schutzmänner duckten sich in Sicherheit. Der befehlende Offizier hielt seinen Stock hoch. *"Gereed en ..... skiet!* Feuer!"

Drei Salven ertönten in kurzen Abständen. Schwarze Gesichter fielen zu Boden. Die Menge wich zurück; Leute versuchten, wegzukommen, stolperten übereinander, zogen einander zu Boden, schrien.

Und die Polizei feuerte weiter in das Chaos. Gelbe Blitze durchbrachen das Dunkel. Mehr Körper fielen, in den Rücken getroffen, zu Boden. Verbrauchte Hülsen klirrten gegen den Wagen, der uns beschützte.

Ein ohrenbetäubender Knall zerplatzte fast mein Trommelfell und Flammen schossen aus dem Auto neben uns. Ich rollte weg, auf den offenen Platz vor dem Schützen. Ein dunkler Schatten schoss am lodernden Wagen vorbei; in Panik folgte ich ihm.

Ich hörte den Schuss nicht. Vor mir wurde mein Begleiter in die Luft gehoben und fiel gekrümmt zu Boden. Ich sah dies alles in einem Blitz, sprang über seinen Körper und lief. Ich konnte das auf mich gerichtete Gewehr und die Kugel, die mich bald treffen würde, in meinem Rücken spüren. Jetzt konnte ich nichts mehr hören, nichts mehr sehen; Entkommen! war mein einziger Gedanke.

Die Sicherheit lag hinter der ersten Reihe Baracken. Ich raste um die Ecke und brach im Staub nieder. Leute strömten an mir vorbei, schreiend, weinend — aber die Geräusche waren fern, unwirklich. Ich stand schwankend wieder auf und rannte weiter, bis ich zu Hause war.

An die nächsten paar Stunden kann ich mich nur vage erinnern. Ich fand Onesimus Akwenye, Jason Mutumbulwa und einige andere meiner Freunde, und wir blieben für den Rest der Nacht zusammen. Ein Volkswagen mit zwei weissen Männern fuhr in der Strasse vorbei und wir bombardierten das Auto mit Steinen. Alle Scheiben waren zerbrochen, bis es entweichen konnte. Dann erklommen wir den Hügel hinter den Häusern und beobachteten einen gepanzerten Polizeiwagen, der an uns vorbeidröhnte. Von seinem Dach erleuchtete ein starkes Flutlicht jeden Zentimeter des Blocks; nirgends war mehr ein Lebenszeichen.

Wir blieben bis zum Morgengrauen auf dem Hügel. Ich verliess die andern und ging runter zum Ort des Massakers. Der Platz war ruhig und fast leer. Die Sirenen der Ambulanz waren verstummt und die Polizei war verschwunden. Die Schüsse und Schreie hallten dumpf entfernt in meinem Kopf wider, und die Erinnerung an die wütende Menge verblasste vor der verheerenden Szene ausgebrannter Häuser, herumliegender Steine und Glas; einige verkrümmte Körper lagen noch auf der Strasse. Zwei Männer hoben sie auf einen Karren, während ein weisser Mann sie von einem Wagen aus überwachte. Glas knirschte unter meinen Schuhen, als ich mich den zwei Männern näherte, die sich mit dem Körper abmühten, der bis zur letzten Nacht einer jungen, lebenden Frau gehört hatte. Ich stand für eine Weile unbemerkt neben ihnen, in Gedanken verloren.

"He, bist du nicht einer der Boykott-Anführer?" Dumm schaute ich zu dem jungen Mann. Sein Ausdruck zeigte nur Neugierde, überhaupt keine Anklage. Der Boykott mochte eine Vorwand gewesen sein für das Massaker, aber ich wusste, wer das Schiessen befohlen hatte. Die Erinnerung an die arrogante Drohung des Polizeichefs durchbrach die Betäubung, die ich während der Nacht verspürt hatte. "*Bantus*, ich erzähle euch eine Geschichte." Und ich sah wieder Lombard, wie er seinen Halfter verschob, und dieses Mal wollte ich aufstehn, ihn niederschreien, ihn zum Schweigen bringen, für immer. Sie waren Schweine, diese Buren: unmenschliche, hässliche Dinger. Grausam, gefühllos konnten sie uns, ohne mit der Wimper zu zucken, niederschiessen.

Aber wenn sie uns so einfach niederschiessen konnten, so mus-

sten sie auch sehr mächtig sein; am Schluss waren mein Zorn und mein Hass unnötig vergeudet. Schweine waren sie sicher, aber starke Schweine, gegen welche unser Boykott nichts anderes war, als eine gebrochene Lanze gegen einen mächtigen Löwen. Lombard hatte recht auf eine Art: sie hatten die Gewehre, wir nicht. Alle unsere grossen Ideen von Freiheit und Unabhängigkeit schienen unbedeutend, sogar dumm, vor einer so einfachen Tatsache. Ich war so naiv gewesen im Augustineum, und nach einem Jahr in Windhoek unter all den älteren Führern und den Leuten, die mich "*Mitiri*" nannten, fühlte ich mich immer noch als ein Junge unter Männern, gefährlichen Männern.
Ich, einer der Boykott-Anführer? Kaum, dachte ich. Und sowieso, es schien gar keinen Sinn mehr zu haben, sich zu widersetzen. Bestimmt würden dies die wahren Boykott-Anführer einsehen. Für eine bestimmte Zeit war die Siedlungs-Bewegung gut: sie brachte alle zusammen und verbannte Stammesunterschiede in die Vergangenheit; sie brachte den Leuten zum Bewusstsein, was sie Teures hatten, trotz der Weissen; sie zeigte ihnen, wie gefühllos die Weissen sein konnten, indem sie ihnen das alles wegnahmen. Aber dieser Widerstand war gebrochen; jetzt war ich sicher, dass der Boykott vorüber war.
Ich drehte mich wieder zu den jungen Männern, um zu antworten. Aber sie waren schon bei der nächsten Leiche, in welcher ich meinen Begleiter der letzten Nacht wiedererkannte. Die Männer drehten ihn um und seine offenen Augen starrten mich leer an.
"Ich gehe mit dir", hatte er gesagt, "es könnte gefährlich sein da unten."
Die Arbeiter mussten bemerkt haben, wie erschüttert ich war, denn einer nahm mich an der Schulter. "Kanntest du ihn?"
"Ja, so ungefähr", murmelte ich und schaute weg. Gegenüber lag das ausgebrannte Gerüst des Polizeiwagens, der uns für einen Moment beschützt hatte. Ich spürte tief in meinem Magen ein grässliches Gefühl. Er war ein Familienvater — ich konnte seine Frau und seine Kinder fast weinen hören, weit weg in der "Alten Siedlung" — und ich war nur ein junger, verwirrter Rebell und ein Boykott-Anführer. Warum war ich es nicht, der getötet worden war? Warum dieser Mann? Was hatte er getan? Das alles hatte keinen Sinn. Das Leben eines schwarzen Mannes war für die Buren überhaupt nichts wert. Es war nicht mal wichtig, ob du gegen sie warst oder nicht. Und da erkannte ich, da ich doch hätte Gott danken sollen, immer noch am Leben zu sein, dass ich nicht Herr über mein eigenes Leben war. Wenn ich schon zu irgend ei-

nem Zeitpunkt sterben musste, so wollte ich doch wenigstens kämpfend sterben.
"Schweinehunde!" sagte ich laut genug, damit es der weisse Aufseher hören konnte. "Wenn die meinen, das sei das Ende. Wir werden sehen, das ist nur der Anfang!"
Die zwei Arbeiter sagten nichts. Ich verliess sie, überquerte die Strasse und kehrte in die "*Alte Siedlung*" zurück.

4 Die Fronten verhärten sich

"Wer von euch ist *Ya-Otto*?" wandte sich ein grosser, muskulöser Afrikaner unfreundlich an uns. Es war ein bedeckter Samstagmorgen und ich half dem Fahrer beim Entladen des Lieferwagens im Hinterhof von Karl Richters Getränkehandlung, in der ich eine Halbtags-Stelle hatte.
Ohne die Bierkisten abzustellen, antwortete ich, "was willst du?" Ich hatte keine Lust, mit irgendjemandem zu reden, ich hatte soeben von Richter eine Absage für eine Lohnerhöhung erhalten. Seit der Dezembernacht des Massakers vor vier Monaten war die Beziehung zwischen dem Geschäftsinhaber und seinen Arbeitern gespannt.
"Komm, gehen wir, der Boss will dich sprechen", befahl der Afrikaner. Ich beachtete ihn nicht, und machte mich an den nächsten

Stapel Bierkisten. Er aber packte mich am Kragen. "Ich bin von der Sicherheits-Polizei, verstanden?"
Unwillig folgte ich ihm vor den Laden, wo ein wuchtiger Bure in einem grauen, unbezeichneten Polizeiwagen wartete. "Hallo, *houtkop*", grinste er. "Steig ein, Dummkopf."
Ich erstarrte und spürte, wie mir das Blut in den Kopf stieg. Ich war nicht bereit, einen solchen Ton zu akzeptieren, auch nicht von einem Beamten des Sicherheitsdienstes. Die Buren hatten sich seit dem Massaker überhaupt nicht geändert. Nur wenige Wochen zuvor hatten sie in Südafrika, in *Sharpeville**, siebzig Schwarze niedergeschossen ohne ein einziges Wort des Bedauerns. Natürlich wurden die Schwarzen für das Geschehen verantwortlich gemacht. In der "Alten Siedlung" herrschte immer noch Ausgehverbot und die Polizei führte regelmässig Razzien in den Häusern der Führer durch; die wenigen freundlichen Weissen wurden immer reservierter und vorsichtiger. So zum Beispiel der alte Metzger, der vorher mit den Afrikanern sang und Witze machte, während sie in seinem Laden warteten, um bedient zu werden. Ich wurde immer verbitterter. Ich war nicht mehr imstande, den Narr zu spielen, wie ich das damals, als Augustineum-Student an der Tankstelle getan hatte. Die Buren würden von mir nichts mehr kriegen.
"Also?" fragte der Bure, "bist du Johnny Otto oder nicht?"
"Und was geht das dich an?" antwortete ich. "Ich spreche nicht mit Buren."
Der Beamte schien sich nicht zu ärgern. "Ja, ja*, das ist schon unser Mann", kicherte er vor sich hin. "Noch so ein grossmauliger *grootmeneer**."
"Wenn du fertig bist mit deinen Beleidigungen, ich habe noch zu tun —"
Eine riesige Hand packte mich von hinten am Nacken und hielt mich eisern fest. "*Baas*, hier wird ein bisschen zu viel geredet", beklagte sich der Afrikaner. "Lass mich ihn reinnehmen und ihm einige Tricks zeigen."
Der Bur lachte und schüttelte seinen Kopf. "Nein, lass ihn nur los. Er wird schon reden, wenn wir nett zu ihm sind."
Der Rohling stiess mich in den Wagenfond, und dort musste ich während der nächsten halben Stunde Fragen beantworten über meine Familie, Schule, Freunde — über nichts, das wichtig schien — während der Offizier alles genau notierte. Endlich schloss er aufatmend sein kleines Notizbuch und schielte mit seinen blassblauen Augen zu mir rüber. "Grade aus der Schule, und jetzt

* *Deutsch im Original*

willst du die Regierung, die dich erzogen hat, zerstören. Du denkst wohl, in diesem beschissenen Land ein grosser Herr zu werden. Pass nur auf, *houtkop*, oder wir schnappen dich, wie wir die andern geschnappt haben."
Die "Andern" waren die *OPO*-Führer, die nach Ovamboland verbannt worden waren kurz nach dem Massaker. Damit wurden der Alten Siedlungs-Gemeinschaft die fähigsten Führer entrissen. Aber warum die Polizei hinter mir, einem Erstjahr-Lehrer und Übersetzer von Sam her war, konnte ich nicht verstehen. "Mich könnt ihr nicht deportieren", sagte ich zum Offizier, "ich bin im Süden geboren."
Der Afrikaner neben mir wurde nervös. "Bitte, *Baas*, lass mich diesen frechen ..."
Der Bur schenkte ihm keine Beachtung. "Sam Nujoma war auch vom Süden", lächelte er.
Sie durften Sam nicht verbannen, deshalb hatten sie ihn wegen lächerlicher Anschuldigungen verhaftet und, sobald er freigelassen wurde, wieder verhaftet. So ging dies während Wochen, und alles Geld und alle Energie der *OPO* wurden dafür aufgewendet, Sam aus dem Gefängnis zu halten. Am Schluss floh er aus dem Land. Der Verlust seiner Führerschaft war der lähmendste Schlag für die Alte Siedlung in der Bewegung. Ich wusste, dass dieser Agent des Sicherheitsdienstes mich mit Leichtigkeit von der Schule weisen und sperren lassen konnte. Mein Stirnrunzeln verriet meine Befürchtungen.
"Ich glaube, unser Freund versteht jetzt." Der Bur machte eine Bewegung zum Assistenten, der die Wagentür öffnete und mich aussteigen liess. "Auf Wiedersehen", grinste der Chef als der Wagen davonschoss, mich im Staub zurücklassend.
Diese zwei traf ich nie mehr, aber viele andere Sicherheits-Agenten während der nächsten paar Jahre. Sie beobachteten mich und die jungen Führer der Süd-West-Afrikanischen Volks-Organisation (*SWAPO-South-West Africa People's Organization*) interessiert. Die *SWAPO*, die in den frühen Sechziger Jahren die *OPO* ersetzte, brachte Namibier aller ethnischen Gruppierungen zusammen. Ihre Gründung war Sams letzte Tat, bevor er sich aus dem Lande stahl. Für mich war die Vereinigung selbstverständlich nach dem Boykott, zu welchem die Hereros, Namas, Damaras und Mischlinge so viel beigetragen hatten wie die Ovambos. Es war in Ordnung, dass die Leute ihre traditionellen Stammesorganisationen beibehalten wollten, wie etwa den Herero-Rat, aber wir brauchten etwas Stärkeres, um den Plänen entgegenzu-

treten, die die Buren für dieses Land hatten. Und obwohl ich nach dem Massaker pessimistisch war betreffend unserer Möglichkeiten, die Regierung wirkungsvoll unter Druck zu setzen, war ich der *SWAPO* beigetreten. Und Schritt um Schritt — nachdem die ersten Führer entweder deportiert oder von der Polizei zum Schweigen gezwungen worden waren, fand ich mich — manchmal zögernd — im Kern der aktivsten Mitglieder. Meine Verbitterung und mein Hass gegen das südafrikanische Regime trieben mich immer weiter in die Organisation einer nationalen Befreiungsbewegung, und meine vorrangige Stellung erlaubte mir, die Mentalität der Buren etwas besser zu verstehen.
In unseren Auseinandersetzungen mit den Weissen war ich eher diplomatischer als die meisten meiner SWAPO-Kameraden. Und doch akzeptierte ich keine der Beschimpfungen mehr, in der Art, wie ich sie während meiner Arbeit an der Tankstelle gekannt hatte. Der Grund war weniger eine bewusste Haltung als eine spontane Bitternis, die ich nicht kontrollieren konnte. Da war zum Beispiel dieser weisse Wächter des Supermarktes, den ich zusammenschlug. Die Kassiererin war zu beschäftigt, um aufzuschauen, als ich meine Einkäufe bezahlte, und wegen meines geschliffenen Afrikaans musste sie gedacht haben, dass ich weiss sei. "Danke, *meneer.** Ich wünsch Ihnen einen schönen Tag", sagte sie, als sie mir das Wechselgeld reichte. Aber in diesem Moment schaute sie auf und entdeckte mit Entsetzen ihren Fehler. "Du *Kaffer*, für wen hältst du dich wohl", schrie sie gellend.
Ich versuchte, sie einfach nicht zu beachten, als sie weiterkeifte. Aber in dem Moment, als ich zu meiner Einkaufstasche griff, kam der Aufseher. Er war ein schwächlicher Kerl, aber er dachte wahrscheinlich, er könne wegen seiner Hautfarbe mit mir tun, was er wolle. Ohne irgendwelche Fragen zu stellen, verdrehte er mir den Arm und führte mich hinten in den Laden. Zorn stieg in mir hoch. Ich trat ihm plötzlich mit dem Absatz ins Schienbein und mit meiner freien Hand packte ich ihn am Haar, bis er mich losliess. Ich hätte es dabei bewenden lassen können, aber ich war jetzt zu wütend. Ich ging auf ihn los und versetzte ihm solche Hiebe, dass sein Gesicht bald blutüberströmt war. Dieser eine, übereifrige Weisse musste nun für alle Beleidigungen und Vergehen bezahlen, welche an mir durch seine Rasse begangen worden waren. Es war mir egal, wer er war oder dass eigentlich die Kassiererin die Schuld trug; etwas in meiner Magengrube liess meine Fäuste immer wieder ins Gesicht des Aufsehers schlagen, bis der Geschäftsdirektor kam und mich wegzog.

Die meisten Weissen Namibias messen der Art, wie Afrikaner sie begrüssen, grosse Bedeutung zu und umgekehrt. Jedes "*baas*" und "*meneer*" gibt dem weissen Mann die Bestätigung, dass er wirklich der Boss ist — und dass wir es wissen. Je weniger erfolgreich er ist im Leben, umso mehr wird er darauf bestehen, denn er fühlt sich bedroht durch das geringste Anzeichen von Intelligenz bei einem Afrikaner, besonders bei den "frechen" und gebildeten, wie ich einer bin. Ein deutscher Ladeninhaber in Windhoek wurde einmal wütend über mich und meinen Freund, Andrew Cloete, weil er Andrews Englisch nicht verstehen konnte. Andrew war kurz zuvor aus Kapstadt zurückgekehrt, wo er Vorsitzender der SWAPO-Abteilung gewesen war und wo Englisch die Arbeitssprache war.

"Du*, Johannes Ya-Otto, du glaubst wohl, so gut zu sein wie ein weisser Mann, weil du Englisch sprichst", schrie der Ladenbesitzer. "Aber hör mir gut zu. Gott hat die Weissen hierher geschickt, damit sie sich um dieses Land kümmern. An dem Tag, da ihr hier regiert, werdet ihr mich nicht mehr sehen."

"Das ist in Ordnung", antwortete ich in Afrikaans und versuchte, ihn zu beruhigen. Alles was ich wollte, war, dass mein Freund Andrew ohne Schwierigkeiten bedient wurde. "Aber jetzt bist du hier und mein Freund will einige Kleinigkeiten kaufen." Der überraschte Andrew wechselte auch in Afrikaans über und innert Kürze waren wir wieder auf der Strasse und schüttelten unsere Köpfe, aber wir hatten die Ware, die wir wollten.

Einige Weisse benahmen sich eher herablassend als offen feindselig. Ich kannte einige, die es mochten, mich bei ihren Freunden vorzuzeigen, weil ich ein SWAPO-Führer und ein Lehrer war — ein intelligenter Afrikaner — genau wie als Junge, wo Grobelaar, der Eisenbahn-Vorarbeiter, mich auf den Knien schaukelte und entzückt war über meine Fähigkeit, Afrikaans zu lesen. Ich kannte weisse Arbeiter in Windhoek, die ihre bevorzugten Afrikaner mit einem schallenden Gelächter begrüssten und mit scherzenden Hieben in den Magen oder an die Ohren, eine seltsame Art von Zuneigung zur Schau stellten. Man erwartete von uns, den Schlägen auszuweichen und "*basie, basie**" zu kichern, womit sie ihren Kameraden zeigten, dass diese Afrikaner ihre Kumpel waren. Ich konnte solche Leute absolut nicht ausstehen. Anstatt mich aber mit ihnen zu konfrontieren, wich der Diplomat in mir ihnen aus, wenn immer ich einen von ihnen mir nahekommen sah.

Es waren jedoch nicht die gebildeten, "intelligenten" Schwarzen, die am schlimmsten den rassistischen Misshandlungen ausgesetzt

* *Deutsch im Original.*

waren. Betrachteten die meisten Buren uns als minderwertig, so waren für sie die Vertragsarbeiter kaum mehr menschliche Wesen. Einige Jahre nachdem ich der SWAPO beigetreten war, passierten einige Morde, die Bedingungen auf den Kolonialfarmen blossstellten, die schlimmer waren als Sklaverei. Es begann damit, dass ein SWAPO-Mitglied im *Otjiwarongo*-Gebiet, dem Kernland der Buren-Landwirtschaft, herausfand, dass ein Farmer zwei seiner Vertragsarbeiter erschossen hatte, kurz bevor ihr achtzehn-monatiger Arbeitsvertrag ablief und sie also hätten bezahlt werden müssen. Indem er die andern Arbeiter auch mit Erschiessen bedrohte, zwang er diese, die Leichen in Stücke zu schneiden und als Schweinefutter in den Kochkessel zu werfen. Wir mussten einen Anwalt anstellen, um die Polizei zu einer Untersuchung zu zwingen. Als diese auf der Farm ankam, waren die Leichen bis auf die Knochen verkocht.

Ein solcher Mord schien gar nicht so unwahrscheinlich. Die Farmer heuerten die Vertragsarbeiter an, indem sie eine kleine Prämie an die *SWANLA*, die *South-West African Native Labour Association* (Süd-West-Afrikanische Eingeborenen Arbeits-Vereinigung), bezahlten, lieferten ihnen Maismehl und am Ende ihres langen Vertrages zahlten sie ihnen die paar Shillinge ihres Lohnes aus. Ein Kalb oder eine Tagesernte Tomaten bedeuteten den Farmern mehr als ein Ovambo Arbeiter.

Der Lärm, den wir um diesen ersten Fall gemacht hatten, führte zu weiteren Berichten über andere Farmarbeiter. Ein Farmer, der nie vor Gericht kam, hatte über die Strasse einen Draht gespannt, der die Arbeiter, die hinten auf seinem Lastwagen standen, enthauptete. Ein anderer Fall deckte einen Mord auf, der zum Vergnügen begangen worden war: drei betrunkene Buren hatten einen Arbeiter mit einem Seil ans Auto gebunden und ihn in hoher Geschwindigkeit hinterher geschleppt. Da der Mann immer noch am Leben war, als sie anhielten, töteten sie ihn mit einem Überbrückungskabel, das sie an die Autobatterie anschlossen. Zwei der drei Farmer umgingen ihre Verurteilung, indem sie gegen den dritten aussagten, der für drei Jahre ins Gefängnis musste. Der Staat hätte sie überhaupt nicht vor Gericht gebracht, wenn die SWAPO nicht Presseerklärungen und öffentliche Demonstrationen organisiert hätte.

Einige Weisse jedoch distanzierten sich vom Verhalten ihrer weissen Brüder. Als ich einmal von Otjiwarongo, wo ich eine dieser Greueltaten veröffentlicht hatte, per Autostop nach Windhoek zurückfuhr, nahm mich eine Afrikaaner-Familie in ihr Auto.

Ich verhielt mich ruhig, wie es sich für einen schwarzen Fremden gebührt, und meine Gedanken waren noch beim Mordfall, als der Mann mit mir zu sprechen begann. "*Meneer*", sagte er, ohne eine Spur Sarkasmus in seiner Stimme, "ich weiss, dass ihre Leute eines Tages dieses Land regieren werden. Heute erweise ich ihnen einen kleinen Dienst, aber morgen können sie schon meine Kehle durchschneiden."
Ich war sehr überrascht. Wusste er, dass ich ein SWAPO-Führer war? "Nein, nein", versicherte ich, "ich werde nie jemanden töten."
"Bitte, verstehen Sie mich nicht falsch", fuhr er fort. "Wenn die Zeit da ist, werden meine Familie und ich für das zu zahlen haben, was unsere Rasse getan hat, auch wenn wir nicht so denken, wie die meisten von ihnen." Er schwieg und schaute mich im Rückspiegel an. "Wir haben so viel Hass erzeugt, dass die Leute nur noch ihre Hautfarbe sehen können und nicht, was in ihren Herzen vorgeht. Ich mache ihnen keinen Vorwurf; ich weiss nur, dass dies die Wahrheit ist."
Dieses Gespräch war nicht das einzige dieser Art, das ich führte. Trotz der wachsenden Gewalttätigkeit und Polarisierung, die die namibische Bevölkerung zerrissen, versuchte eine Minderheit von Weissen, die totale Entfremdung der Rassen zu verhindern. Einige wollten sogar der SWAPO beitreten — in einem einzigen Jahr, 1965, zählte ich über zweihundert solcher Anfragen. Es war klar, dass nicht alle Weissen die Apartheid unterstützten und einige von ihnen sich ehrlich für eine demokratische, mehrrassische Gesellschaft einsetzen wollten. Einige taten dies aus humanistischer Überzeugung, indem sie die Lebensbedingungen unserer Leute verbessern wollten; andere wieder, weil sie einfach einsahen, dass der gegenwärtige Kurs, den die Regierung verfolgte, zu Blutvergiessen und Zerstörung führen würde. Ein paar dieser nicht-rassistischen Weissen kannten wir in der SWAPO gut; sie unterstützten uns mit Geld, Transportmöglichkeiten, ihren Kenntnissen und Verbindungen zu der Aussenwelt. Durften wir solche Leute aus unserer Bewegung ausschliessen und immer noch behaupten, für eine mehrrassische Gesellschaft zu kämpfen? Für viele schwarze Namibier waren alle Weissen Feinde, aber diese Ansicht wurde von sehr wenigen in unserer Organisation unterstützt. Hass gegenüber den Weissen war eine verständliche Reaktion bei unseren Lebenserfahrungen, aber er war keine Auffassung, die unseren Kampf weiterbringen konnte. Es wurde immer klarer, dass es, so wie es Weisse gab, die die SWAPO un-

terstützten, auch Schwarze gab — zum Beispiel Stammeshäuptlinge — die gegen uns und zu allem bereit waren, uns zu vernichten.
Während Monaten diskutierten wir innerhalb der Führerschaft und an Mitgliederversammlungen, bis wir endlich entschieden, dass es für den Moment falsch wäre, weisse Mitglieder in die SWAPO aufzunehmen. Es gab dafür Sicherheitsgründe: neben ein paar gutbekannten Freunden wussten wir nicht, welchen Weissen wir trauen konnten. Wichtiger aber war die grosse Kluft, die zwischen den zwei Namibias herrschte: dasjenige, in welchem die Mehrzahl eingezäunt, von vielen unerdrückenden Gesetzen überwacht und bis fast zum Verhungern ausgenützt lebte, und das andere, wo eine Minderheit in bequemer Sicherheit lebte, wo zwar vielleicht das Gewissen knurrte, aber nie der Magen und wo es unmöglich war, die Gründe wirklich zu verstehen, welche die Mehrzahl dazu brachte, sich aufzulehnen.*
Es war die Aufgabe der SWAPO und auch meine persönlichen Überzeugung, die *schwarze* Bevölkerung Namibias für die Unabhängigkeit und eine Mehrheitsregierung zu gewinnen.
Die Weissen, die uns am meisten Sorge machten, waren diejenigen, die unsere Anstrengungen bekämpften: die Regierung, die Polizei, besonders die Sicherheits-Polizei. Aber wir verfügten über einige bemerkenswerte Pesönlichkeiten in der Führung, sich mit diesen Gegnern auseinanderzusetzen.
Sehr wenig Leute wussten, dass unser Schulvorsteher Katjimune in der SWAPO war; ich selbst erfuhr es erst einige Monate nachdem ich beigetreten war, obwohl er und ich enge Kollegen wurden, nachdem Aron am Komando-Halle-Treffen entlarvt worden war. Die Diskretion Katjimunes erlaubte es ihm, sich für seine jungen Lehrer wie Karita, Jason und mich einzusetzen, als die Schulbehörde versuchte, uns wegen Studentenaufwiegelung mit SWAPO-Propaganda rauszuwerfen. Katjimune erpresste die Behörde ständig mit seinem Rücktritt, was zur sicheren Schliessung einer der besten Afrikanerschulen Windhoeks geführt hätte. Sein Format erlaubte ihm auch, in einer Art mit dem Sicherheits-Dienst umzugehen, die uns jüngere SWAPO-Führer direkt ins Gefängnis gebracht hätte. Einmal jedoch, als der Sicherheits-Dienst an einem Wohltätigkeitsfest der SWAPO eine Razzia durchführte, war ich sicher, dass er zu weit gegangen war.
Es war an einem kalten Samstagabend in der "Alten Siedlung". Aber mehr als hundert Personen erwärmten das grosse Haus mit ihrem Gespräch und ihrem Lachen. Sie sassen rund um die Ti-

sche, die vollbeladen waren mit Delikatessen: Fleisch, Brot, Eiern, Früchten und, selbstverständlich, Alkohol, der für die Afrikaner illegal war. Als Zeremonienmeister versteigerte ich die Nahrungsmittel und die Getränke, während Karita, unser SWAPO-Schatzmeister, das Geld einsammelte. Die Gäste waren grosszügig mit ihrem Geld. "Freunde, Herr Shivute bietet einen Rand für diesen herrlichen Ziegenkopf. Wollt ihr zulassen, dass er so billig davonkommt?" rief ich. Ich trieb das Bieten so weit, wie es die Stimmung erlaubte. Zu vorgerückter Stunde, als der Alkoholkonsum schon gestiegen war, wurde das Bieten immer wilder. "Achtung! Hier werden fünfzig Cents geboten, damit Miss Ngutua etwas vorsingt. Miss Ngutua?" Die verlegenen Freunde der Frau machten eine Gegenvorschlag, um sie von ihrer Verpflichtung zu befreien, und so ging es weiter, hin und her, mit viel Gelächter und Hurra-Rufen, bis wir zehn oder mehr Rand beisammen hatten. Solche Feste waren eine einträgliche und erfreuliche Art, Geld zu sammeln für den SWAPO-Bürgschafts-Fonds — ausser wenn die Polizei uns erwischte und alle unsere Flaschen konfiszierte. In dieser Nacht befand sich die Reserve in Katjimunes Haus, und etwa jede Stunde verschwand er für einige Minuten und kam mit vollgestopftem Mantel zurück.

Um Mitternacht war das Fest in vollem Gang. Die Wachposten waren zurückgerufen worden und tanzten mit den andern zur Musik von Miriam Makebas Platten. Ich stand vorne an einem Tisch und schlürfte ein Bier, als plötzlich die Eingangstüre aufgestossen wurde!

"Aufgepasst, niemand bewegt sich!" Unter der Tür stand Maritz, ein Polizeihauptmann, der für seine Härte berüchtigt war. Sein Gewehr hielt er auf die Menschenmenge gerichtet.

Tanzen, Trinken und Geplauder brachen ab. Nur die Musik durchbrach die schreckerfüllte Stille. Alle Augen waren auf das Gewehr gerichtet. Maritz kam langsam in den Raum, die Gruppe afrikanischer Polizisten blieb draussen.

Nur eine Person behielt klaren Kopf. Ich hörte das leise Rascheln eines Mantels hinter mir. Die Flasche, die neben mir auf dem Tisch stand, verschwand lautlos. Eine vertraute, tiefe Stimme flüsterte, "Beweg dich!"

Ich machte langsam zwei Schritte zur Seite. Maritz, den Rücken zu mir gewandt, stand unbeweglich, kaum zwei Meter von mir entfernt. Plötzlich wurde er zu Boden geschlagen und aus seinem Gewehr ging ein Schuss los in die Decke. Eine graue, gewölbte Gestalt stürzte durch die Tür, an den unbeweglichen schwarzen

Polizisten mit ihren Knüppeln vorbei, hinaus in die Nacht.
Maritz wurde hysterisch. "Fasst ihn, fasst ihn!" schrie er seine lustlosen Untergebenen an. Er packte sein Gewehr und schwang es wild in der Luft, gegen uns.
Aber die Lähmung, die uns ergriffen hatte, war vorbei. Bis Maritz wieder auf seinen Füssen war, war keine Flasche mehr zu sehen. Ein zorniges, trunkenes Raunen hatte dem bestürzten Schweigen Platz gemacht.
Ein Kampf hätte uns allerdings weit mehr Schwierigkeiten gebracht als die Flaschen; es war an der Zeit, etwas zu unternehmen. Ich trat vor und versuchte, Maritz zu beschwichtigen. Aber der Bure war vor einem grossen Publikum blamiert worden; er klammerte sich fest an sein Gewehr und fluchte gegen die murrenden Party-Gäste.
In dem Augenblick, als ich dachte, dass eine Rauferei ausbrechen würde, bewegte sich etwas an der Tür. "Was geht hier vor?" Katjimune, ohne Mantel, trat mit grossen Schritten in den Saal. "Was ist mit der Geburtstagsfeier passiert?"
"Er ist es, *baas*", sagte einer der schwarzen Polizisten. "Er ist derjenige, der davongerannt ist."
Katjimune schaute nicht einmal auf den Mann. Er ging gerade auf Maritz zu. "Was tun *Sie* hier? Ich sehe schon genug Ihrer Leute tagsüber. Sehen Sie nicht, dass Sie das Fest stören?"
Ich konnte den Konflikt im Gesicht des Hauptmanns sehen. Der Bure in ihm schrie sicher nach Rache. Aber er hatte nicht gesehen, wer ihn niedergeschlagen hatte und Katjimune wäre der letzte Mann gewesen, den er irrtümlich hätte verhaften wollen.
"Mr. Katjimune, wir sind nicht gekommen, um Unruhe zu stiften —"
"Nein?" knurrte Katjimune. Der viele Alkohol hatte seinen Sinn für Diplomatie etwas angegriffen.
"Uns wurde gesagt, hier sei ein SWAPO-Treffen im Gange", erwiderte Maritz und streifte Karita und mich mit einem Blick, "und so wie es aussieht —"
"Unsinn. Ich wurde zu einer Geburtstagsfeier eingeladen. Diese Leute haben nichts mit der SWAPO zu tun."
Maritz liess seinen Blick weiter über die Menge schweifen. Dann fixierte er den Schulvorsteher mit einem skeptischen Blick.
"Schauen Sie, Herr Katjimune", begann er.
"Wollen Sie sagen, dass ich lüge?" Katjimune trat einen Schritt nach vorn.
Das genügt, dachte ich; jeder im Saal war bis zum Äussersten ge-

spannt und wartete auf den Kampf. Aber Maritz schien nicht bereit, ihn zu beginnen. Er drehte sich nach seinen Männern um, dann zögerte er. Schliesslich bellte er: "In Ordnung, Männer, lasst uns gehen." Als die Polizisten, einer nach dem andern, hinausgingen, warf Maritz einen letzten Blick auf uns. "Ihr passt besser auf, was ihr in Zukunft tut, ihr *Kaffer*." Katjimune gab der Tür einen Stoss, wartete fünf Sekunden und brach dann in schallendes Gelächter aus. Das Fest lebte wieder auf.
Die Schule von Katjimune musste der Schulbehörde ständiges Kopfzerbrechen bereiten, denn sie sandten uns regelmässig Inspektoren, die ohne Vorwarnung im Klassenzimmer auftauchten. Sie waren darauf aus, uns bei einem Fehler zu ertappen, um einen Grund zu haben, uns hinauszuwerfen. Für sie war unsere Schule ein SWAPO-Nest, eine Brutstätte subversiver Gedanken. Sie hatten natürlich recht, aber ich achtete immer darauf, dass meine Schüler in allen Fächern etwas Vorsprung hatten, bevor ich mit ihnen über Politik sprach. Jahr um Jahr hatten wir die besten Schüler und die niedrigste Misserfolgsrate aller Schulen der Stadt.
Es musste für die Schulbehörde frustrierend sein, dass die besten Lehrer auch SWAPO Führer waren. Uns schien das genau richtig. Karita, Jason, Levi Nganjone, ich selbst: wir alle waren Lehrer geworden, weil wir etwas Besseres wollten für unser Volk. Im Augustineum schien Lehren für uns das beste, wenn nicht sogar das einzige Mittel, die Lage in Namibia zu verbessern. Die Bewegung in der "Alten Siedlung" war ein weiteres Mittel und wir kümmerten uns auch darum, indem wir der SWAPO beitraten.
Es war oft schwierig, unsere Doppelrolle auseinanderzuhalten. Unterdrückung war die Geschichte unseres Landes, und keine gewissenhafte Person konnte die Geschichte so lehren, wie sie die südafrikanischen Schulbücher beschrieben. Wir konnten auch nicht die Fragen der Schüler über die Unabhängigkeit anderer afrikanischer Länder ignorieren und wie wir unsere eigene erreichen wollten.
Aber Unterricht war nicht alles. Meine Schüler waren immer schläfrig während der Stunden, weil sie hungrig waren; die Schule hatte Mangel an Kreide und Papier und kein Geld, um mehr davon zu kaufen; Kinder kamen nicht mehr zur Schule, wegen der Tragödien, die sich in ihren Heimen abspielten — all dies waren Probleme, die eine Lösung *ausserhalb* der Schule verlangten. Wir Lehrer gehörten zu den wenigen Privilegierten, die dank etwas mehr Geld, Möglichkeiten oder einfach Glück, es fertig gebracht

hatten, diese Hindernisse zu überwinden. Aber umgeben von so viel Elend durften wir unseren Beruf nicht eigennützig ausüben. Brian Bassigworth, Jason, Karita und ich hatten als Lehrer Reisesonderrechte und bildeten das reguläre SWAPO-Team für Wochenendreisen nach anderen Städten. Mindestens einmal pro Monat stiegen wir in den SWAPO-Wagen — ein zerbeulter Ford, "Bluebird" genannt — und fuhren hunderte von Meilen Autobahn bis Walvis Bay, Luderitz, Tsumeb, Okahandja und einem Dutzend anderer Orte, die gross genug waren, um eine öffentliche Versammlung zu organisieren. Oft wurden wir unterwegs verhaftet, festgehalten oder einfach durch Beamte belästigt, die sich ein Vergnügen daraus machten, uns zu kontrollieren. Brian und hauptsächlich Jason gaben ihnen ihren Spass.

Brian war unverbesserlich. Bei Strassensperren verbrachten diensteifrige Beamte, die angeblich gegen Maul- und Klauenseuche kämpfen mussten, Stunden damit, unser spärliches Gepäck zu durchsuchen, wenn wir es eilig hatten, irgendwo an eine Versammlung zu gelangen. Brian verschlimmerte die Sache, indem er sich weigerte, aus dem Wagen zu steigen. Er hielt seine Arme eng an seinen hageren Körper gedrückt und liess sich nicht abtasten. "Ich bin kein Tier, ich bin sauber", sagte er zu uns gewandt. "Wenn es euch nichts ausmacht, von Buren durchsucht zu werden, so tut's." Hatten wir ihn dann endlich zum Aussteigen überredet, verspottete er die Inspektoren: "Hier, *basie*, mein Trokkenfleisch ist in dieser Tasche und meine Fettflaschen habe ich in dieser hier versteckt. Wir nur kleine Kinder, *basie*, wir nicht verstehen, sehen Sie."

Jason Mutumbulwa war für mich eine der intelligentesten Personen, die ich je getroffen habe. In jedem andern Land, wo man ihm nur die geringste Möglichkeit gegeben hätte, wäre er ein Spitzenanwalt oder Arzt gewesen. In Namibia gebrauchte er einen Teil seines Talents um die SWAPO zu leiten, aber ein grosser Teil seiner Gaben wurde an die Spiele vergeudet, die wir mit den Buren trieben. Wenn immer wir unseren Anwalt, Bryan O'Linn in Windhoek besuchten, brütete Jason in Gesetzesbüchern; und wurden wir dann wieder von einem dämlichen Buren-Beamten angehalten, zitierte Jason, auf Englisch, den exakten Paragraphen von diesem oder jenem Gesetz. Jasons Afrikaans war so gut, dass er sogar einen Alkoholschein* erhielt — den sonst nur Farbige kriegten — und den wir für unsere Wohltätigkeitsfeste benützten.

Auch wenn ich normalerweise nicht an Jasons und Brians Späs-

sen teilnahm, gab es doch Gelegenheiten, wo ich der Versuchung nicht widerstehen konnte. Eines Tages waren wir drei in Pupkewitzens Alkohol-Geschäft, um mit Jasons Alkoholschein Flaschen einzukaufen. Als wir bezahlten, warnte uns der Verkäufer: "Passt auf, Jan Leff überwacht den Laden."
Jan Leff war ein berüchtigtes Mitglied der Alkohol-Abteilung der Windhoeker Polizei. Er war vor einem Jahr aus Südafrika gekommen, ein armer Farmer-Sohn aus dem *Oranje*-Freistaat*, wo er eine geringere Schulbildung genossen hatte, als es für weisse Jungen üblich war. Aber was ihm an Geist fehlte, machte er durch andere Qualitäten wett. Er wog über hundert Kilo und war der beste Schwergewichts-Boxer der Stadt. Als Athlet fehlte es ihm nicht an Entschlossenheit; schwerfällig bewegte er sich im Ring und schien die Schläge, die er einsteckte, kaum wahrzunehmen. So liess er seinen Gegner sich ermüden, und wenn dieser in seine Nähe kam, dann schlug er kurz wie eine Dampfwalze zu und schon war der Kampf vorbei. Genauso verfolgte er durstige Afrikaner; für eine Weile konnte man ihn zum besten halten, aber früher oder später zerstörte er dich.
"Jan Leff, hm?" sagte Jason. Wir drei schauten uns an. Brian ging hinaus und fuhr den Bluebird genau vor die Tür. Jason verliess den Laden, dann folgte ich, die Flaschen ungeschickt unter meinem Hemd versteckt. Ich blickte verstohlen nach allen Seiten, nur nicht zu Jan Leff, der auf der andern Strassenseite in seinem Volkswagen sass.
Brian manövrierte den Bluebird durch die Strassen wie ein Gross-Stadt-Taxifahrer, wechselte rasch von einer Spur in die andere und überfuhr gelbe Lichter. Jan Leff konnte kaum folgen. Auf der Strasse zur "Alten Siedlung" aber überholte er uns und forderte uns auf, anzuhalten.
Er steckte sein rotgeflecktes, zerschlagenes Gesicht in unseren Wagen. Zwei Vorderzähne fehlten ihm auch. "Gebt mir die Flaschen." Unser Einkauf lag auf dem Hintersitz.
"Wie bitte, Herr?" sagte Jason auf Englisch.
"Wem gehören die Flaschen?" Der breite Freistaat-Dialekt Jans dröhnte in unseren Ohren.
"Wir hören nicht auf Befehle ehemaliger Bauern", bemerkte ich.
"Willst Du uns bitte —"
"Ich bin ein Polizist und ihr seid alle verhaftet!" Eine breite, haarige Hand reichte an Brian vorbei nach dem Zündungsschlüssel.
"Warte einen Moment!" Jason steckte seinen Alkoholschein unter Jan Leffs Nase.

Er las ihn langsam, dann warf er einen prüfenden Blick auf Jason. "Du, ein Farbiger?" Er sah so aus, als wollte er jeden Augenblick das Papier und Jason in Fetzen zerreissen.
"Du siehst auch nicht gerade weiss aus", sagte Jason. Aber bevor er zu Ende gesprochen hatte, wusste ich, dass er zu weit gegangen war.
Blitzschnell zog Leff seinen Revolver hervor und hielt ihn uns zitternd unter die Nase. Ein dunkles Rot verteilte sich von seinen Flecken über das ganze Gesicht. Ein paar Sekunden lang war ich sicher, dass er schiessen würde. Langsam gewann er wieder etwas Fassung und senkte seine Pistole. Er atmete schwer. "Wehe, ihr erlaubt euch diesen Spass noch einmal und ihr seid tot, ihr Dreckskerle." Es gab keinen Grund, zu zweifeln, dass er seine Drohung wahr machen würde. Von diesem Tag an überliess ich es den Experten, die Buren zu beleidigen.
Der Mann, der es am besten verstand, sie zu beleidigen, tat dies nicht, um sich zu amüsieren. Mit Maxuililis Hartnäckigkeit machte ich das erste Mal Bekanntschaft an einem nebligen Sonntagnachmittag in Walvis Bay, wo er stellvertretender Präsident der SWAPO war. Es war gegen Ende 1960; Jason und ich waren runter zur Küste gefahren, um an einer Versammlung zu sprechen. Die Sprechertribüne war auf einer Lastwagenbrücke installiert und der Versammlungsplatz ein Sandstreifen hinter der Siedlung. Mehrere tausend Leute waren versammelt, als plötzlich vier Polizei-Jeeps aus dem Nebel auftauchten. Die Räder wirbelten im Sand herum, und die Jeeps steuerten geradewegs auf unseren Lastwagen zu, quer durch die Menschenmenge. Den Jeeps entstiegen etwa zwanzig Polizisten mit Maschinengewehren bewaffnet. Sie stellten sich in eine Linie auf und näherten sich langsam der Menge.
Die Leute zuvorderst wichen zurück, und jene auf den Seiten zogen sich in den Nebel zurück, Richtung afrikanische Siedlung. Bestenfalls, so schien es, hatten Jason und ich eine lange, ermüdende Reise umsonst unternommen; schlimmstenfalls würde uns die Polizei verhaften, sobald die Menge sich zerstreut hatte.
Aber Maxuilili hatte eine andere Idee. Er griff zum Megaphon. "Alle stehenbleiben, wo ihr seid!" befahl er. "Es gibt keinen Grund, wegzulaufen. Dies ist ein SWAPO-Treffen; wir haben die Polizei nicht eingeladen. *Sie* sind diejenigen, die gehen werden." Maxuilili zeigte mit dem Megaphon gegen die uniformierten Weissen. "Und zwar *sofort!*"
Alle, ich inbegriffen, erstarrten. Wollte Maxuilili, dass wir alle

umgebracht wurden? Alle hatten noch das Massaker von Windhoek im Gedächtnis. Die Polizisten schauten sich gegenseitig sprachlos an, hielten aber ihre Gewehre ruhig.
Während er die Polizisten fixierte, lehnte sich Jason rüber und flüsterte Maxuilili etwas zu. "Das ist egal", antwortete dieser laut. "gib mir deine Uhr." Er sprach durchs Megaphon. "Polizisten, dies ist ein SWAPO-Treffen. Macht Platz mit euren Jeeps. Falls ihr unseren Reden zuhören wollt, dann tretet zurück." Und er schaute auf Jasons Uhr. "Wir geben euch drei Minuten."
Drei Minuten, und was dann? Der Beamte in Zivil, der die Truppe befahl, starrte zu Maxuilili, der für den Buren nur einen Blick voller Zorn übrig hatte. Im Gegensatz zu Katjimune, machte Maxuilili keinen einschüchternden Eindruck; er war von durchschnittlicher Grösse und von zartem Körperbau. Seine feurigen Augen bewiesen Offenheit und Überzeugung, zeigten aber wenig vom Zorn, der sich dahinter verbarg. Er war Laienprediger und man sah ihm sofort den religiösen Mann an — aber langsam verstand ich, warum er nicht offiziell geweiht war. Vor vielen Jahren war er ein Polizist gewesen bei der südafrikanischen Eisenbahn. Es mochte ja sein, dass er die Gesinnung der Polizei gut genug kannte, um dieses gefährliche Spiel zu spielen, aber ich hatte schwache Knie, als ich auf meine Uhr schaute: eine Minute war verstrichen und niemand hatte sich bewegt.
Die Mehrzahl der Menge war geblieben und begann jetzt vorsichtig nach vorne zu kommen, um der Kraftprobe besser folgen zu können. Sie drängten sich eng um die zwanzig Polizisten. Der Offizier befahl die Unteroffiziere zu sich und beriet sich flüsternd mit ihnen. Sie blickten auf die ruhige Menge, schüttelten die Köpfe und schauten über ihre Schultern nach Maxuilili, der auf sie zurückstarrte. "Maxuilili" ist das afrikanische Wort für ein Gefühl plötzlicher Angst, und er hatte diesen Namen erhalten wegen seiner brutalen Offenheit. Jeder, der in Walvis Bay lebte und ihn nicht kannte, wurde früher oder später mit ihm konfrontiert. "Wer bist du?" brauste er einen Vorübergehenden in der Siedlung an. "Warum hab ich dich nicht an dem SWAPO-Treffen gesehen? Bist du ein schwarzer Bure?" Und so wie er jetzt auf die zusammengedrängten Polizisten starrte, mussten diese mindestens einen Hauch von diesem "Maxuilili" verspüren. Zwei Minuten.
Während die Diskussion unter den Polizisten weiterging, ging ein Raunen durch die Menge. Walvis Bay war von Anfang an eine OPO-Hochburg gewesen, und die Arbeiter der Konservenfabrik

hatten schon mehrere Streiks hinter sich, den letzten 1959, als alle Konservenfabriken gezwungen wurden, zu schliessen. Für die Leute dieser Menge waren Konfrontationen mit der Polizei nichts Neues.
"Ihr habt noch dreissig Sekunden", ertönte Maxuililis unerbittliche Stimme durchs Megaphon. Der Lärm der Menge wurde lauter.
Die Unteroffiziere zerstreuten sich plötzlich und winkten ihre Leute und ihre Fahrzeuge zurück. In schweigendem Unglauben teilte sich die Menge, um sie durchzulassen. Und kurz darauf war der letzte Jeep hinter den Dünen verschwunden.
"Afrika!" schrie Maxuilili.
"Afrika!" brüllte die Menge.
"Wohin gehen sie?" fragte er, in den Nebel zeigend, der die Polizisten verschlungen hatte.
*"Kakamas!"** schrie die Menge.
"Und was werden *wir* haben?"
"Unabhängigkeit!"
"Diejenigen, die von den Buren regiert werden wollen, erhebt eure Hand."
Donnerndes Gelächter. Unsere Versammlung hatte begonnen.
Durch Hunderte solcher öffentlicher Veranstaltungen hatte die SWAPO die Mehrheit der Namibier für die Idee der Unabhängigkeit gewonnen. Der Wunsch nach Selbstverwaltung war schon da, tief in ihrem Innern, im täglichen Leben unter den Weissen. Wir artikulierten nur die Unzufriedenheit, äusserten sie, sagten den Leuten in Walvis Bay und Windhoek, was die Leute vom Lande dachten und umgekehrt; dann fügten wir die richtige Darstellung unserer Geschichte, der Geschichte Afrikas hinzu und die neue Epoche der Unabhängigkeit, die bald kommen würde — alles in einfachen Reden zwischen den Gebeten, den gesungenen Streik- und Freiheitsliedern. Und vor allem gaben wir den Unzufriedenen eine nationale Organisation. Bei jedem Meeting, wenn die Reden, Gesänge und Rufe vorbei waren, strömten die Leute auf die Bühne, um der SWAPO beizutreten.
Natürlich hatten wir nicht die Unterstützung aller. Einige Leute waren nicht nur ihrem Stamm loyal, andere — speziell die Alten — waren jedem Wechsel gegenüber skeptisch. Die Stammestreuen waren kein Problem, solange sie dem radikalen Herero-Rate angehörten oder andern Gruppen, die die Ziele der SWAPO unterstützten. Später aber, als die SWAPO über die engen Stammesorganisationen hinauswuchs und deren Mitglieder mehr und

mehr ihr beitraten, wurde der Konkurrenzkampf oft hässlich. Einige Führer, wie der Herero-Führer Clemens Kapuuo beispielsweise, wurden von der Regierung gegen die SWAPO benützt. Auch mögen einige alte Skeptiker der SWAPO aus Eifersucht misstraut haben. Wir waren junge Emporkömmlinge, die die alten Institutionen umgangen hatten, um unsere eigene zu gründen. Für Leute, die sechzig oder siebzig Jahre gelebt hatten, ohne irgendeine Besserung für die Masse der Afrikaner zu sehen, waren diese Jungen, die von grossen Veränderungen sprachen, nur unbesonnene Idealisten, zu jung, um es besser zu wissen. Aber die Älteren der SWAPO — Maxuilili, Akwenye, David Meroro — traten für uns ein, und unser Ansehen als Lehrer half uns sehr.

Unser Ziel in diesen frühen Jahren war es nicht, eine gewaltige Revolte anzustiften, die die Weissen zwingen würde, die Macht abzugeben. Ich, auf jeden Fall, vertraute auf die *Vereinten Nationen,* dem gesetzlichen Wächter unseres Landes, nachdem Südafrika so klar gegen das Mandat des Völkerbundes verstossen hatte, Namibia "in dem grössten Interesse" seiner Bevölkerung zu regieren. Aber in den fünfzehn Jahren, die vergangen waren, seitdem die UNO die Südafrikaner zum ersten Mal aufgefordert hatte, Namibia die Unabhängigkeit zu gewähren, war kein Fortschritt erzielt worden. Einige meiner Landsleute hatten Petitionen an den Hauptsitz der UNO nach New York gesandt. Hermann Ja-Toivo zum Beispiel hatte 1958 ein Gesuch auf Tonband geschickt, versteckt in einem ausgehöhlten Buch, der "Schatzinsel". Nachdem sein Gesuch vor der Generalversammlung der UNO vorgelesen worden war, war Hermann verhaftet und nach Ovamboland verbannt worden, wo er mehrere Jahre gefangengehalten wurde. Nachdem Sam Nujoma Namibia verlassen hatte, verbrachte er mehrere Monate in der UNO und versuchte, einen ständigen Druck auszuüben von seinem SWAPO-Büro aus, das er in Dar-es-Salaam, Tansania, eröffnet hatte. Obwohl soweit keine konkreten Ergebnisse zu sehen waren, war ich sicher, dass die UNO nur zu sehen hatte, in welchem Masse die SWAPO die Leute vereint und sie für die Unabhängigkeit vorbereitet hatte, um den letzten Schritt zu unternehmen. Und als Südafrika endlich, 1962, einer UNO-Untersuchungskommission erlaubte, unser Land zu bereisen, war ich von unserer nahen Befreiung überzeugt.

Wir jungen Anführer von Windhoek bereiteten alles für den Besuch vor. Ich half Levi Nganjone bei einer Spezialausgabe unserer

Zeitung *"Unity Wings"* mit Artikeln über die UNO, den kommenden Besuch und mit einem Aufruf an alle Namibier, der Delegation ihren Wunsch nach Unabhängigkeit kundzutun. Nächtelang schwitzten wir in meinem kleinen Zimmer an unseren alten Schreib- und Vervielfältigungsmaschinen. Ich konnte wegen der Druckfarben-Dämpfe und den Papierbergen auf meinem Bett kaum mehr schlafen. Die SWAPO-Lehrer zwängten sich jeden Freitagnachmittag in den Bluebird mit Stapeln von *"Unity Wings"* und fuhren zu einem der Orte, den die UNO-Delegation gemäss Reiseplan besuchen musste. Wir hatten jetzt SWAPO-Abteilungen errichtet in Walvis Bay, Tsumeb, Luderitz, Oranjemund, Gobabis, Otjiwarongo, Ovamboland und selbstverständlich Windhoek, und wir hatten Mitglieder in praktisch jedem Dorf und an jedem Eisenbahngleis vom Oranje Fluss im Süden bis zum *Kunene* im Norden. Wo immer die Südafrikaner die UNO-Delegation hin begleiteten, in der Hoffnung, ihnen zufriedene, erfolgreiche Leute vorzuzeigen, war auch die SWAPO da, um eine andere Geschichte zu erzählen. Nach zwei Wochen SWAPO-Fahnen und Plakaten, die die Unabhängigkeit forderten und die UNO an ihre Verpflichtungen erinnerten, verlangte der Leiter der Delegation, Herr Carpio, von Südafrikanern, ihm ein Treffen mit der SWAPO zu ermöglichen. Ich war davon überzeugt, dass dies ein denkwürdiges Treffen sein würde.

Das "Grand Hotel" war als das luxuriöseste Hotel Namibias bekannt und konnte zu Südafrikas besten gezählt werden, wie einige sagten. Die Luft der Hotelhalle war kühl und süsslich, die wuchtigen, rauchfarbigen Glastüren hielten das Getöse des Stadtlärms fern. Der blutrote Teppich gab unseren Schritten ein befremdendes, elastisches Schwingen. Riesige, klirrende Leuchter hingen von der hohen Decke, wie auf Bildern von europäischen Palästen. Die Wandbekleidung war aus dunklem poliertem Holz, halbversteckt hinter riesigen Farnpflanzen in Töpfen, die den Eindruck eines Buschgartens erweckten. Eine Weile lang vergass ich, wo ich war; erstaunt strich ich über den weichen blauen Samt der tiefen Sessel.

Carpio und seine Delegation erwarteten uns in einem luxuriös ausgestatteten Konferenzraum. Die südafrikanischen Sicherheitsbeamten, die auf beiden Seiten der Türe standen, starrten uns widerwillig an, als wir einer nach dem andern eintraten. Die Zurückhaltung, die ihnen die Gegenwart der UNO uns gegenüber aufzwang, schien sehr unangenehm für sie zu sein. Die Delegationsmitglieder sassen schon um den langen Tisch, Carpio am Kopfende.

Seine Erscheinung überraschte mich. Die vielen Jahre, in denen ich mit Weissen zu tun hatte, hatten mich so sehr konditioniert, dass ich beim Anblick eines dunkelhäutigen, stämmigen kleinen Mannes überrascht war: ein Filippino, mit schwarzem, widerspenstigem Haar, wie das eines Farbigen. Während unseres ganzen Gespräches nickte und lächelte er, als ob er vollkommen mit unseren Argumenten einverstanden sei. Der Inder neben ihm sah genauso aus, wie diejenigen Leute, die jetzt von den Buren aus jenen Teilen von Durban und Kapstadt weggejagt wurden, die neuerdings zu Zonen "nur für Weisse" bestimmt worden waren. Unsere Reden schienen kaum nötig zu sein; bestimmt verstanden diese Leute unsere Anliegen.
"Während langer Zeit sagte der Premierminister Verwoerd, dass die Vereinten Nationen nie einen Fuss nach Namibia setzen würden", sagte Carpio, nachdem wir ausgeredet hatten. "Aber heute sind wir hier, Und das ist nur der Anfang." Der südafrikanische Begleiter sah gequält aus; ich war von Carpios Kühnheit beeindruckt. "In den Philippinen mussten wir bis zu den Knien in unserem eigenen Blut kämpfen. Heute sind wir ein freies Land. Hier in Namibia werdet ihr das gleiche erleben. Je härter der Kampf und je röter das Blut, welches fliesst, umso süsser wird die Befreiung sein. Ich glaube ..."
"Das tönt ja alles sehr schön, Bruder", ertönte eine Stimme aus dem hinteren Teil des Saals, "aber wir fragen uns langsam, ob die Vereinten Nationen nicht einfach ein zahnloser Hund sind." Aller Augen richteten sich auf Maxuilili. "Dies ist das erste Mal, dass irgend einer von uns in einem solchen Hotel ist", fuhr Maxuilili kämpferisch fort, "und sobald ihr weggeht, werden die Weissen uns wieder wie Tiere behandeln. Wir werden bestraft werden für das, was wir euch hier sagen." Er machte eine Pause und zeigte mit seinem Finger auf den UN-Diplomaten. "Ich hoffe, dass Sie mehr tun werden, als diese Begegnung einfach zu all den Petitionen zu legen, die wir schon gesandt haben."
Ich war über Maxuililis verärgerten Ausbruch schockiert. Aber Carpio machte in seiner weitschweifigen Antwort keine ausdrücklichen Versprechungen. Sein Besuch endete eher in einem grossen Durcheinander. Ein gemeinsames Communiqué von Premierminister Verwoerd und der UNO-Delegation lobte zuerst Südafrika für seine freiwillige Verwaltung unseres Landes. Dann aber machte Carpio eine eigene Erklärung, wo er die Anschuldigung erhob, vergiftet und ins Krankenhaus eingeliefert worden zu sein, und dass er nie eine gemeinsame Erklärung unterzeichnet

hätte. Nachher schrieben die südafrikanischen Zeitungen, dass Carpio während seines ganzen Aufenthaltes betrunken gewesen sei. Was immer die Wahrheit gewesen sein mag, eine weitere UNO-Resolution, welche das Südafrika-Regime verurteilte, war das einzige, was Carpios Besuch erreichte. Maxuilili hatte schliesslich recht behalten.

Die Enttäuschung über die UNO war für mich ein schwerer Schlag. Vielleicht gab es niemanden auf der ganzen Welt, der sich darum kümmerte, ob wir unsere Freiheit erlangten oder nicht. Aber Maxuilili schaute die Sache etwas anders an. "Es war ein Versuch wert", sagte er. "Erwarte nur nicht von der UNO oder irgend jemandem, dass sie uns unsere Freiheit überreichen. Wir werden sie nur erlangen, indem wir für sie kämpfen."

Aber wie? Niemand in unserer Organisation schien dafür eine Strategie zu haben. Sam und die andern exilierten Führer in *Dar-es-Salaam* begannen bald damit, SWAPO-Guerilla-Kämpfer auszubilden für die Jahre des bewaffneten Kampfes, die vor uns lagen. Im Land selbst verfügten wir immer noch über die friedlichen Kampfmittel, die uns die selbstsichere Regierung Südafrikas offenliess. Im Jahr 1965 aber war die SWAPO so stark geworden, dass sie als Bedrohung betrachtet wurde; es begann die Zeit der systematischen Verfolgung.

5
Konfrontation

Wann wird wohl die Zeit der *wirklichen* Konfrontation kommen? Und wie wird sie sich abspielen? Diese Fragen, nur halbwegs klar formuliert, gingen durch meinen Kopf, während ich quer durch Windhoek und das Land raste. Ich lehrte und organisierte und tat meine tägliche Arbeit, die dazu führte, dass mehr und mehr Namibier sich der SWAPO anschlossen. Der Besuch Carpios war nur eines der vielen Zwischenspiele während dieser Sechziger Jahre. Wir von der Bewegung fochten mit der Sicherheits-Polizei und andern Organen der Regierung unentschiedene Kämpfe aus, und der Konflikt schien sich langsam und unerbittlich in den Schatten eines drohenden Umsturzes zu bewegen. Heute kann ich das deutlich erkennen, aber damals war es nur ein unklares Gefühl, allmählich in einen Strom gezogen zu werden, der stärker und weitreichender war, als wir oder die Südafrikaner es je gedacht hätten.

Über Namibia hinaus befand sich Afrika in einem grossen Wandel. Ende 1964 waren die meisten Länder unabhängig geworden. Dort, wo die Weissen sich dagegen wehrten, die Macht zu übergeben, schien der Krieg unausweichlich. Mit Geschichten von Gewalttätigkeiten und Plünderungen kamen aus *Katanga* und *Angola* verjagte Europäer* in Windhoek, Salisbury und Johannesburg an. Die Haltung der einheimischen Weissen verhärtete sich. Die rhodesischen Siedler beschlossen, sich nicht einer Mehrheitsregierung zu beugen und wählten *Ian Smith*, um ihren Kampf anzuführen. In Südafrika benützten die Buren die Vorfälle der andern Länder, um die Schreckensherrschaft, die durch das *Sharpeville* Massaker* gesät worden war, zu verstärken und jede Form von Widerstand zu unterdrücken. Bis 1965 waren die Anführer des *Afrikanischen National Kongresses (ANC)* und des *Pan-Afrikanischen Kongresses (PAC)** alle entweder im Gefängnis oder im Exil, und ihre Organisationen waren für einen Moment total gelähmt. Während dieser Zeit war die weisse Macht unumschränkt.

In Namibia schien die Oberfläche trügerisch ruhig. Die Zeitungen attackierten den afrikanischen Nationalismus heftig, und immer mehr Weisse stellten offen ihre Waffen zur Schau, aber es gab keine grossen Polizeiüberfälle und politische Prozesse. Vielleicht hätten wir die Zeichen früher erkennen sollen; auf jeden Fall begannen wir erst 1964 bei der Veröffentlichung des *Odendaal-Rapports* (genannt nach dem Richter, der ihn erstellt hatte), die Absichten der Regierung zu verstehen. Zu dieser Zeit waren wir jedoch so besorgt um einen unserer Führer, der sich plötzlich in Gefahr befand, dass wir die grössere Bedrohung für uns alle nicht bemerkten.

Simon Kaukunga war während Jahren eines der offenkundigsten SWAPO-Mitglieder des Ovambolandes gewesen. Von seiner Vertragsarbeit im Süden verbannt, hielt er, trotz Drohungen der Stammeshäuptlinge und des Eingeborenen-Kommissars, an seinen politischen Tätigkeiten fest. An einer Versammlung, die der Kommissar organisiert hatte, um den Odendaal-Plan vorzustellen, hatte er sich erhoben und Häuptlinge und Kommissar öffentlich angeklagt. Daraufhin hatten diese beschlossen, mit ihm Schluss zu machen. Eines Morgens brachte man mir eine Notiz ins Haus. Die Männer des Häuptlings, mit Gewehren bewaffnet, durchsuchten alle Dörfer im Norden und schworen, Simon zu erschiessen, sobald sie ihn sähen. Die Notiz enthielt die Bitte an mich, bei Regierungsbeamten in Windhoek zu intervenieren.

Jason und David Meroro begleiteten mich zu den Büros der Abteilung für Bantu-Angelegenheiten. Wir drei hatten eine beträchtliche Erfahrung im Umgang mit der Apartheid-Bürokratie. Meroros Ansehen als Geschäftsmann, Jasons Redegewandtheit und meine ehrliche Überzeugung würden uns erlauben, so weit zu kommen, wie dies für Afrikaner möglich war. Diesen Morgen jedoch kamen wir nirgendwohin. Unerbittliche *verligte** Beamte hörten uns hinter ihren Pulten zu, verschwanden in einer Hintertür, kamen zurück und beteuerten, von der ganzen Sache nichts zu wissen. Was immer unser Anliegen sei, so sagten sie, Ovamboland gehöre einer getrennten Verwaltung an — wir könnten also versuchen, eine spezielle Anklage niederzulegen, die an das zuständige Büro weitergeleitet würde.

Wir liessen Maxuilili von Walvis Bay kommen; nur er konnte die Schranken durchbrechen, die uns daran hinderten, Simon zu beschützen. Am nächsten Morgen marschierten wir, angeführt von unserem Präsidenten, direkt ins Büro des obersten Beamten. Der überraschte afrikanische Angestellte fand nicht einmal die Zeit, zu protestieren, als wir durch das Vorzimmer stürmten. "Tritt zurück, Bruder, es handelt sich um Leben oder Tod", warnte Maxuilili ihn.

Falls Herr Gouws wegen unseres demonstrativen Eintretens überrascht war, so erholte er sich schnell. Er hatte schon einen Gast in seinem Büro, einen Mann dessen Rücken uns zugewandt war und der uns seltsam bekannt vorkam. Gouws erhob sich von seinem riesigen, polierten Pult und lächelte uns höflich zu. Wir brauchten uns nicht vorzustellen. "Meine Herren, setzen Sie sich bitte."

Aber Maxuilili stürmte geradewegs auf das Pult zu. "Mr. Gouws, wir wollen die Ermordung von Simon Kaukungua verhindern. Wir wollen, dass Sie Ihre Häuptlinge zurückrufen." Seine Stimme war beherrscht, als er den kleinen, dickbäuchigen Buren über die glänzende Eichenholzfläche anschaute.

Gouws setzte sich und griff nach seiner Pfeife im Aschenbecher. In seinem grauen altmodischen Anzug und mit seinem Kahlkopf erschien er eher wie ein alternder Lehrer als der Boss für Bantu-Angelegenheiten. Langsam breitete sich ein Lächeln über sein ganzes Gesicht, und er lehnte sich zurück, um seine Pfeife zu stopfen. "Bitte, Mr. Maxuilili, beginnen wir doch ganz von vorn." Ich erkannte in Gouws Antwort einen Ton der Versöhnung und blickte verstohlen nach Jason. Auch Maxuilili musste bemerkt haben, dass der Bure auf Verteidigung aus war. Er schlug seine

Faust auf das Pult nieder. "Während wir hier diskutieren, wird ein Mann gejagt wie ein Tier. Wir wollen, dass Sie ..."
"Wir werden gar nichts, Mr. Maxuilili. Sie und Ihre Freunde sollten wissen, dass die Zeiten in diesem Land sich ändern." Die eisige Stimme des Gastes von Gouw unterbrach Maxuilili. Diese Stimme, diese grosse, aufgeschossene Gestalt, wo hatte ich sie schon getroffen? Er drehte sich auf seinem Stuhl und beinahe wäre ich in die Luft gesprungen. Es war de Wet Nel, der Eingeborenen-Kommissar in Person, verantwortlich für die Jagd nach Simon! "Der Norden wird jetzt das Gebiet Eurer traditionellen Herrscher. Wenn diese Kaukungua strafen wollen wegen seiner Frechheiten, so haben sie jedes Recht, es zu tun", sagte er.
"Wir wissen, wer die Entscheidungen trifft", sagte Jason entrüstet. "Euer Odendaal-Plan ist nur ein Vorwand."
Jason hatte natürlich recht. Der Plan sollte alle Stammesreservate Namibias in sogenannte unabhängige 'Heimatländer' verwandeln, unter der Herrschaft lokaler Häuptlinge. Die Häuptlinge würden mehr Macht kriegen — mehr Gewehre, Stammesarmeen, mehr Geld von der Regierung — aber die Buren würden bleiben und die wichtigen Entscheidungen treffen. Und de Wet Nel versuchte auch nicht, das Gegenteil zu behaupten. Er lehnte sich in seinem Stuhl zurück und steckte seine Hand etwas tiefer in die Tasche. "Verschwenden wir keine Zeit mit akademischen Fragen. Der Plan wird bald ein Gesetz werden, von Euren Häuptlingen akzeptiert und unterschrieben. Ihr könnt ja gehen und Euch bei ihnen beklagen." Sein langes, hageres Gesicht verhielt sich ausdruckslos, als er sprach.
Der unverhohlene Zynismus des Mannes brachte mein Blut zum Kochen. Aber ich fand keine Worte, die diesem Monster nicht dumm erschienen wären. Es war Maxuilili, der zuerst reagierte. "Ihr Dreckskerle", explodierte er, "ihr denkt, ihr könnt machen, dass Afrikaner andere Afrikaner bekämpfen. Aber wir kennen unsere wirklichen Feinde. Ihr werdet sehen!"
Damit machte er kehrt und wir marschierten so plötzlich aus Gouws Büro, wie wir reingekommen waren.
Wir kochten, von de Wet Nel aufgebracht, gedemütigt durch unsere offentlichtliche Machtlosigkeit. Oh ja, dachte ich, wir konnten fortfahren mit unseren Reden an Versammlungen; es würde leicht sein, den Odendaal-Plan so darzustellen, wie er wirklich war. Aber das würde den Südafrikanern keine Sorgen bereiten, so lange wir keine Mittel hatten, wirklich dagegen zu kämpfen. Und woher sollten wir diese Macht nehmen?

Simon gelang es, aus dem Land zu fliehen, wo er der immer grösser werdenden Anzahl SWAPO-Mitglieder beitrat, die unseren externen Flügel in Tansania und Sambia ständig wachsen liessen. Ein anderer, der das Land verliess, war mein langjähriger Freund von Tsumeb, Ben Amathila. Ben war seit Begin in der Walvis Bay-Abteilung aktiv gewesen und dort Präsident geworden. Zusammen mit Maxuilili hatte er sehr gut gearbeitet — so gut, dass es die Polizei bald auf ihn abgesehen hatte und veranlasste, dass er von seiner Arbeit gefeuert wurde. Später wollte ich, dass er nach Windhoek kommen sollte, um hier zu leben und im SWAPO-Vorstand zu arbeiten. Aber die Polizei erlaubte ihm jeweils seine Besuche nur für kurze Zeit. Einige Male jedoch gelang es ihm, etwas länger zu bleiben und als unser Kurier zwischen Windhoeck und Ovamboland zu fungieren, im Zusammenhang mit besonders heiklen Angelegenheiten. Dann, an einem regneriskhen Samstag, begleitete ich ihn bis zur Grenze nach Botswana. Wir waren beide erschöpft, als wir auf dem Pfad in einem kargen Wald anhielten, wo ich umkehren musste.

"Komm mit mir, John", flüsterte Ben. "Du weisst, dass dort draussen auch viel zu tun ist."

Wir hatten dies schon oft besprochen. Ben war überzeugt, dass die Südafrikaner uns alle bald verhaften und uns lebenslänglich einsperren würden. Wozu wäre es gut, wenn wir hinter Gittern verfaulen würden, fragte Ben.

"Geh du, sie brauchen dich. Mach dir wegen mir keine Sorgen."

Das Gespräch fiel uns trotz unserer engen Freundschaft schwer. Ich dachte daran, dass ich Ben vielleicht nie mehr sehen würde und musste mit Sprechen aufhören, weil ich Angst hatte, plötzlich weinen zu müssen. Ich gab ihm einen Stoss und schaute ihm unbeweglich nach, wie er hinter den Bäumen verschwand, in die bittersüsse Sicherheit des Exils. Die Tatsache, dass ich ihm nicht gefolgt war, sollte sich als teurere Entscheidung herausstellen, als ich es mir damals vorgestellt hatte.

Anderen war weniger Glück beschieden als Ben und Simon. Sie wurden die Opfer der Kampagne der Häuptlinge, die Leute vor unserer Bewegung abzuschrecken. Leo Shopala wurde vom Häuptling seines eigenen Dorfes niedergeschossen, und viele andere wurden arg verprügelt. Jeder SWAPO-Aktivist, der vom Süden vertrieben wurde, wurde im Kraal des Häuptlings gefangen gehalten und gewarnt, sich von der Politik fernzuhalten. Ich verbrachte immer mehr Zeit damit, an Gerichtsverhandlungen teilzunehmen und Geld zu sammeln für die Verteidigung unserer

dringendst benötigten Mitglieder. Ich war für meine eigene Sicherheit nicht sehr besorgt; offiziell war ich innerhalb der Polizeizone geboren und konnte nicht in ein Reservat deportiert werden. So war ich etwas zu sorglos und erkannte erst spät die Gefahr, in der ich schwebte.
Es war Mitte 1965; ich war plötzlich nach *Grootfontein* gerufen worden, wo mein Bruder Abed, nachdem er von seinem *Baas* verprügelt worden war, ins Spital gebracht werden musste. Nachdem ich Abed besucht hatte, verbrachte ich die Nacht im Haus eines Freundes, das er mit seinem Bruder, einem Polizisten, teilte. Dieser Bruder war ein rüpelhafter Riese, der mit seiner Stärke und seiner Autorität prahlte, während wir nach dem Nachtessen um den Tisch versammelt waren. Mein Freund hatte mich klugerweise unter einem falschen Namen vorgestellt, hatte aber gesagt, dass ich Lehrer sei in Windhoek.
Der Polizist holte eine Flasche Gin hervor, die er am Tisch herumreichte. Ich war immer noch bei meinem ersten Glas, als die Diskussion plötzlich eine unerwartete Wende nahm.
"Ach, Lehrer, es scheint in deinem Beruf viele Gauner zu geben", gab der Riese zum besten, als er sich ein weiteres Glas einschenkte.
"Gauner?"
"Ja, diese SWAPO-Typen, Ya-Otto und Mutumbulwa und die andern. Von der Regierung bezahlt zu werden, und dann gegen sie zu arbeiten, was sind sie denn anderes als Betrüger?" Er schaute zornig um sich und suchte Zustimmung. Sein Bruder und ich nickten nachdenklich.
"Warum ist das so?" fragte er mich mit einem eigenartigen Lächeln, das seine Frage in der Luft stehen liess. "Du kennst sie wahrscheinlich alle."
Wusste er vielleicht, wer ich war? Einen Augenblick lang hatte ich Lust, ehrlich zu ihm zu sein und ihm zu sagen, warum auch er ein SWAPO-Mitglied werden sollte. Dann überlegte ich es mir besser. "Nun, das ist schwer zu sagen. Einige Leute sind halt nie zufrieden", antwortete ich ausweichend.
"Das stimmt", nickte er. Er machte eine kurze Pause, dann lehnte er sich über den Tisch. "Die bleiben Grootfontein lieber fern. Wir haben eben den Befehl erhalten, dafür zu sorgen, dass, wenn einer von ihnen erscheint, er Windhoek nie mehr sehen wird." Der Riese drückte seinen Daumen auf den Tisch, wie wenn er einen Käfer zerdrücken würde.
"Du meinst, du würdest sie verhaften?" fragte ich höflich.

"Sie verhaften? Yäh, so könnte man es nennen, Mann; damit würden wir anfangen." Er lachte heiser und leerte sein Glas. Kurz darauf empfahl ich mich und ging zu Bett. Als ich bei Tagesanbruch die Stadt verliess, schlief der Polizist noch.
Ich sollte für einige Tage in Otjiwarongo bleiben, wo ich dem Mordprozess eines Farm-Arbeiters beiwohnen sollte.
Meine Gedanken aber waren noch bei den Enthüllungen des Polizisten; ich war besorgt, rasch nach Windhoek zurückzukehren, um mich mit meinen Kameraden zu besprechen. Lukas Shaduka, mein Gastgeber und Präsident der Otjiwarongo-Abteilung der SWAPO fand für mich ein Auto, das mich am nächsten Morgen mitnehmen sollte.
Ein nervöser, zart aussehender Junge holte mich in der Morgendämmerung ab. Er hatte geschäftlich in Windhoek zu tun und hatte Shaduka kontaktiert, um mich zu begleiten. Das erste orange-farbene Licht des neuen Tages zeichnete die Konturen der Hügel im Osten ab, als unser Lieferwagen die holprige Siedlungsstrasse verliess und nach Süden auf die Autostrasse drehte. Alles war noch ruhig auf den grossen, wohl behüteten Farmen, wo der erste Regen bald die wartenden Felder bewässern und die harte Erde weich und dunkel machen würde. Vor noch nicht allzu langer Zeit hatten hier, auf diesen fruchtbaren Abhängen, Hereros und Damaras ihre Herden grasen lassen. Die wenigen afrikanischen Bauern, die heute noch übrigblieben, hatten den gleichen Weg eingeschlagen wie mein Onkel Petrus; ihre Hütten und kleinen, sandigen Parzellen befanden sich in andern Tälern, weit entfernt von Flüssen und Hauptstrassen. An diesem frühen Morgen war kein anderes Fahrzeug auf der Autostrasse und wir liessen die Farmen bald hinter uns. Mit etwas Glück würden wir bis Mittag in Windhoek sein.
Mein Begleiter schien unruhig zu sein. Zuerst dachte ich, er sei ein Neuling im Autofahren; er schaute angestrengt auf die gerade, flache Strasse und obwohl es ein kühler Morgen war, waren seine Hände nass vor Schweiss. Jedes Mal, wenn er sie an seinen Jeans trocknete, machte das Fahrzeug einen Schwenk gegen den Strassengraben. Ich versuchte, ein Gespräch in Gang zu bringen, aber was auch immer seine Sorgen sein mochten, er wollte sie für sich behalten. Er murmelte einige unverständliche Worte, ohne je seine Augen von der Strasse zu nehmen.
Ich hatte mich schon mit einer schweigsamen Reise abgefunden, als — päng! ein Vorderreifen platzte und uns auf den Kieselstreifen schleuderte. Es dauerte nur ein paar Minuten, um einen Rei-

fen zu wechseln: ich war an weit Schlimmeres gewohnt seit meinen Reisen mit dem alten Bluebird. Aber der arme Junge schien am Rande eines Zusammenbruches. Er sass gebückt über seinem Steuerrad und schluchzte.

Ich wollte so schnell wie möglich wieder auf der Strasse sein und ging raus, um das Rad selbst zu wechseln. Ich hatte soeben begonnen, das Reserverad loszuschrauben, als er plötzlich an meiner Seite stand und mir den Schraubenschlüssel aus der Hand riss. "Nein, nein, wir sollten nicht ... Mein Gott, mein Gott", murmelte er weiter. "Wenn wir nur rechtzeitig eine andere Transportmöglichkeit für Sie finden."

Nun fand ich das Benehmen meines Fahrers doch etwas komisch. Er ging auf und ab, rang seine Hände und betete. Ein paar Mal streckte er seinen Kopf in die Höhe und starrte die Strasse runter, als ob er jemanden erwartete.

Es war immer noch früh und es gab nirgendwo ein Zeichen von Leben. Ich kam mir plötzlich sehr verwundbar vor. Niemand in Windhoek erwartete mich zurück. Sollte mir hier etwas passieren, so würde es Tage dauern, bis meine Freunde etwas erfahren würden.

Es schienen Stunden vergangen zu sein als endlich die ersten Wagen in unsere Richtung fuhren. Der Junge machte ihnen verzweifelte Zeichen. Endlich hielt eine Afrikaaner-Familie in einem Stationswagen an. "Könnte der *Baas* bitte meinen Freund hier mitnehmen bis Windhoek?" fragte der Junge, noch bevor das Auto richtig angehalten hatte.

"Und was ist mit dir?" fragte ich ihn.

"Mach dir keine Sorgen, *Mitiri,* bitte steig jetzt ein." Er ergriff meine Tasche im Lieferwagen und stellte sie in das Auto. "Gott segne und beschütze dich. Mögest du heil in Windhoek ankommen. Gott weiss, dass ich getan hab, was ich konnte ..." Er stotterte immer noch weiter, als das Auto zurück auf den Asphalt rollte und ich meine Reise fortsetzte.

Fünf Minuten später sah ich, was ich zu befürchten begonnen hatte. In einer Vertiefung, wo die Strasse einen kleinen Fluss durchquerte, waren, erst sichtbar aus der Nähe, ein Polizeiwagen und zwei Autos der Sicherheits-Polizei geparkt. Eine Gruppe Polizisten stand am Strassenrand und blickte uns entgegen. Als der Wagen verlangsamte, sank ich in meinen Sitz zurück und versuchte, mich so klein zu machen wie die Kinder, die neben mir sassen. Aber der Schutzmann winkte uns vorbei; offensichtlich suchten sie einen grünen Lieferwagen, der ihnen ihre Beute bringen sollte.

Der verängstigte Junge wurde von Shaduka mitgenommen, als dieser nach Otjiwarongo zurückfuhr. In die Enge getrieben, beichtete er, dass er von der Sicherheits-Polizei angeheuert worden war, um mich ihnen auszuliefern. Danach sollte er selbst für einige Zeit verschwinden. Aber seine Angst war meine Rettung gewesen. Ich schwor mir selbst, von nun an vorsichtiger zu sein.

Am 26. August 1966 griff eine Einheit der südafrikanischen Armee eine SWAPO-Guerilla-Basis an in der Nähe von Omgulumbashe, einem abgelegenen Teil nord-westlich des Ovambolandes. Einige Tage später führten unsere Kämpfer einen Gegenangriff durch und zerstörten zwei Polizeiposten. Bis Ende der Woche war der ganze Norden überflutet von südafrikanischen Truppen in Helikoptern und Panzerwagen. Sie durchkämmten den Busch nach Guerillas, terrorisierten und verhafteten Hunderte von Dorfbewohnern. Die Region war vollkommen vom Rest der Welt abgeschnitten, und wir in Windhoek verloren jeden Kontakt mit unsern Kameraden im Ovamboland.
Der Beginn des bewaffneten Kampfes kam nicht ganz überraschend. Ich wusste seit Jahren, dass viele junge Leute, denen ich zur Flucht verholfen hatte, militärische Instruktion erhielten. Aber als ich 1965 eine Mitteilung von Hermann Ja Toivo in Ondangwa erhielt, dass sechs Guerillas sich ins Land geschmuggelt hatten, erfüllte mich die plötzliche Erkenntnis von dem, was auf uns zukommen würde, mit grossen Seelenqualen. Schon 1963 hatten wir in der SWAPO die Frage des bewaffneten Kampfes besprochen — ergebnislos. Als mich Hermann um Rat bat, rief ich Maxuilili, Jason, Karita, Ben Amathila und einige andere zu einem dringenden Treffen. Am Ende sandten wir Ben hinauf mit der Mitteilung, dass die sechs verschwinden müssten, dass wir abwarten wollten, bis wir den Buren mit grossen Mitteln gegenübertreten konnten. Wir wussten nichts von Guerilla-Strategie und das, woran wir dachten, wenn wir von Krieg sprachen, konnte nicht mit sechs bewaffneten Männern getan werden.
Lange Zeit hegte ich grosse Zweifel an der Anwendung von Gewalt. Fünf Jahre friedlicher Organisations-Arbeit hatten eine solide Massen-Bewegung zustande gebracht und die Buren unter grossen Druck gesetzt. Wir hatten dadurch die Anerkennung der UNO und anderer internationaler Institutionen errungen. Natürlich waren die Buren skrupellos in der Anwendung ihrer brutalen Methoden, aber wir von der SWAPO mussten zeigen, dass wir sie herausfordern konnten, ohne so tief zu sinken wie sie. Aber das

will nicht heissen, dass mein inneres Gefühl immer mit diesem Urteil übereinstimmte. Welcher schwarze Namibier, auch der ergebenste Christ und Menschenfreund, konnte ehrlich abstreiten, in seinem Innersten die Leute zu hassen, die uns das Leben so schwer machten? Ich persönlich hatte manche Stunde damit verbracht, darüber zu phantasieren, wie ich ihnen eines Tages etwas von ihrer eignen Medizin zurückzahlen würde. Ja, ich würde mit Freude zusehen, wie die Rautenbachs und Blignauts und de Wet Nels zu meinen Füssen leiden würden. Tief im Innersten muss jeder Namibier schon solche Träume gehabt haben; und doch, wenn wir an unsern Versammlungen unsere Ziele besprachen, geschah dies in gemässigteren und vernünftigeren Ausdrücken. Erst seit kurzem hatte ich ernstlich zu zweifeln angefangen, ob unsere Strategie, die andere Wange hinzuhalten, die richtige war. Meine Landsleute ausserhalb Namibias konnten die Frage von einer andern Seite ansehen. Sie waren nicht so sehr darin gefangen, zu organisieren und rechtliche Verteidigungen zu finden, wie wir. Deshalb fühlten sie sich auch nicht so besorgt um das, was wir gewonnen hatten. Im Gegenteil, sie konnten die Grenzen unseres friedlichen Vorgehens besser erkennen. Während wir in Namibia praktisch ausgeschlossen waren von den neuen Strömungen der nationalen Befreiungen, die durch Afrika und die ganze Dritte Welt pulsierten, wurden Sam und die andern im Ausland zutiefst von ihren Begegnungen mit radikalen Regierungen und Befreiungsbewegungen geprägt, von welchen schliesslich einige unseren eigenen Kampf bedeutend unterstützten. Viele unserer Mitglieder in Ovamboland — diejenigen, die der Wucht der Buren und den Einschüchterungen der Häuptlinge am meisten ausgesetzt waren — warteten auch ungeduldig darauf, gegen den Feind zurückschlagen zu können. Zwei Jahre bevor der Krieg ausbrach, hatte ich einen Besuch von Kahumba Kandola erhalten, einem unserer ältesten und respektiertesten Aktiven im Norden. Mein Zögern und Ausweichen während unserer nächtelangen Diskussionen beeinflussten ihn nicht, und als er wegging, wusste ich, dass er sich Waffen besorgen würde. Daher war er auch besser auf das vorbereitet, was vor uns lag.

Diese Gedanken gingen durch meinen Kopf, als ich allein in den weissen Sanddünen stand nördlich von Walvis Bay, wo ich Maxuilili treffen sollte. Es war Anfang September 1966, einige Tage nachdem Premierminister Verwoerd von einem weissen Mann in Kapstadt erstochen worden war. Der Mord, nicht einmal zwei Wochen nach den Kämpfen in Ovamboland, hatte die Buren in

Namibia so hysterisch gemacht, dass unsere Führer von Windhoek ein spezielles Treffen mit dem Präsidenten einberufen hatten in Walvis Bay. Der dicke Abendnebel bedeckte meine Haut mit kleinen, kühlen Tropfen. Ihre Feuchtigkeit fühlte sich wohltuend an nach der Fahrt durch die heisse, trockene Wüste. Der Bluebird hatte einen überhitzten Motor und lag hilflos hinter mir am Strassenrand.

Die Wellen des Atlantischen Ozeans schlugen mit donnernder Regelmässigkeit gegen die Küste, wie sie es Tausende von Jahren getan hatten. Diese schroffe Küstenlinie, von europäischen Seefahrern "Skelett-Küste" getauft und die brennende Namibia-Wüste dahinter, hatten die weisse Invasion während Jahren verzögert. Aber die Entdeckung von Diamanten in der Wüste und die reichen Fischereigebiete ausserhalb der Küste bildeten eine grosse Anziehungskraft für die Kolonialisten. Warum sollten wir uns nicht zur Wehr setzen, bevor sie unser Land total von unseren natürlichen Reichtümern geplündert hatten? Wie lange würde es wohl noch dauern, bis ich aufgefordert würde, ein Gewehr zur Hand zu nehmen? Der Nebel hatte inzwischen die Strasse vollkommen verschluckt, auch den Bluebird, in welchem meine Kollegen schliefen, während wir warteten, bis der Motor sich abkühlte. Die Dünen rund um mich waren verschwommene graue Schatten, eingehüllt von der feuchten Luft. Das Zischen des Schaums der Wellen, die sich im Sand zurückzogen, war das einzige Geräusch dieser märchenhaften Nachtstimmung.

Ich war so tief in meine Gedanken versunken, dass ich die Schritte nicht hörte, bis einer der Männer hinter mir sich räusperte. Mein Herz machte einen Sprung. Ich drehte mich brüsk um.

"Ruhig, Johnny, ruhig. Wir wollen dich nicht erschrecken", lächelte derjenige, der mir am nächsten stand. Sein Kollege liess seine Hand in der Manteltasche, wo er seine Pistole hatte. Ich erkannte keinen von ihnen, wusste aber ohne zu fragen, dass sie von der Sicherheits-Polizei waren.

"Du solltest vorsichtig sein, wenn du so herumgehst," sagte derjenige, der zuvorderst stand. "Du könntest dich im Nebel verirren, weisst du. Verschwinden, ohne eine Spur zu hinterlassen."

"Ja, ohne eine Spur", wiederholte sein Partner, ohne ein Lächeln. Seine Augen waren starr auf mich gerichtet; seine rechte Hand immer noch in seiner Tasche.

Seine Augen waren starr auf mich gerichtet; seine rechte Hand immer noch in seiner Tasche.

Der Bluebird war im Nebel begraben. Meine Stimme würde

kaum hundert Fuss weit reichen im Lärm der Brandung. Ich stand steif da und wartete, dass die Buren den nächsten Schritt tun würden. Aus Angst, meine Furcht zu verraten, sagte ich nichts. Vielleicht hätte ich versuchen können, im Nebel zu verschwinden, aber meine Beine schienen zu versagen.
Der Anführer zog ein Paket Zigaretten aus seiner Tasche, tat so, als ob er mir eine anbieten wolle, besann sich aber wieder anders. "Oh, ich vergass, du rauchst nicht, nicht wahr? Wir wissen allerhand über dich, weisst du. Und jetzt fährst du runter, um Verwoerds Tod zu feiern mit Maxuilili, nehme ich an."
Mein Herz hatte sich wieder so weit beruhigt, dass ich mit normaler Stimme sprechen konnte. "Und was dann, würdest du etwa nicht?"
Es musste frecher getönt haben, als ich es wollte. Ein neuer, gehässiger Ton war in seiner Stimme, als er wieder sprach. "Hör mir zu, du Narr, es ist Zeit, dass du aufhörst, mit uns zu spielen. Wir schlagen uns nicht aus Spass hier im Nebel rum. Genug meiner Männer würden diese Gelegenheit benützen, um dich den Fischen zum Frass vorzuwerfen." Er zog ein letztes Mal an seiner Zigarette und warf den Stummel in den nassen Sand. "Die Lage ist dran, sich zu ändern. Verschwinde, verschwinde, so lange du noch kannst."
Er nickte seinem Partner zu und die zwei verschwanden im Nebel, so rasch wie sie aufgetaucht waren. Etwas später hörte ich ihren Wagen anspringen und in Richtung Walvis Bay davonfahren. Ich fluchte still vor mich hin; ich war so verwundbar wie eine sitzende Ente und trotzdem, verdammt nochmal, würde ich Namibia nicht verlassen. Ich war unterdessen Familienvater, verheiratet mit Ali Akwenye, der kleinen Schwester meines Freundes Onesimus. Dann, eines Tages war sie plötzlich eine erwachsene Frau und ein aktives und selbständiges SWAPO-Mitglied. Sie half mit, Versammlungen zu organisieren, sie nahm an Studiengruppen teil, und auf diese Art lernten wir uns wirklich kennen und verliebten uns. Unser Sohn Kenneth — genannt nach Kenneth Kaunda, dem Präsidenten Sambias — war im April 1966 geboren. Ich wollte meine Familie jetzt noch nicht allein lassen.
Die Wochen verstrichen, ohne dass etwas Dramatisches passierte. Ich verdrängte total meine Begegnung im Nebel und konzentrierte mich voll auf das Lehren und Organisieren. Ich begann auch mit Plänen zur Ausbesserung meiner kleinen Hütte, damit Ali, Kenneth und ich aus dem Haus der Akwenyes ausziehen konnten, wo wir bis jetzt lebten. Aber ich kam nicht sehr weit mit meinen Plänen.

Am frühen Morgen des 1. Dezembers fuhren drei Kommandowagen in den Schulhof. Es war der erste Tag des Examens und ich war am Verteilen der Prüfungsblätter, als die Wagen vor der offenen Tür des Klassenzimmers anhielten. Eine Menge Sicherheits-Agenten stiegen aus und verteilten sich im ganzen Gebäude. Zwei von ihnen kamen an meine Tür.
"John Otto, komm hierher."
Ich schaute nicht mal auf. "Seht ihr nicht, dass ich beschäftigt bin?" sagte ich und fuhr fort, die Fragen zu verteilen. "Wenn ihr mit mir sprechen wollt, so kommt am Nachmittag zurück."
Sie bewegten sich nicht. "Wir haben einen Haftbefehl gegen dich. Bring deine Jacke und komm mit uns." Der Mann, der sprach, hiess Dippenaar, ein Langjähriger der Abteilung.
Ich ging hinaus. "Weswegen nehmt ihr mich fest?" Ich war eher verärgert als ängstlich. "Unter dem Anti-Kommunismus-Gesetz." Ich spürte in seiner Stimme einen Ton von Genugtuung. Es war das erste Mal, dass dieses Gesetz gegen uns angewandt wurde.
Dippenaar führte mich zu seinem Wagen. "Leer jetzt deine Taschen", befahl er.
Ich erschrak. Zwischen den Banknoten, Quittungen, Schlüsseln und Münzen befand sich auch eine Meldung von Hermann Ja-Toivo in Ovamboland über Guerillas und Gewehre. Mit Herzklopfen versuchte ich, den zerknitterten Papierfetzen von den andern Dingen zu trennen, die ich eins nach dem andern aus der Tasche zog und auf die Schutzhaube legte.
Zum Glück durchsuchte Dippenaar mich nicht. Nachdem er sich die Sachen auf der Haube angesehen hatte, gab er mir das Geld zurück. "Die Leute des Anklagebüros werden sich damit befassen. Bring uns jetzt zu deinem Haus."
Während vier Stunden durchstöberten die Leute meine kleine Bude. Über all die Jahre hatte sie sich gefüllt mit Aktenordnern der Partei; Korrespondenz von der UNO, aus Dar-es-Salaam, London und Lusaka; Briefe und Berichte aus jedem Teil Namibias — alles war da. Auch alte, verstaubte Nummern des *Unity Wings*, unsere Schreibmaschine, die Vervielfältigungsmaschine sowie meine persönlichen Briefe und Bücher, die jetzt über den ganzen Fussboden verstreut waren, so dass es schwierig war, durch den Raum zu gehen. Als die Männer durch meine Sachen stöberten, sah ich Papiere, die ich seit Jahren verloren geglaubt hatte. Es war jedoch nichts hier, das gefährlich war; alle vertraulichen Sachen hielt ich in meinen Kleidern verwahrt im Haus der Akwenyes. Ausgenommen die Notiz in meiner Tasche.

Die Durchsuchung hatte Aufmerksamkeit erregt. Von der Wasserstelle auf der Strasse gegenüber hatte sich die Nachricht verbreitet, dass etwas los sei. Frauen, die kamen, um Wasser zu holen, blieben stehen, um zu sehen, was die Polizei tat; andere Zuschauer kamen. Nach einer Stunde standen sicher hundert Leute vor meinem Haus. Eva Ngutua, die während dem Massaker von 1959 verwundet worden war, schrie Dippenaar zu, "Warum bist du hier? Was hat er getan?"
Die Leute der Sicherheits-Abteilung arbeiteten so rasch sie konnten. Sie nahmen alles, sogar die Photographien meiner früheren Freundinnen. Zuerst füllten sie meine drei Koffer, dann stopften sie den Rest in Pappschachteln, die sie bei der Tür aufstapelten. Dippenaar stand ständig bei der Tür und spähte nach den schreienden Frauen. Ein Zwischenfall hätte ihn beides kosten können, den Festgenommenen und die Beweise, die seine Männer in die Autos luden, nachdem sie sich einen Weg durch die Menge gebahnt hatten. Immer mehr Siedlungsbewohner versammelten sich vor dem Haus und kamen immer näher, so dass nur noch ein kleiner Platz vor der Tür freiblieb. Die Leute riefen meinen Namen und machten mir durch das Fenster mit erhobenem Daumen den Friedensgruss. Ein Stein flog durch die Luft und fiel klirrend auf das Blechdach.
Dippenaar befahl mir, hinauszugehen und die Leute zu beruhigen. "Sag ihnen, dass wir dich nur zum Posten mitnehmen", sagte er. "Du wirst bald zurück sein."
Dies war die Gelegenheit, den Zettel verschwinden zu lassen. Die Buren beobachteten mich von der Türe aus, als ich rüberging zu *Meme* Eva, meine Hände in den Taschen. Ich knüllte den Zettel in meine Geldnoten und stopfte sie in ihre Faust. "Rasch, nimm den Zettel", sagte ich auf Herero.
"Heh, dort, keine Berührung mit dem Gefangenen!" schrie Diplange nach Essenszeit."
Meine Einwände gaben Eva genug Zeit. Als sie mir das Geld zurückgab, war der einzige Beweis, der mich direkt mit den Guerillas verband, verschwunden.
Auf dem Polizeiposten führte mich Dippenaar in einen Raum, wo seine Männer daran waren, meine Papiere noch einmal zu durchsuchen. Sie lasen alles, was auf Englisch oder Afrikaans geschrieben war; was sie nicht verstehen konnten, legten sie beiseite. Sie argwöhnten, meine alten Liebesbriefe könnten verschlüsselte SWAPO-Mitteilungen sein. "Wer ist dieses Mädchen? Wo ist sie jetzt?" Die ganze Zeit machten sie Witze über das, was sie

fanden und war es etwas, das sie für besonders interessant hielten, so reichten sie es mit hämischer Erregung herum. "Schaut, jetzt haben wir ihn. Für dieses wird er bestimmt gehängt werden." Und sie brüllten vor Lachen. Dippenaar wandte sich mit spöttischer Ehrfurcht an mich. *"Meneer,* Herr Generalsekretär, es scheint, dass *du* derjenige sein wirst, der nach Kakamas geht und dass wir Weissen für immer hier in Süd-West bleiben werden." Er deutete nach dem Bild Verwoerds über seinem Pult. "Siehst du diesen Mann? Er war ein grosser Mann, Dr. Verwoerd; besser als hundert John Ottos, Nkrumahs und Nyereres zusammen."

Das Durchsuchen dauerte zwölf Stunden. Die Agenten gingen einer nach dem andern zum Nachtessen, aber ich musste dort bleiben, stehend und ohne etwas zu essen. Meine einzige Pause war eine Fahrt zurück zur Schule, wo Dippenaar zu seinem Entzükken in meinem Pult ein Buch fand von Marx und Engels. Von diesem Augenblick an, wo wir den Posten verliessen, bewachten mich seine Männer mit Gewehren. Aber der Gedanke an Flucht kam mir nicht. Ich war sicher, dass meine Kameraden einen Anwalt engagieren würden und dass ich innert weniger Tage gegen Kaution frei sein würde.

Es war schon weit nach Mitternacht, als die letzten Papiere untersucht waren. Müde und hungrig wurde ich in ein Büro geschoben, wo ein anderer Offizier der Sicherheits-Abteilung, Major Kotze, auf mich wartete, seinen klotzigen Körper in einen Drehstuhl eingeklemmt. Ein Revolver lag auf dem Pult neben seiner rechten Hand. Unter seinem blonden Bürstenschnitt zeigte er eine tiefgefurchte Stirn, als er versuchte, streng auszusehen. "Johnny", sagte er, "du bist so ein intelligenter Mann. Es ist wirklich zu schade, dass du ein Opfer der Kommunisten geworden bist."

Ich war zu müde, um den Belehrungen des alten Mannes zuzuhören, zu müde, um irgendetwas einzuwenden. Ich stand einfach da und fragte mich, wann ich mich wohl ausruhen könnte.

Kotze sprach weiter und versuchte, zu erraten wie seine verschiedenen Verhaltensarten auf mich einwirkten. Zuerst versuchte er, mir Angst zu machen: "Kennst du den Tod, Johnny? Hast du schon Leute sterben sehen? Nun, nimm meinen guten Rat und bereit dich vor; du hängst vielleicht, noch bevor all dies vorbei ist." Dann machte er mir Hoffnung. "Als Christ, John, öffne dein Herz; sag dem Richter die Wahrheit und vielleicht wird er dir vergeben. Sei ehrlich mit Gott, John; denk dran, dass am Ende nur die Wahrheit zählt."

Ich hatte all dies schon gehört — der weise alte Bure, der dem kleinen schwarzen Jungen sagt, was das Beste für ihn ist. Die einzige nützliche Information, die er mir gab, war, dass Jason und Maxuilili auch verhaftet worden waren und dass wir alle drei am nächsten Morgen nach *Pretoria* geflogen würden. Als Kotze endlich ausgeredet hatte, wurde ich eingeschlossen, um auf das Flugzeug zu warten.
Das alte Dakota-Flugzeug kam von Ovamboland und hatte schon eine Gruppe Gefangener an Bord, die auch in die südafrikanische Hauptstadt gebracht wurden. Ich war noch nie geflogen und sah diesem Ereignis eigentlich eher erwartungsvoll entgegen. Jason und Maxuilili standen neben mir. Auch sie nahmen ihre Verhaftung nicht allzu ernst; wir dachten, die Südafrikaner benützten ihre Inhaftierungs-Gewalt lediglich dazu, um uns so lange fernzuhalten, bis sie die Kontrolle über das Land wieder hergestellt hätten. Dippenaar und Kotze hatten in der üblichen Ausdrucksweise von "Kommunismus" und "Aufwiegelung" gesprochen, aber dieser Verbrechen wurden wir schon seit Jahren bezichtigt. Während einiger Monate in Pretoria festgehalten zu werden, dachte ich, konnte nicht so schlimm sein, und die SWAPO würde sicher ohne uns drei auskommen. Ali und Kenny, der jetzt sechs Monate alt war, verlassen zu müssen, tat mehr weh. Ich war zu oft weggewesen, seit er geboren war; es könnte sein, dass er mich bei meiner Rückkehr nicht einmal wiedererkennen würde.
Die Dakota rollte am niedrigen Flughafengebäude vorbei und kam etwa fünfzehn Meter von dem Ort, wo wir unter Bewachung standen, knatternd zum Stehen. Die Tür wurde aufgerissen und ohne auf die Treppe zu warten, sprangen Polizisten mit Maschinenpistolen heraus.
Man befahl Jason, Maxuilili und mir, unsere beschlagnahmten Habseligkeiten ins Flugzeug zu laden. Jason und ich plauderten weiter, als wir den Vervielfältigungsapparat aufhoben, um ihn durch die enge Öffnung des Rumpfes zu schieben. Ein böser Tritt aus dem dunklen Innern traf meinen Kiefer. Ich taumelte zurück, fiel von der Treppe und schlug mit meinem Rücken auf der harten Rollbahn auf. Oben an der Treppe stand jetzt ein Mann in grüner Khaki-Uniform und Soldaten-Stiefeln und fixierte mich mit kaltem Blick. "Halt die Schnauze, *Kaffer!*"
Seine Augen waren furchterregend; sie waren blutunterlaufen und wässerig vom Trinken oder von zu viel Sonnenlicht und standen eng beieinander in einem zerfurchten, unrasierten Gesicht. Sein breitrandiger Buschhut war tief in seine Stirn gezogen und

eine Ausbuchtung in seinem Hemd verriet die Waffe. Es war Leutnant *Ferreira,* der Verantwortliche der Sicherheits-Abteilungs-Operation in Ovamboland. Er konnte nicht älter sein als dreissig, und er hatte diese verachtungsvolle Härte an sich, die ich schon früher an Polizisten gesehen hatte, die es gewohnt waren, Afrikaner zu jagen. Ferreira war die Art von Polizist, die wahrscheinlich Leute wie Kotze und seine Kollegen in Windhoek als weichliche Liberale oder sogar "Kaffer-Freunde" verachtete. Langsam dämmerte in mir die Befürchtung, dass ich diesmal in Schwierigkeiten geraten könnte.

Als ich weiterfuhr, Schachteln ins Flugzeug zu laden, folgte mir Ferreira, als ob er wollte, dass ich mich zur Wehr setze. "Drei Monate im verdammten Busch nur wegen euch Dreckskerlen. Dafür wirst du bezahlen, du Affe!" Ich beugte mich nieder, um die Schreibmaschine hochzuheben, als er mir einen Tritt in den Hintern gab, dass ich mit der Maschine zu Boden stürzte.

Im dunklen Flugzeug sassen etwa zwanzig Gefangene aneinandergekettet auf einer Bank entlang der Kabinenwand. Wir drei aus Windhoek wurden mit den andern zusammengekettet. Während des Flugs ging Ferreira in der Kabine auf und ab und liess Schläge, Tritte und Obszönitäten auf seine Opfer niederprasseln. Einige der Männer sahen schon arg mitgenommen aus, blaue Flecken, ihre Kleidung zerrissen und schmutzig, als wären sie die Beute einer langen und schrecklichen Jagd gewesen. Sie sassen alle unbeweglich da und starrten vor sich hin. Das Flugzeug dröhnte südwärts und legte fünfhundert Meilen glühender Kalahari-Wüste zwischen uns und unser Heimatland.

6
Folter
in
Pretoria

Die Stahltür wurde hinter mir zugeschlagen, der Schlüssel drehte sich mit einem knirschenden Geräusch, und der Riegel wurde vorgeschoben. Ich hatte die Zelle Nummer 14, im dritten Stock des Stadtgefängnisses von Pretoria. Nur ein matter Strahl des Tageslichts fiel durch eine winzige Öffnung neben der Decke, zwölf Fuss über dem Boden. Einige Minuten verstrichen, bevor ich etwas sehen konnte. Die Zelle war nur körperlang und so eng, dass ich, wenn ich mich auf einer Seite anlehnte, die andere noch berühren konnte. Der Fussboden bestand aus schwarzgestrichenem Zement. An der Wand mit dem scheibenlosen Fenster standen zwei Kübel und daneben lagen drei kleine fadenscheinige, lausige Decken.

Lange Zeit stand ich da und wusste überhaupt nicht, was ich mit

mir anfangen sollte. Wie lange wollten sie mich wohl in diesem Loch behalten? Mir fiel ein, dass ich von Leuten gehört hatte, die auf solche Weise in Gefängnissen verschwunden waren. Nur ein schwacher Widerhall von Stimmen drang vom Korridor her bis in meine Dunkelheit.
Ich war hilflos, wie ein Kind am ersten Schultag. Als mein Gedärm zu rumoren anfing, schlug ich gegen die Tür. Ich schrie. Einige Minuten verstrichen, bevor sich die Klappe am Guckloch in der Tür hob.
"Was willst du?" schrie eine dumpfe Transvaaler Stimme.
"Ich will zur Toilette."
"Du willst scheissen, hm", brüllte die Stimme zurück. "Du verfluchter *Kaffer,* du kannst ja auf den Boden scheissen, und wenn du fertig bist, friss es!" Der Wächter warf die Klappe wieder zu und gab der Tür einen Tritt, bevor er ging.
Das sah schlimm aus. Ich begann wieder, an die Tür zu hämmern. Ich war noch nicht bereit, in meinen eigenen Exkrementen zu leben. Nur wenige Sekunden später flog die Tür auf. Der Wächter war ein junger Mann mit kurzgestutztem rötlichem Haar. Als er mich mit verschränkten Armen an der Wand lehnen sah, schien er sprachlos.
"Du ..., du *bliksems donner,* du schwarzer Dreckskerl! *Hak!*"
Dann folgte ein Schwall Flüche. "Wann immer du mich auch nur ahnst an der Tür, dann stehst du stramm, verstanden!"
Aber ich hatte immer noch die Gewohnheiten eines freien Mannes und dachte, dass ich ihn beruhigen könnte. "Bitte", sagte ich in meinem höflichsten Afrikaans, "bitte, zeigen Sie mir, wo die Toiletten sind. Ich verspreche Ihnen, ich komme sofort zurück."
Seine Wut verwandelte sich in Unglaube. "Ach, Mann, woher kommst du? Zum ersten Mal eingelocht, eh?"
"Richtig. Ich bin von Süd-West-Afrika." Der Druck auf meinen Gedärmen machte mir das Stillstehen zur Qual.
"Süd-West; dann bist du einer dieser Burschen." Seine Augen verengten sich, und er musterte mich von unten bis oben. "Siehst du den Eimer mit dem Deckel? Da scheisst du rein. Der andere enthält Trinkwasser. Du hast alles, was du brauchst hier drin, lass mich also keinen Furz mehr hören. Verdammte Terroristen..." Er fluchte beim Hinausgehen. "Und wehe dir, du stehst nicht stramm, wenn du das nächste Mal hörst, dass diese Tür sich öffnet", keifte er noch durchs Guckloch.
Vier lange Tage verbrachte ich in meiner Zelle und grübelte darüber nach, was die Buren wohl im Sinn hatten. Am fünften Tag

erschien ein Wächter und befahl mir, ihm zu folgen. Er führte mich zwei Stockwerke tiefer die Treppe hinunter in den Hof. Er stiess, trat und verfluchte diesen "verdammten Terroristen". Im Hof erwarteten mich Ferreira und Kapitän Erasmus, ein anderer stämmiger junger Sicherheits-Offizier im schwarzen Blazer der südafrikanischen Polizei. Sie brachten mich mit einem Auto zum *Kompol-Gebäude,* dem Hauptquartier der Sicherheits-Polizei. Der plötzliche Wechsel von meiner dunklen Zelle ins grelle Sonnenlicht machte mich ganz benommen und schwach, als das Auto sich durch den Stadtverkehr wand. Mein weisses Hemd war schmutzig, Jacke und Hosen zerknittert, da ich sie seit meiner Verhaftung Tag und Nacht getragen hatte. Die Gefängniswärter hatten mir meine Krawatte und meinen Gürtel abgenommen, sodass ich mir, um nicht zu stolpern, die Hose mit beiden Händen hochhalten musste, als mich Ferreira durch die grauen Korridore des Kompol-Gebäudes in ein unbeschriftetes Büro schob.

Hier warteten zwei Männer. Major *Swanepoel,* der Haupt-Vernehmungsbeamte der Sicherheits-Polizei, der Presse schon bekannt wegen seiner Arbeit an Gefangenen der südafrikanischen Widerstandsbewegung. Der zweite Mann, Major *Gericke,* war der verantwortliche Offizier der Operation gegen die SWAPO. Gericke war ein riesiger Mann; er stand beim Fenster und verdeckte fast ganz das Tageslicht.

"Wer ist das?" brüllte er, als Ferreira mich in die Mitte des Raumes schob. "Wie heisst du, *Kaffer?*"

Meine Antwort wurde mit einem überraschten Blick begrüsst, dann folgte schallendes Gelächter.

"John Ya-Otto! Du?" Gericke kam zu mir rüber und schaute an mir runter. Er war eher muskulös als fett.

"Du bist es also, der Anfänger mit der grossen Schnauze, he?" Er schaute mich noch immer von oben bis unten an, als ob er eine Stelle suchen würde, wo er mich packen und durch den Raum schleudern konnte.

Auch Swanepoel schien überrascht. "So, so; hier ist er, der *grootmeneer* von Windhoek", krächzte er. "Und ein dünner Furz dazu." Dann sprach er mir direkt in mein Gesicht. "Hast du je Mandela oder Sobukwe gesehen? Sie sind wirklich Männer. Wenn die von Freiheit sprechen, dann hören die Leute zu. Aber du — wie heisst du schon wieder?"

Ich hatte schon vor langer Zeit gelernt, diese Art von Burenhumor zu ignorieren. Aber ihr Gelächter dauerte nicht lange, und wie ich ihnen zuhörte, wurde mir klar, dass ich mich nicht auf ein Verhör vorbereitet hatte.

"Heisst du wirklich John?" spottete Swanepoel. "Mann, kaum bekommt ein Kaffer ein bisschen Bildung, schon wird er zum Engländer. Dein Name ist nicht John, sondern Johannes, nicht wahr?"

Nichts lag mir ferner im Sinn, als diese Bullen zu provozieren, aber ich hatte immer noch nicht gelernt, meine Dreistigkeit in Zügel zu halten. Als Swanepoel weitersprach, liess ich meine Augen auf einer Photographie Vorsters ruhen, die an der Wand hinter ihm hing.

"Aber was ist dann mit eurem Premierminister?" platzte ich heraus. "John Vorster ist doch auch nicht gerade ein Engländer, oder?"

Es folgte ein langes Schweigen. Sie schauten mich ausdruckslos an.

Endlich winkte mich Gericke rüber zum Fenster und zeigte auf die Baustelle, gegenüber der Strasse. Eine Menge Arbeiter gossen Zement und stellten ein Baugerüst auf.

Gericke sprach langsam, geduldig. "Was kannst du dort sehen? Für jede Arbeitstruppe Bantus gibt es einen weissen Boss, siehst du. Ohne den weissen Boss würde jenes Gebäude nie gebaut werden. Der weisse Mann hat den Verstand, und das ist nun mal so."

Seine Stimme wurde immer wütender, während er weitersprach. "Du und dein Befreiungsgerede; dieses ganze Gebäude ist voll von Tonbändern und Rapporten über die Scheisse, die du in Süd-West verbreitet hast." Jetzt schrie er. "Ich weiss, was du willst mit deiner Befreiung; *weisse Frauen ficken, das willst du.*"

Dann nahmen sie mich ins nächste Büro, einen grossen Raum mit zwei nackten Glühbirnen und Wasserleitungen, die an einer Wand herunterliefen. An einer andern Wand stand ein Stapel Pappschachteln. Zwei Holztische waren die einzige Möblierung. Hier gesellten sich vier Afrikaner zu den vier Weissen: Eino Johannes, ein namibischer Sicherheits-Beamter, der für die letzten paar Jahre Ovamboland zugeteilt war; Sergeant Zulu; Sergeant Simon; und der kahlgeschorene Sergeant George, der noch grösser war als Gericke. Swanepoel grüsste sie mit einem erwartungsvollen Lachen. "Hey, ihr Kerle, ratet, wen wir hier haben?"

Die Afrikaner traten näher, mich abschätzend. Keiner sagte ein Wort.

"Ratet, wer er ist, ratet nur", fuhr Swanepoel fort.

Schliesslich musste ich meinen Namen nennen. Die klobigen Hände Sergeant Georges fassten mich am Nacken. "*Grootmeneer* Johnny Otto", schnaubte er, "wir werden ja sehen, wie gross du jetzt bist."

"Haak die bal, Transvaal!*" hörte ich Swanepoel den komischen Rugby-Hochruf schreien, und in der nächsten Sekunde wurde alles schwarz vor meinen Augen. George musste mich von hinten geschlagen haben.
Als ich wieder zur Besinnung kam, lag ich am Boden, Georges Schuh drückte meinen Kopf auf das Linoleum. Ich wand mich los, und er ergriff mich an meinem Jackenkragen. Meine Beine trugen mich nicht, da schlug er mir ins Gesicht, bis es mir irgendwie gelang, zu stehen, schwankend und betäubt. Alle acht umringten mich jetzt, verfluchten, traten und schlugen mich. Niemand fragte mich etwas; sie brauchten sich nicht abzusprechen, solange ich nicht eine Kostprobe ihres Könnens erhalten hatte.
"Das ist Transvaal, mein Junge, und du wirst es noch herausfinden", schnauzte Swanepoel. "Wir könnten dich umbringen, so, wie wir schon andere umgebracht haben. Deine Verwandten würden es nie erfahren."
Ich hatte keinen Grund, ihm nicht zu glauben. Aber was ich dachte, war völlig unwichtig. Sie gaben es mir von allen Seiten — Schläge auf meinen Kopf, Tritte in meinen Magen, alles begleitet von Flüchen und Zoten. Und sie setzten nicht ihre vollen Kräfte ein; jeder Schlag war gerade so stark, dass er ein wenig mehr schmerzte als der vorhergehende, um mich fertig zu machen. Nach einer Weile gab ich es auf, mich zu schützen. Wie ich so erschöpft dastand, eine unbewegliche Zielscheibe, verschwammen die Dinge im Raum immer mehr, als ob sich mein Geist vom Ort der Handlung entfernen würde. Ich sah den Sicherheits-Trupp und spürte die Schläge durch einen Nebel; ich wusste, was vor sich ging, fühlte aber immer weniger.
Dies mochte zehn Minuten gedauert haben oder eine Stunde — ich hatte das Gefühl für Zeit verloren. Swanepoel und Gericke hatten den Raum verlassen und es waren die Afrikaner, die am meisten schlugen. Sergeant Simon hatte sich in den Kopf gesetzt, mir Bantu-Höflichkeit beizubringen. Er zeigte auf Ferreira und Erasmus. "Wie nennst du Leute wie sie?"
Es war das erste Mal, dass ich eine schwarze Person sah, die so total ihren Boss nachäffte. Hätte Ferreira mich gefragt, so hätte ich ihn mit ziemlicher Sicherheit sofort *baas* genannt. Aber bei Simon, diesem kriecherischen Lakaien, brachte ich es einfach nicht über mich. Natürlich brachte er mich schliesslich so weit. Bis zum Zeitpunkt, da wir uns darauf geeinigt hatten, dass Ferreira mein *baas* sei, dass Erasmus mein *baas* sei und dass George, Zulu, Eino Johannes und auch Simon selbst weder "Misters", noch "Sirs"

waren, sondern auch *baases*, waren meine Nase eine blutige Masse und meine Lippen aufgesprungen und geschwollen.
Sergeant Zulu war der ruhigste der Gruppe und schien irgendwie nicht zum Rest zu passen. Er war älter und viel kleiner als die andern, und sein ergrauendes Haar verlieh im etwas Wohlwollendes. Er erinnerte mich an einen meiner Onkel. Die Sicherheits-Polizei jedoch hatte wenig Platz für nette Onkel. Ob er seine Arbeit mochte oder nicht, Zulu musste seine Pflicht erfüllen.
"Zieh dich aus", schrie er. "Zieh deine verdammten Kleider aus!" Ich entledigte mich meiner Jacke und hielt sie ihm entgegen. Eine Faust landete in meinem Gesicht.
"Wer denkst du wohl, ist dein Diener hier?" Zulu griff nach der Jacke und warf sie zu Boden. Er riss mir das Hemd vom Leib. Dann folgte mein Unterhemd, dann meine Schuhe und Socken. Als ich versuchte, meine Hose auszuziehen, ohne das Gleichgewicht zu verlieren, fasste Eino Johannes an meine Unterhose.
"Oh, er hat noch nicht geschissen", rief er aus, Überraschung vortäuschend. Er drehte sich mit einem furchterregenden Grinsen nach mir um. "Hör zu, ich will sehen, wie du über den ganzen Fussboden hier scheisst. Alle deine berühmten Freunde in Ovamboland, sie reden grossartig von Freiheit, aber hier in Pretoria scheissen sie wie Hasen."
Die andern brüllten vor Lachen und das Gesicht Einos, dem einzigen Namibier der Gruppe, erhellte sich. Er kam mir näher.
"All die Scheisse, die ich an diesem SWAPO-Treffen gehört habe, ich will sehen wie sie aus deinem Arsch kommt," sagte er. "John Otto, der grosse Boss von Windhoek, wir zeigen dir, was Freiheit ist." Er schlug mich zu Boden und zog mir die Unterhose aus.
Swanepoel, der den Raum verlassen hatte, kam in dem Augenblick zurück, als die Afrikaner dabei waren, meinen Kopf mit Tritten zu behandeln.
"Oh, mein lieber Herr Otto", spottete er, "was haben diese Jungen getan mit Ihnen?" und zu den "Jungen" gewandt, "wie könnt ihr einen SWAPO-Führer so behandeln?"
Er nahm eine der Pappschachteln vom Stapel an der Wand.
"Hast du je von Braam Fischer gehört, dem grössten Kommunisten in Südafrika? Er glaubte, klug zu sein, als er sich so verkleidete." Swanepoel zog ein paar Überkleider aus der Schachtel.
"Aber wir kriegten ihn; ja, Mann, und wie kriegten wir ihn, nicht wahr?" Die andern grinsten alle, als sie die Erinnerung an gute, alte Zeiten wieder genossen.

Mindestens zwanzig solcher Schachteln standen auf dem Gestell. Auf jede war ein Name gekritzelt, aber ich war zu weit entfernt, um sie lesen zu können. Während ich nach dem Gestell spähte, musste ich an die andern denken, die das durchgemacht hatten, was man mir jetzt antat. Einige waren gut bekannt, wie zum Beispiel Nelson Mandela und Walter Sisulu, die beide lebenslänglich zum Verschmachten nach Robben Island gebracht worden waren, Südafrikas berüchtigstem Gefängnis, wo sich der klare Nebel und die Feuchtigkeit mit den Gefängniswärtern verschwören, um die letzten Lebensfunken der Gefangenen auszulöschen. Aber die meisten Opfer der Sicherheits-Polizei waren gewöhnlich Leute, Männer und Frauen, die sich im Stillen und oft im Geheimen der Apartheid widersetzten und die keinen Ruhm zu hinterlassen hatten, wenn sie sich einmal in Swanepoels Klauen befanden. Die meisten politischen Gefangenen waren Schwarze, aber es gab auch Mischlinge, Asiaten und Weisse, die aktiv in der Kongress-Bewegung oder andern illegalen Organisation tätig gewesen waren. Ein Weisser, John Harris, war vor kurzem gehängt worden, weil er im Johannesburger Bahnhof eine Bombe explodieren lassen hatte. Die andern waren in Pretoria eingekerkert; Braam Fischer war im gleichen Gefängnis untergebracht wie ich.
Ich hatte gehört, dass dort, wo sich die zum Tode Verurteilten aufhielten, die einzigen Orte waren in Südafrika, wo sich Weisse und Nicht-Weisse mischen konnten. Das Kompol-Gebäude schien ein solcher Ort zu sein. Bei politisch Subversiven waren Rassenunterschiede nicht mehr wichtig und der Grimm der Sicherheits-Männer entlud sich unterschiedslos gegen alle Staatsfeinde, egal welcher Rasse sie angehörten. Einige waren genau an dieser Stelle getötet worden, von den gleichen Männern, die vor mir standen — *"Selbstmorde"* gemäss offiziellem Wortlaut. Ihre einzigen, sichtbaren Überreste waren die braunen Schachteln in jenem Gestell. Dies könnte sehr wohl auch mein Schicksal sein, dachte ich und starrte auf meine zerrissenen, blutigen Kleider, die auf einem Haufen am Boden lagen. Eine kleine, braune Schachtel in der Art, wie sie für Einkäufe im Supermarkt verwendet werden, würde vielleicht das einzige sein, was als Beweis übrigblieb, dass ich durch die Hände dieser Metzger gegangen war.
Swanepoel ging wieder hinaus und Ferreira schob einen Tisch in die Mitte des Raumes. Er befahl mir, mit einem über meinen Kopf erhobenen Besenstiel um ihn herumzulaufen. Der Trupp machte einen Kreis rund um mich und schlug mit Stäben und dikken Gummischläuchen auf mich ein. Nur Erasmus gebrauchte

seine Hände; seine Karate-Hiebe gegen meine Brust jagten glühende Strahlen von Schmerzen durch meinen Körper. Immer wieder stürzte ich zu Boden, atemlos und mit rasendem Herzklopfen. Die Tritte der andern in meinen nackten Hintern brachten mich wieder auf die Füsse.
"Zeig uns, wie schnell du im Busch gerannt bist", spottete Ferreira. "Halte dein Kommunisten-Gewehr schön hoch und renn, du *'tsotsi'!*"*
Bald spürte ich wieder diese eigenartige Betäubung. Der Schlauch hinterliess blaue Striemen auf dem Fleisch meines Körpers, aber ich spürte die Hiebe nicht mehr. Nur die Karate-Schläge Erasmus' hielten den Schmerz wach; es waren Schläge wie vom Blitz, die meine Lungen leerten und mich am ganzen Körper schüttelten. Er wurde zu meinem Todfeind. Wenn der Trupp mich schon fertigmachen sollte, so wollte ich ihnen auch eins zurückgeben. Und es war Erasmus, den ich wollte. Er hatte seinen Blazer über einen Stuhl gehängt und löste seine Krawatte. Seine Hemdenärmel waren aufgerollt und entblössten ein Paar haarige Arme mit dicken, knochigen Handgelenken. Eine modische Uhr blitzte jedesmal auf, wenn er seinen Arm auf mich runtersausen liess.
Aus meinen Augenwinkeln beobachtete ich, wie er sich zurücklehnte, um auszuholen; sein rechter Arm hob sich, der linke verblieb auf dem Tisch. Er schlug mich ein weiteres Mal. Ich konnte kaum aufstehen. Auf wackligen Beinen erduldete ich die nächste Runde; ich schwankte und atmete schwer, klammerte mich aber an meinen Besenstiel und beobachte Erasmus genau. Als sein nächster Schlag mich grad treffen sollte, das ganze Gewicht seines Körpers im Schwung seiner Hand, holte ich mit meinem Besenstiel aus und rammte ihn in seinen Kiefer. "Auuuh!" Sein Schrei drückte eher Überraschung als Schmerz aus. Er torkelte rückwärts, während die andern auf mich loskamen und mich sofort zu Boden brachten. Die Folgen waren mir egal. Diesen Rohling Erasmus zu sehen, wie er Blut spie und seinen schmerzenden Kiefer rieb, war hundert Karate-Hiebe wert. Diese Runde hatte ich gewonnen.
"Überlasst ihn mir", befahl Erasmus den Afrikanern. Langsam kam er auf mich zu, auf Zehenspitzen und den Armen wie zum Boxen erhoben. Aber alles, was ich denken konnte war, die Sache hinter mich zu bringen. Ich liess die Arme hängen und verlor bei seinem ersten Hieb die Besinnung.
Ich kam wieder zu mir in einer Wasserlache. Jemand band ein

nasses Tuch um meine Augen. Ich wurde mit Handschellen gefesselt. Deren Verbindungskette wurde mit einem Seil an einer Wasserleitung befestigt, die an der Decke entlangführte. Einige Rucke und ich hing an meinen Handgelenken, die scharfen Kanten der Handschellen gruben sich in mein Fleisch. Wenn ich mich streckte, um etwas vom Druck wegzunehmen, berührten meine Fussspitzen den Boden, aber dazu war ich nur während einiger Sekunden fähig.

Ich spürte, dass etwas an meine Ohrläppchen angeheftet wurde und bevor ich etwas denken konnte, zerriss ein jäher Blitz mein Gehirn, als ein elektrischer Stromstoss von 200 Volt durch meinen Körper gejagt wurde. Ich schrie. Ich schlug mit meinen Beinen um mich und zerrte am Seil. Mein Kopf schlug hart gegen die Leitung an der Wand. Der Schock hatte vielleicht weniger als eine Sekunde gedauert, aber ich war völlig ausser Atem, und kalter Schweiss brach aus all meinen Poren.

"Das müssen wir tun, wenn Leute sich weigern, uns die Wahrheit zu sagen", drang Swanepoels Stimme von weit weg an mein Ohr. "Warum überlegst du es dir nicht?"

Aber sie hatten mich ja nichts gefragt. Als sich mich schlugen, bestanden sie darauf, dass ich verantwortlich sei für die SWAPO-Jugend, die für militärische Ausbildung ins Ausland gesandt wurde. Aber dies wurde als eine Tatsache gebracht und nicht als Frage, und ich hatte gar nicht die Möglichkeit, zu diskutieren. Es zeigte sich, dass dies das einzige Zugeständnis war, das sie von mir wollten. Gestand ich, sagte Swanepoel, so wären alle meine Unannehmlichkeiten vorbei.

Da sie so sehr auf dieses Geständnis drängten, entstand in mir der Verdacht, dass sie keinen Beweis hatten, der mich mit den militärischen SWAPO-Aktivitäten verband. Ferreira hatte die Namen einiger unserer Ovamboland-Mitglieder erwähnt, die schon gefoltert worden waren, inbegriffen *Hermann Ja-Toivo,* aber keiner von ihnen war eine Gefahr für mich. Nur zwei meiner Kameraden wussten genug, um gegen mich aussagen zu können, und ich war sicher, dass ich ihnen trauen konnte. So war ich ganz auf mich allein angewiesen. Aber mein Körper bebte immer noch vom elektrischen Schock. Was nützte es, sich zu widersetzen? Wie lange kann eine Person solch höllischer Folterung widerstehen? Würde ich nicht früher oder später zusammenbrechen? Wenn ich gestand, würde ich ja niemand anders hineinziehen müssen. Ich wäre der einzige, der zu leiden hätte ... oder etwa nicht? Wie konnte ich sicher sein, dass Swanepoel hier Halt machen würde? Wenn ich anfing, über meine Arbeit zu sprechen, so würde es wahrscheinlich immer weitergehen und ich wäre gewungen, mich gegen meine Kameraden zu stellen. Was konnte ich daraus gewinnen? Auch mit einem Geständnis würde ich mit grosser Wahrscheinlichkeit den Rest meines Lebens auf Robben Island verbringen. Nur wenn ich den ganzen Weg ging, das heisst, wenn ich akzeptieren würde, für die Südafrikaner zu arbeiten, könnte ich sicher sein, nach Hause zurückzukehren. Aber zurück zu was? Was würde für mich noch in Namibia sein, wenn ich die Bewegung verraten hätte? Ich könnte nie mehr meinen Freunden und Kameraden gegenüberstehen. Ich würde in der Schule geächtet werden. Und das würde ich Ali erzählen? Ich konnte mir nicht vorstellen, mit mir selbst zu leben und jedesmal, wenn ich in den Spiegel schaute, das Gesicht eines Verräters zu sehen. Swanepoel zu widerstehen, würde wenigstens einen Hoffnungsschimmer für die Zukunft hinterlassen; Versagen bedeutete den Anfang eines langsamen Todes.

Wenn elektrischer Strom durch deinen Körper gejagt wird, kannst du nicht mehr denken, geschweige denn sprechen. Ich entdeckte, dass für die Sicherheits-Abteilung dies das letzte Stadium der Vorbereitung ihrer Gefangenen zur Kollaboration war — die letzte Folterung, bevor man sich hinsetzte und "vernünftig" redete.

Hatte ich nichts zu antworten, so wurden die Elektroden von meinen Ohren an meine Brustwarzen angeschlossen und dann an meinen Penis. Jedes Mal war es, wie wenn eine Bombe von tausend scharfen Nadeln in mir explodieren würde, die meine Innereien in Stücke riss, meine Augen aus den Höhlen drückte und meine Haut an Dutzenden von Stellen zerplatzen liess. Jedes Mal kreischte ich und riss wie ein Verrückter am Seil, schrie nach meiner Mutter und nach Ali. Mein Kopf schlug gegen die Leitung; Schweiss floss aus all meinen Poren. Aber als sie schliesslich ihre Maschine zur Seite stellten und mir die Augenbinde entfernten, hatte ich immer noch keine Antwort auf Swanepoels fragenden Blick. Mit einem Kopfschütteln verliess er zusammen mit Erasmus und Ferreira den Raum und überliess meine Bewachung den Afrikanern.

Ferreira hatte mich am frühen Morgen vom Gefängnis hierher begleitet. Jetzt war erst Mittag. Zulu band mich los und befahl mir, meine Unterhose anzuziehen. Dann gingen die Afrikaner. Ich konnte nicht mehr gehen; meine Fussgelenke waren geschwollen und jedes Gelenk in meinem Körper war gefroren.

Meine Handgelenke waren offene Wunden, und ich spürte unter den Nasenlöchern Klumpen eingetrockneten Blutes. Mein linkes Auge war zu, und mit dem rechten konnte ich nur verschwommen sehen. Ich humpelte rüber zu einem der Stühle und setzte mich. Das schmerzte meinen Hinterteil, aber wenigstens nahm es den Druck von meinen klopfenden Knöcheln. Ich rieb jedes Gelenk sorgfältig und langsam, sehr langsam kam Leben in meine zerschlagenen Glieder zurück.

Ein Afrikaner, den ich noch nie gesehen hatte, brachte mir "Fisch und Chips" und ein Glas Milch. Ich konnte kaum kauen — meine Lippen waren wie Gummiröhren — aber irgendwie gelang es mir, das Essen runterzuwürgen. Noch nie in meinem Leben hatte ich es so nötig gehabt, mich auszuruhen; ich glaubte, ich könne nie mehr von meinem Stuhl aufstehen.

Zulu kam als erster zurück. Er schob einen Stuhl neben mich. "Du siehst nicht allzu schlecht aus", sagte er freundlich. "In ein paar Tagen wirst du wieder in Ordnung sein. Willst du rauchen?" Sein Wohlwollen überraschte mich. Aber als ich in seine Augen sah, merkte ich, dass sein Lächeln nur auf seinen Lippen war. Ich schaute weg und antwortete nicht.

"Hör zu, Mann", versuchte er wieder, "ich bin auch ein Afrikaner. Ich habe Kinder zu ernähren und brauche meine Arbeit." Er senkte seine Stimme. "Denk nur nicht, es mache mir Spass, wo immer ich auch hingehe, einen Pass vorzuweisen und weissen Leuten die Ärsche zu lecken; es ist für mich nicht leichter als für dich." Er lehnte sich nach vorne und legte seinen Arm um meine Schulter, wie ein Vater, der versucht, seinen trotzigen Sohn zur Vernunft zu bringen. "Johnny, du bist jung, du bist intelligent. So kommst du nirgendshin. Swanepoel ist gefährlich; wenn ihm danach zumute ist, lässt er dich gleich hier an Ort und Stelle umbringen. Sag ihm einfach, was die SWAPO tut. Du brauchst keine Schuld auf dich zu nehmen."

Zulu war wahrscheinlich während langer Zeit Polizist gewesen. Vielleicht war es der einzige Weg für ihn, seine Familie durchzubringen — aber zu welchem Preis? Was er mir sagte, auch wenn er ehrlich war, war eigentlich: *"Werde ein Sklave und es geht dir gut."* Ich wusste genau, was ich Zulu sagen wollte, aber ich wählte einen ungefährlicheren Weg.

"Lass Swanepoel doch tun, was er will," sagte ich ihm. "Ob sie mich hier töten oder später hängen, ich habe doch nichts mehr zu sagen."

Zulu behielt seine freundschaftliche Maske bis zum Schluss.

"Ach, Johnny", seufzte er, als er aufstand. "Ich habe getan, was ich konnte, um dir zu helfen." Aber ich hatte mich schon abgewandt. An diesem Nachmittag wurde ich nicht mehr geschlagen. Nach den Anstrengungen Zulus, übernahm Ferreira das Verhör. Die Fragen, unterstützt von Drohungen und den Standard-Obszönitäten berührten ein Thema nach dem andern, von meinem Privatleben zum Kommunismus und zu den SWAPO-Guerillas. Ich konnte an nichts anderes denken, als an die Elektroschocks und versuchte, zu reden, ohne etwas Wichtiges zu verraten.
"Wie verdienst du dir den Lebensunterhalt?" fragte Eino Johannes.
"Ich bin Lehrer an einer Schule."
"Die Regierung bezahlt dich und du arbeitest gegen die Regierung?" Eino versuchte verzweifelt, sich zu bewähren.
"Für dein Land kämpfen, Scheisse!" spottete er. "Es ist auch mein Land. Glaubst du wohl, dass ich unter eurem Terroristen-Regime leben will?" In Namibia wurde Eino als Verräter angesehen; wann immer er an SWAPO-Veranstaltungen auftauchte, um Notizen zu machen, wurde er verspottet. Sogar seine Familie weigerte sich, etwas mit ihm zu tun zu haben. Aber hier in Pretoria war er es, der verspottete. Im übrigen war er nur ein Lehrling in Swanepoels abgehärtetem Team, und das war seine grosse Chance, sich bei den Buren beliebt zu machen. Als Ferreira mir erlaubte, zur Toilette zu gehen, hatte Eino die Aufgabe, mich zu begleiten.
Im Kompol-Gebäude gibt es keine Toiletten für Schwarze; wir mussten ins Freie gehen, an einen Ort, der von jedermann von der Strasse benutzt werden konnte. Ich war in Handschellen und trug nur meine Unterhose.
Der Gestank in der Toilette war ekelerregend. Eino stiess mich auf den schmutzigen Boden und während er an der Tür stand, versuchte er, in meinen Mund zu urinieren. Ich drehte meinen Kopf, konnte aber nicht verhindern, dass seine Pisse über mein ganzes Gesicht spitzte. Als er mich triefend nass zurück ins Büro brachte, erntete er anerkennende Kommentare für seinen Einfallsreichtum, und auf seinem Gesicht zog ein breites Grinsen auf.
Ferreira schloss die Fragen zusammen. "Gib zu, dass du von den Waffen Kenntnis hattest."
"Ich habe es schon hundert Mal gesagt, ich wusste nichts, gar nichts." Ich versuchte, seinen kalten, durchdringenden Blick zu erwidern.
"Wie lange hast du im Busch trainiert? Wer lehrte dich schies-

sen?" Seine Fragen waren nicht darauf gerichtet, Erklärungen zu erhalten, sondern einzuschüchtern. Er muss gespürt haben, dass ich nicht zur Mitarbeit bereit war. "Wann warst du zum ersten Mal in Dar-es-Salaam?"
"Ich war noch nie in Dar. Dies ist das erste Mal, dass ich ausserhalb meines Landes bin."
"Hör auf zu lügen, du äffischer Schweinehund! Du bist in Russland trainiert worden. Ihr habt russische und chinesische Waffen."
Diese Ausfragerei führte zu nichts, und nach ein paar Stunden wurde ich zurück ins Gefängnis gebracht. Das Wasser meines Eimers färbte sich rot, als ich mir das Gesicht wusch. Ich setzte mich auf den Zellenboden und massierte vorsichtig Hand- und Fussgelenke. Vor lauter Schmerz hielt ich es in keiner Lage länger als einige Minuten aus. An die Wand gelehnt, fiel ich endlich in einen Halbschlaf und sah immer noch geballte Fäuste aus dem Dunkel auf mich herunterprasseln und hörte von fern meine eigenen Schreie. Wenn ich geglaubt hatte, dass Swanepoels Mannschaft mit mir fertig war, so hatte ich mich getäuscht. Am selben Abend, kurz nachdem die Lichter ausgegangen waren, wurde ich ins Leben zurückgerufen durch das Klirren von Schlüsseln und dem Ruf des Wächters "*Kom,* komm sofort." Beim Wächter waren auch Ferreira und hinter ihm Simon und George. Zwanzig Minuten später befanden wir uns wieder im Kompol-Gebäude für die Fortsetzung der Geschehnisse des Tages.
"Also gut, *grootmeneer* Otto, heute nacht kannst du dir dein Leben retten, wenn du weisst wie", fing Ferreira an, sobald wir das Büro betraten, in welchem ich Swanepoel das erste Mal getroffen hatte. Er zog einen Stuhl für mich heran, neben sein Pult und nickte den Afrikanern zu, damit sie uns allein liessen. Er zog seinen Revolver hervor, versicherte sich, dass er geladen war und legte ihn rechts neben seine Hand aufs Pult.
"*Kaffer,* heute nacht wollen wir keine Scheisse, verstanden?" Ich nickte übereinstimmend, es würde keine Scheisse sein. Es sah so aus, als hätte er sich beruhigt. Vielleicht dachte er, ich hätte meine Meinung geändert, da er direkt zur Sache kam.
"Sag mir alles, was du über das militärische Training in Ovamboland weisst."
"Ich weiss nichts darüber", sagte ich.
Das bedeutete das Ende des Verhörs dieser Nacht — nach genau dreissig Sekunden.
Ferreira errötete. "Du gottverdammter Scheisskerl, ich habe dich gewarnt; ich will keinen Quatsch mehr."

Flüche kamen aus seinem Mund, als er mich ins Nebenzimmer schleppte, wo alle vier Afrikaner warteten. Durch einen Schlag auf meinen Nacken fiel ich flach zu Boden, von wo mich jemand anders wieder auf die Beine stellte. Fäuste und Stiefel prasselten auf mich nieder von allen Seiten; ich wurde von einem Mann zum andern gestossen, von Simon zu Zulu, dessen Schläge in meinen Magen mich nach Luft ringend in die Arme von George warfen. Als ich mit meinem Gesicht nach unten lag und vortäuschte, ohnmächtig zu sein, um etwas Ruhe zu kriegen, stiessen sie mich, bis ich tatsächlich ohnmächtig wurde. Das letzte, was ich noch hörte, war Ferreiras Stimme, "Dieser verdammter Kaffer, es ist uns egal, wenn er stirbt, oder?"
Ein stechender Schmerz breitete sich aus in meinen Armen und meinen Schultern, die das ganze Gewicht meines Körpers trugen. Langsam öffnete ich die Augen und entdeckte, dass ich wieder an der Wasserleitung hing, meine Zehen gerade noch auf dem Boden. Keine Lichter brannten, aber im Widerschein der Strassenlampe konnte ich Ferreira erkennen, auf einem Camping-Bett ausgestreckt, ein Radio neben sich. In einem andern Raum schlug eine Uhr zehn, mit einem tiefen, traurigen Tonfall, der lange im leeren Kompol-Gebäude nachhalte.
Man liess mich die ganze Nacht so hängen. Ich wechselte das Gewicht, das mich niederzog, von den Handgelenken zu den Zehen und zurück, bis alles gefühllos wurde. Blut aus meiner Nase und den Lippen sammelte sich in meinem Mund — dicke Klumpen, die zu gross waren, sie hinunterzuschlucken. Ich drehte meinen Kopf, um das Blut an meiner Schulter abzustreifen, aber ich erstickte fast und spuckte alles über mein Kinn und das zerrissene Hemd. Mein Gesicht war steif und gefühllos, eine zerquetschte, zerschnittne Maske, von Blut verklebt.
Jede Stunde drehte Ferreira das Radio an, um die Nachrichten zu hören. Einer der Sprecher berichtete, das Polizei-Verstärkung nach Ovamboland gesandt worden war, um die "SWAPO-Terroristen" aufzuspüren, die noch frei waren. Kahumba Kandola wurde als Anführer derjenigen genannt, die gejagt wurden. Sie suchten also Kahumba immer noch! Der alte Mann hasste die südafrikanische Macht bis in sein Innerstes, und er war eine meiner Kontaktpersonen gewesen in Ovamboland. Nach jahrelangen, erfolglosen Anstrengungen, die Buren zum Schul- und Spitalbau für unsere Leute zu bringen, war er überzeugt, dass nur der bewaffnete Kampf uns unsere Freiheit bringen würde. Als er mich 1963 in Windhoek besuchte, verbrachten wir Nächte mit

Diskussionen über Gewalt und bewaffneten Kampf. Ich war damals noch nicht davon überzeugt und suchte immer noch nach friedlichen Lösungen. Als sein Besuch zu Ende war, wusste ich, dass man ihn nicht umstimmen konnte. Schon damals, also vor drei Jahren, war er bereit, für unser Land zu sterben; jetzt war er die Jagdbeute der Truppen, die die Wälder von Ovamboland durchkämmten.
Die Nachrichten von Kahumba lenkten meine Gedanken zu meinen andern Kameraden. Swanepoel hatte versucht, mich davon zu überzeugen, dass Maxuilili und Jason kollaboriert hätten und jetzt glücklich zurück wären in Namibia, bei ihren Familien. Er hielt Papierstösse in die Höhe, die ihre beeidigten Geständnisse, sowie Anschuldigungen gegen mich enthalten sollten. Ich würde grundlos leiden, meinte Swanepoel. Ich war überzeugt davon, dass er log. Maxuilili würde sich den Buren nie beugen. In all den Jahren, in denen wir zusammengearbeitet hatten, hatte er nie Furcht gezeigt. Bei Passkontrollen oder Versammlungen, wann immer eine Konfrontation in der Luft lag, überliessen wir es ihm, mit der Polizei zu verhandeln. Durch eine Mischung persönlicher Autorität und Entschlossenheit, hatte er erreicht, was niemand sonst hätte erreichen können. Maxuilili war besser ausgerüstet als ich, die Folterungen Swanepoels zu ertragen.
Dann gingen meine Gedanken zu den andern. Ich fragte mich, ob Nganjone wohl auch verhaftet worden war — und Meroro und Karita? In meinen Gedanken analysierte ich meine engen Freunde und erwog, wie jeder auf die Art Behandlung, wie sie mir jetzt widerfuhr, reagieren würde. Und falls sie nicht verhaftet waren, wie leiteten sie die SWAPO? Konnten sie mich aus dem Gefängnis herausholen? Ich bezweifelte es; das südafrikanische Gesetz ermächtigte die Polizei, die Leute ohne Anklage, neunzig Tage in Haft zu lassen, und nach dieser Zeit konnten sie wieder verhaftet werden für eine neue Drei-Monats-Periode. Mit andern Worten, sie konnten mich behalten, so lange sie wollten.
Plötzlich kam ein Gefühl der Einsamkeit über mich. Bis zu meiner Verhaftung war meine politische Tätigkeit äusserst dankbar verlaufen. Durch meine Position in der SWAPO hatte ich mir Anerkennung und Beliebtheit in ganz Namibia gewonnen. Ich war jung und hatte mein Selbstvertrauen aufgebaut; es schien nichts zu geben, das mich — und mit mir die SWAPO — hätte aufhalten können, unser Ziel zu erreichen. Ich hatte mit mir selbst gekämpft, um meine früheren Zweifel zu überwinden; da waren die unzähligen Stunden von Diskussionen, Reisen, Schrei-

ben und Vorbereiten von Versammlungen und die hunderte von Rands meines eigenen Gehalts, die ich in das Werk der SWAPO gesteckt hatte. Ich hatte beachtliche Opfer gebracht, aber diese Opfer hatten auch meine Autorität gestärkt. Nur wenig Afrikaner hatten die Bildung und das Geld, um das zu tun, was ich tat. Wenn Schläge fielen, wenn Leute umgebracht oder deportiert wurden, war ich immer der Verteidiger gewesen und nie derjenige, der Verteidigung brauchte. Es war meine Aufgabe, Klage einzureichen beim Eingeborenen-Kommissar, mit meinem perfekten Afrikaans, und das Problem des Opfers zum Ausdruck zu bringen. Mir konnten die Buren nichts anhaben; meine Berühmtheit war mein Schutz. So oder ähnlich hatte gedacht, bevor ich nach Pretoria gebracht wurde. Nun fühlte ich mich total verlassen. Ich sah mich für den Rest meines Lebens in einer Betonzelle eingelocht, getrennt von denen, die mir lieb waren und von allem, wofür ich gekämpft hatte.

Während der ganzen Nacht verlor ich nie das Bewusstsein. Jede zweite Stunde erhob sich Ferreira von seinem Bett und hielt ein Streichholz vor mein Gesicht. "Noch nicht tot, huh?" meinte er. "Ach, bis zum Morgen wirst du Trockenfleisch sein."

Dann schlief er wieder und liess mich allein mit meinen Gedanken und den Beerdigungs-Schlägen der grossen Uhr unten in der Halle. Ich musste warten, bis die Afrikaner um acht Uhr kamen und mich hinunterliessen. Im Gefängnis zurück, mussten mich die Wärter in meine Zelle tragen.

Die drei folgenden Wochen verfolgen mich immer noch als lange und wirre Alpträume. Tage- und nächtelange Folterungen wechselten nur ab mir Ferreiras Fragen und mit schmerzbetäubten Pausen in der Zelle. Während mehrerer Wochen war ich beinahe blind, weil mein Kopf während der Elektroschocks an die Wasserleitung schlug. Ich fühlte, wie mich meine Körperkraft immer mehr verliess. Aber die brutale Behandlung hatte auch einen merkwürdigen Einfluss auf mich. Seit ich mich entschlossen hatte, nicht nachzugeben, wurde jede Sitzung im Kompol-Gebäude zur Herausforderung. Je schlimmer die Schmerzen, umso grösser wurde mein Hass gegen die Sicherheitsmänner und umso mehr Entschiedenheit konnte ich aufbringen. Sie hatten zwar die physische Macht, aber so lange ich widerstehen konnte, hatte ich die Kraft, die man durch Selbstrespekt bekommt. Abgeschnitten vom Rest der Welt, mass ich mich selbst gegen die Folterungen, und jede Sitzung, die ich überlebte, war ein Sieg — auch wenn ich bis zum Wagen getragen werden musste.

Ferreiras Aufgabe war es, aus mir ein unterschriebenes Geständnis herauszupressen. Ich sprach offen über meine Herkunft und die Gründe, warum ich der SWAPO beigetreten war. Von meiner politischen Arbeit sprach ich in allgemeinen Ausdrücken, ohne Namen zu nennen. Manchmal dauerte es einige Stunden, aber jedes Mal kamen wir zu der Frage des Anwerbens von Guerilleros. Ich bekam den Eindruck, dass Ferreira von meinen Verbindungen mit dem Ovamboland wusste, dass er aber keine greifbaren Beweise hatten. Und so kamen wir nie weiter; jede Sitzung im Büro endete damit, dass ich ins nächste Zimmer geschleppt wurde, wo George, Simon, Zulu und Eino mich übernahmen.

Ferreira arbeitete unter Swanepoels enger Aufsicht. Der Boss kam öfters vorbei, um dem Verhör beizuwohnen. Er sah immer so aus, als ob er unter einem ständigen Kater litt. Seine Augen waren blutunterlaufen, und die rauhe, vernarbte Haut seines Gesichts war von einem ungesunden Dunkelrot. Bläuliche Flecken zerplatzter Äderchen verteilten sich unregelmässig über seine breite Nase und seine riesigen, fleischigen Ohren. Der kurze Nacken, der den fast viereckigen Kopf mit dem leicht hängenden Körper verband, verstärkte den Eindruck eines zerschlagenen, alternden Ringers. Er sprach in kurzen Sätzen, seine Stimme kam tief aus seiner Brust. Wenn Ferreira zu zögern schien, übernahm Swanepoel eine Zeitlang das Verhör. Wenn ich dann an der Wasserleitung hing, kam er rüber und drückte langsam, fast gemächlich seine Zigarette im weichen Fleisch meiner Hüfte aus. Mein Schrei war eine Aufforderung an die andern, desgleichen zu tun. Ich trage immer noch die vielen Narben von der Zeit, da ich als menschlicher Aschenbecher gedient hatte ...

Swanepoel war auch der Anführer bei verschiedenen perversen Arten der Folterung. Während obszöne Sprache und Gesten zur normalen Ausrüstung der südafrikanischen Polizei gehören, schien die Perversität Swanepoels tief persönlich. Er war es, der als erster in meinen Mund spuckte und mich dann zwang, seinen Speichel zu schlucken. Er war es auch, der als erster meine Genitalien misshandelte. Er zog an meinem Penis und schrie, "Das ist es, wofür ihr eure Freiheit wollt, um dies in weisse Frauen zu stossen!" Ich fragte mich oft, was für ein Leben dieser Mann ausserhalb des Kompol-Gebäudes führen musste. Welche Art von Beziehung er wohl hatte mit seiner Frau und seinen Kindern? Konnte er wohl je an etwas anderes denken als Perversität und Folterung? Ich weiss nicht, ob er diese krankhafte Anlage immer gehabt hat oder ob seine Polizeiarbeit ihn dazu brachte. Aber wie

ich ihn verabscheute! Meine Abneigung gegen Swanepoel wurde so stark, dass schon die Idee von Kapitulation für mich unmöglich war. Ihm recht zu geben, hätte bedeutet, zuzulassen, dass der Abschaum der Menschheit für immer herrschen konnte.
Swanepoel erzählte mir mit Vergnügen, wie er andere Gefangene zerstört hatte. Am Grad des geistigen und körperlichen Zusammenbruchs mass er seinen Triumph. So bedeutete für ihn die Tatsache, dass ich mich weigerte, nachzugeben, ein persönlicher Misserfolg. Je länger sich das Verhör hinzog, desto grösser wurde seine Frustration.
Schliesslich liess Swanepoel seine Maske komplett fallen und attackierte mich in einem Anfall blinder Wut. Er drückte zweihundert Pfund runter auf meine Brust und hielt mich in einem Würgegriff, bis ich dachte, meine Augen würden herausfallen. "Du gottverdammter Kaffer!" schrie er, "ich habe schon viel von deiner Art erschossen, aber dich, dich will ich mit meinen nackten Händen umbringen!" Aber er war noch nicht so weit, mich umzubringen, und so ging die Folterung immer weiter, und ich glitt dem Tod immer näher.
Theoretisch steht ärztliche Behandlung im Lokalgefängnis von Pretoria jedem Gefangenen zur Verfügung. Jeden Morgen geht ein schwarzer Wächter den Gang hinunter und schreit *"Muti, muti!* Medikamente!" und dann verschwindet er, bevor die Gefangenen Zeit haben, ihm zu antworten. Dies ist, was die Gefängnisvorschriften "medizinische Inspektion" nennen. Als Neuling dachte ich, der Mann könnte mir behilflich sein. Eines Morgens lauerte ich auf seinen Besuch, und als er an meiner Tür vorbeiging, rief ich ihn, bevor er sich wieder davonmachen konnte. "Mister, hierher, bitte!" Seine Schritte verstummten. Nach einer kleinen Weile, "Was willst du?" "Ich bin krank. Ich brauche eine Behandlung." Er rief nach dem normalen Wächter — einem Weissen — und die Tür sprang auf. "Was ist mit dem los?" brummte der Wächter.
Die Frage war kaum nötig. Meine Hand- und Fussgelenke waren violett und meine Hüften von Zigaretten-Brandmalen zerlöchert. Meine Lippen waren geschwollen und ich hatte offene Schnittwunden an meinen Wangenknochen. Hinter meinem rechten Ohr konnte ich einen riesigen Klumpen spüren und eines meiner Augen war zugeschwollen. Ich hatte versucht, mich mit dem Trinkwasser des Eimers zu waschen, aber ausgetrocknete Blutspritzer klebten immer noch an meinem Oberkörper.
Der Erste-Hilfe-Mann riss seine Augen auf. "Jesus, Mann, was ist mit dir passiert?"

"Sicherheits-Polizei," sagte ich, "sie schlagen mich schon seit Tagen. Ich sollte verbunden werden."
Er schüttelte bekümmert seinen Kopf. "so haben diese Typen also wieder gewütet. Alles was ich dir geben kann, ist das." Und er nahm einige Pillen vom Tablett, das er mit Bändern um seinen Nacken trug. "Schau", er unterbrach meinen Protest, "ich muss über alles berichten, was ich verteile und diese Sachen", er schaute an mir runter, "diese Sachen dürfen hier nicht passieren, verstehst du."
Und damit verliess er die Zelle. Ich fand nie raus, wofür die Pillen waren oder wie oft ich sie einnehmen sollte. Ich nahm sie einfach, fühlte mich aber deshalb nicht besser. Es war klar, dass es Unsinn war, zu versuchen, ärztliche Behandlung zu kriegen; offiziell existierten meine Wunden nicht.
In der dritten Woche des Verhörs wurde ich äusserst schwach. Ich konnte den Schmerzen kaum noch entkommen — die Zeit in meiner Zelle war fast so schrecklich wie die Sitzungen im Kompol-Gebäude. Tage und Nächte schienen dasselbe zu sein. Anstatt zu schlafen, glitt ich in einen Zustand ununterbrochenen Halb-Bewusstseins. Meine Halluzinationen dauerten immer länger. Bilder von meiner Kindheit und dem Leben in Windhoek vermischten sich mit neuen Eindrücken der Folterung, und ich schrie angsterfüllt. Ich sah meinen kleinen Sohn Kenneth, wie er von einem lachenden Swanepoel zu Tode geprügelt wurde, und mein Klassenzimmer in der Herero-Schule wurde zum Kompol-Gebäude. Eine grauenhafte Szene folgte der andern, während ich mich auf dem Zementboden umherwälzte. Meine Wunden infiszierten sich und trotz der kalten Nächte war mir vom Fieber ständig heiss. Meine Muskeln schienen mit jedem Hieb brüchiger; der blosse Anblick einer brennenden Zigarette weckte stechende Schmerzen. Jedes Mal, wenn sie mich zurück in meine Zelle schleppten, betete ich, dass sie nie mehr kommen würden.
Die Stunden, die Ferreira mit mir an seinem Pult verbrachte, um von mir ein Geständnis zu erhalten, waren seiner Ansicht nach komplett sinnlos. Anstatt nachzugeben, schien ich vor seinen Augen ohnmächtig zu werden. Wahrscheinlich teilte ich einige meiner "Wahnvorstellungen" mit ihm, was seine Frustration noch vergrösserte.
Und während einer dieser Sitzungen hatten Ferreira und ich unsere letzte Gegenüberstellung. Ich kam von einer meiner Halluzinationsreisen zurück und fand mich in den Händen Ferreiras und eines andern Sicherheits-Agenten, Van Rensburg, die mit Gum-

mischläuchen auf mich einschlugen. Ich war mit Handschellen gefesselt und konnte nichts tun, um mich vor den Schlägen zu schützen. In meiner Verzweiflung entdeckte ich einen Ausweg aus meinem Elend. Auf dem Pult lag unbewacht Ferreiras Revolver. Ich hatte noch nie im Leben geschossen, aber alles, was ich denken konnte, war, die Waffe zu ergreifen und sie an meinen Kopf zu halten, und Päng! alles würde vorbei sein. Es gab nichts zu planen, nichts nachzudenken, nichts zu befürchten. Nur nach der Waffe greifen und schiessen. Ich schielte noch einmal nach dem Pult. Ja, der Revolver lag tatsächlich dort — keine Wahnvorstellung dieses Mal.

Ich fiel über den Bürotisch. Ich fühlte den kalten Kolben der Waffe in meinen Händen, als ich auf der andern Seite zu Boden stürzte.

Wie ein Panther war Ferreira über mir. Bevor ich die Waffe recht in die Hand nehmen konnte, hatte er meine Handgelenke erfasst. Ein kurzer Moment des Kampfes und ich spürte, wie der Revolver aus meiner Hand geschlagen wurde.

Er und Van Rensburg schleppten mich nach vorn auf den Boden. Ich zitterte und weinte vor Verzweiflung und Enttäuschung. Ferreiras Gesicht war gerötet, und auch er sah so aus, als wollte er heulen. Seine Brust weitete sich. Und als er begann, auf mich einzuschlagen, war es nicht mehr die berechnende Art des Folterers, der seine Arbeit tut. Flüche kamen unzusammenhängend aus seinem Mund, und seine Arme schwang er wie die Stangen einer Dampfmaschine. Sein wildes Zischen und das Niederprasseln seiner Fäuste in mein Gesicht waren das letzte, an das ich mich vom Kompol-Gebäude erinnere.

7 Zwischen Leben und Tod

Nach diesem letzten Wutausbruch Ferreiras sah ich nichts mehr von ihm und dem Rest des Swanepoel-Teams. Als ich wieder zu mir kam, befand ich mich in einer andern Zelle, etwas grösser als die erste; ich zitterte am ganzen Körper und lag mit dem Gesicht nach unten in einer Wasserlache auf dem Zementboden. Es war dunkel und ruhig. Meine Beine konnte ich nicht bewegen, und als ich versuchte, mich zur Wand zu schleppen, wurde ich wieder ohnmächtig, zwei, drei Mal. Schliesslich fand ich mich selbst heftig bebend in der Ecke sitzen. Die Zelle schien sich zu bewegen, wie wenn ich mich auf dem Meer befinden würde, Eimer und Wolldecken verschwammen mir vor meinen verletzten Augen.

Ich drückte mich an die Wand, um nicht vorne rüber zu fallen. Ich fühlte Übelkeit, schaffte aber die Anstrengung, mich zu erbrechen, nicht. Das Erbrechen kam sowieso. Ich streckte mich nach dem Eimer aus, aber er glitt mir aus der Hand. Umhertastend und mich erbrechend, fiel ich zurück in die Wasserlache und in totale Bewusstlosigkeit.
In dieser Art·von Benommenheit verging Tag um Tag, ich schwebte zeitlos in meiner Halb-Bewusstlosigkeit. Während mein Kopf langsam klarer wurde, nahm der körperliche Schmerz ständig zu. Die Brandwunden an meinem Gesäss und Rücken machten das Sitzen und Liegen schwierig. Meine Beine wollten mich nicht tragen, und ich zog mich an den Armen durch die Zelle, wie die von Kinderlähmung verkrüppelten Bettler in den Strassen von Windhoek. Meine Brust stach, ich bekam eine Erkältung; jeder Hustenanfall drohte meine Zwerchfell zu zerreissen, und ich keuchte nach Erholung bis zum nächsten Anfall. In den schlimmsten Augenblicken konnte ich nicht einmal recht essen — Wasser und Maisbrei tropften von meiner zitternden Hand in meinen Schoss. Der Mann, der meine Zelle reinigen kam, musste mich an meinen Schultern in den Korridor schleppen, wo ich zu Füssen des weissen Wächters liegen blieb, bis der Mann mit dem Reinigen fertig war und ich zurückgeschleppt wurde.
Langsam heilten meine Wunden und meine Tage gestalteten sich gemäss der strikten Routine, die den "politischen" Gefangenen vom südafrikanischen Gefängnis-Departement auferlegt wird. Wenn das grelle Licht der nackten Glühbirne um halb sechs meine Augenlider durchdrang, blieben mir dreissig Minuten, um die Decken zu falten — jede viermal, damit sie ein Quadrat bildete — und sie in der Ecke aufzustapeln. Die zwei Eimer waren an der andern Wand an ihren Ort zu stellen, die Blechtasse gehörte auf den Eimer mit Trinkwasser, und, genau in der Mitte der Zelle, hatte ich Achtung zu stehen, wenn die Tür aufgerissen wurde. Der Abteilungs-Wärter schritt dann vorbei und schrie "*Klagte, klagte? Klagen?*", aber es tönte eher wie eine Drohung als eine Frage, und während meiner sechs Monate in Einzelhaft habe ich nie jemanden gehört, der Klage erhoben hätte. An Sonntagen gab es eine Spezial-Inspektion durch den Gefängnis-Direktor, der langsam vorbeiging und in jede Zelle spähte. Ich spürte seine Augen auf mir, wenn ich stocksteif dastand und auf einen Ort oberhalb der Tür starrte. Unsre Augen trafen sich nie, und nie wechselten wir ein Wort.
Mein Essen kam in einer Aluminiumschüssel; sie wurde durch ei-

nen anonymen Arm durch die kaum geöffnete Tür gestossen. Das Frühstück bestand aus kaltem, halb getrocknetem Porridge und schwarzem Kaffee, das Mittagessen aus Porridge mit Bohnen und das Abendessen aus dem gleichen Porridge mit Bohnen und Kaffee. An Donnerstagen und Samstagen erhielten wir drei oder vier würfelgrosse Stücke Fleisch. Ich hörte bald damit auf, an die Delikatessen zu denken, die ich als freier Mann genossen hatte und begann diese paar Gramm alten Kuhfleischs zu schätzen. Das Essen hielt einen am Leben und mehr nicht. An Sonntagen wollten die Wärter früh nach Hause, deshalb wurde das Nachtessen gebracht, sobald wir mit dem Mittagessen fertig waren. Bis zum Frühstück am Montagmorgen war ich immer total ausgehungert und schlang es hinunter, auch wenn der Maisporridge nur halb gekocht war.

Samstags war Wasch- und Rasiertag. Am Ende des Korridors war eine Kaltwasser-Dusche und ein grosser, steinerner Waschtrog. Mit einer Decke um meine Hüfte gewickelt, schmierte ich die rauhe, braune Seife über alle meine Kleidungsstücke — ich trug immer noch dieselben, wie am Tag meiner Gefangennahme, inbegriffen das Hemd, das zu Fetzen zerrissen worden war — und versuchte dann, alles mit kaltem Wasser zu spülen. Ich arbeitete langsam; jede Minute ausserhalb der Zelle war eine Erholung von den vielen Stunden drinnen. Von Zeit zu Zeit schielte ich nach den Gehilfen, jenen Gefangenen, deren Arbeit es war, die Böden aufzuwischen oder das Essen zu verteilen. Diese kurzen Begegnungen — ein Blinzeln, das Heben einer Augenbraue — waren die Höhepunkte einer Woche. Nach der Dusche und der Rasur, die jemand unter strenger Bewachung an uns vornahm, wurde ich in meine Zelle zurückgebracht, mit glänzendem Kopf und nassen Kleidern voller Seife, bereit für den kritischen Blick des Direktors am nächsten Morgen.

Das war die Welt, in der ich langsam aufwachte, eine Existenz, die sich nur um Einzelheiten drehte. Wenn mein Kopf klar war, so war fast jeder Augenblick der Woche voraussehbar. Die kleinste Unterbrechung der Routine war ein wichtiges Ereignis und gab Anlass zu vielem Nachdenken. Warum kam das Nachtessen spät? Warum hatten die Wächter ihre Schicht mitten in der Woche gewechselt? Nebensächlichkeiten, die mir ausserhalb der Gefängnismauern nie in den Sinn gekommen wären, füllten jetzt mein Leben. Die Minuten tickten vorbei, während ich in meiner Zelle sass und genau wusste, was als nächstes passieren würde. Ich glaube, dass ein Gefangener, von jedem menschlichen Kontakt und jeder normalen Aktivität ausgeschlossen, eine gewisse Sicherheit in der Einzelhaft finden kann. Für Leute, die ständig gehetzt wurden, die ständig mit der Polizei zu tun hatten, die gefoltert worden sind, ist diese Art Existenz vielleicht sogar ein Zufluchtsort vor ständiger Angst und Unsicherheit. Wenn man weiss, was der Morgen bringt, hat man auch eher Zeit, sich vorzubereiten. Wenn man lernt, die Gegenwart zu akzeptieren, so werden die Dinge vielleicht mit der Zeit leichter. Auch ich verspürte die Lust, mich zurückzuziehen, das Essen und die Unterkunft anzunehmen und nichts weiter zu erwarten. Zu leben wie eine Ratte in einem Käfig.

Aber wie weit kann ein Mensch gebracht werden und immer noch ein menschliches Wesen bleiben? Einzelhaft ist die logische Fortsetzung der Behandlung im Kompol-Gebäude — die Zeit, in der die Folterungen sich einprägen sollen. An der Einsamkeit der grabesähnlichen Zellen zerbrechen viele, die Swanepoels Torturen widerstanden haben. Und ob sie am Ende verurteilt werden oder nicht, die Einzelhaft hinterlässt geistige Wunden für's Leben.

Aber wenn auch meine körperlichen Schmerzen schlimm waren, so waren sie doch ein Zeichen, dass noch Blut in meinen Adern floss und dass ich immer noch zu dieser Welt gehörte. In meinen klaren Momenten versuchte ich, meine Lage zu analysieren. Jetzt, wo ich ihr Verhör überlebt hatte, würde mich die Polizei bestimmt wegen irgendetwas anklagen. Bestimmt versuchten sie, gegen mich ein Todesurteil zu erwirken. Der Gedanke an den Galgen machte mir nicht sehr viel Angst. Ich war ja schon tot, ich stand kurz vor dem Gehängtwerden; alles, was mich aus diesem Grab herausbringen würde, wäre eine Auferstehung. Aber ich versuchte, nicht so weit vorauszudenken. Wenn ich jetzt zusammenbrach, war sowieso alles unwesentlich. Ich konzentrierte mich also auf das tägliche Überleben und versuchte, nicht an die abstumpfende Gegenwart zu denken.

Die tägliche Routine, die die Sicherheits-Polizei für mich vorbereitet hatte, nahm mich immer mehr gefangen; Tage und Nächte glichen sich immer mehr und seltsame Bilder zogen an mir vorbei, phantastische Bilder, die zu den ebenso seltsamen, südafrikanischen Sprachen passten, die schwach durch die Zellentür an mein Ohr drangen. Vielleicht war dies der Tod; vielleicht war nur mein Körper hier in Pretoria, während meine Seele irgendwo in einem dunklen Raum schwebte, zwischen zwei Welten. Manchmal sprang ich in die Luft um festzustellen, ob ich wirklich noch am Leben war, und sprach mit lauter Stimme mit mir selbst. Ich tat so, als ob ich die Leute begrüsste und hörte sorgfältig auf meine eigene Stimme. Tönte sie wirklich wie ich selbst? Ich sprach in Ovambo, Herero, Nama, Afrikaans, in allen Sprachen, die ich kannte, nur um sicher zu sein, dass dies tatsächlich *John Ya-Otto* war, der sprach. Aber ich hatte Mühe, mich zu überzeugen. Ich hatte die Sonne nicht mehr über den Himmel ziehen sehen; ich hatte nichts von draussen gehört; welchen Beweis gab es, dass ich mich nicht doch in einem Grab befand?

Diese Hirngespinste dauerten stundenlang, vielleicht sogar tagelang — ich weiss es nicht. Eine Zeitlang war ich sicher, verrückt zu werden. Und warum nicht? Es war leichter, mit meinen Hirngespinsten zu leben, als mit der Leere meiner Zelle. Stunden, Tage, Nächte — niemanden zu sehen, niemand, mit dem man sprechen konnte, nicht einmal eine Maus oder eine Spinne. Es gab überhaupt keine Ablenkung, um den Tag etwas zu verkürzen, diese vierundzwanzig Stunden, die jede sechzig Minuten enthielt und welche ich zählte, tausend und eine, tausend und zwei ... Und so ging wieder ein vierzehn-Hundertstel eines Tages vorbei, während alles beim alten blieb — der gescheuerte Fussboden, die Stahltür, die Lampe an der Decke. Ich zwang meine Gedanken, umherzuschweifen, ich musste sie zwingen. Aber wie kann man wissen, nach Monaten in diesem Zustand, ob der Verstand sich nicht ganz von der Wirklichkeit entfernt hat?

Die "Wandbemalung" in meiner Zelle gab meiner geistigen Verfassung den ersten Auftrieb, kurz nachdem ich in der Zelle ankam. Der Wächter hatte mich gewarnt. "Siehst du das", sagte er und zeigte zur Wand hin, "ich will keine derartige Scheisse mehr hier sehen, verstanden!" Aber ich war zu schwach, um aufzusehen und herauszufinden, wovon er sprach. Auch an meiner alten Zellenwand waren solche Kritzeleien gewesen — Namen von Sportlern und Musikern und jene der Gefangenen selbst, zusammen mit den gewohnten Lästerungen und Wörtern wie "Vergewaltigung" und "Tod".

Aber diese Zelle war eine andere Kategorie. Eine der Wände war verwandelt in eine Enzyklopädie des südafrikanischen Widerstands: Der Name *Govan Mbeki* war mehrere Male in den Beton eingraviert, daneben ein paar Daten. Und genau darunter war "*Walter Sisulu*" eingeritzt in grossen Blockbuchstaben, eingekreist von "*ANC, kämpf für dein Land!*" und "*Amandla.*" Mbeki und Sisulu waren Namen, die ich gut kannte. Beides waren Veteranen der südafrikanischen Kongress-Bewegung und jetzt lebens-

länglich auf Robben Island. Es gab auch noch andere Namen: Mhlaba, Mkwayi, Nkosi. Das ganze Werk war überragt von einer kunstvollen Gravur eines speerschwingenden Xhosa-Kriegers, der einen weissen Mann verfolgt, welcher um sein Leben zu rennen schien. Im Hintergrund ging eine grosse Sonne auf, ihre breiten Strahlen reichten hinauf bis zur Decke. Quer durch die Sonne war tief in den Zement hineingeritzt:
"*Umkonto weSizwe, Mayibuye Afrika*".
Je länger ich auf die Wandbemalung schaute, umso privilegierter kam ich mir vor, in dieser Zelle eingesperrt zu sein. Meine Vorgänger hier waren schon in der Politik aktiv gewesen, als ich noch ein kleiner Junge war. Als wir in Namibia erst damit anfingen, uns zu organisieren, hatten Mbeki, Sisulu und ihre Kameraden bereits Streiks und Massenboykotte hinter sich. Von den Buren bedroht und unterdrückt, hatten sie nie gezögert, das zu tun, was sie für nötig hielten. Und hier, in dieser Zelle, nach Folterung und mit Jahrzehnten von Gefängnisstrafen vor sich, hatten sie fortgefahren, das Regime herauszufordern. Wenn sie Jahre von Verfolgung hatten ertragen können, warum dachte ich dann schon nach ein paar Wochen ans Aufgeben? Sisulu und Mbeki waren für immer Symbole der afrikanischen Würde; wenn ich jetzt zusammenbrechen würde, so wäre ich unbrauchbar, auch wenn ich auf freien Fuss käme.
Während Stunden sass ich an der gegenüberliegenden Wand und nahm die Kratzer in mich auf, studierte die mühsam geritzten Linien. Dann fasste ich Mut, und mit dem Henkel meines Blechnapfs fügte ich meinen Beitrag hinzu. Zuerst machte ich ein unauffälliges "*J.O. 1967*", genau über der leuchtenden Sonne. Und als der Wächter es nicht zu bemerken schien, machte ich mich an Schlagwörter wie "*Namibia wird frei*" und "*Ein Namibia, eine Nation*". Das hielt mich während Tagen beschäftigt. Ich kratzte während ein paar Sekunden, dann hörte ich auf und horchte nach den Schritten im Korridor. Am Schluss war es eine Freude, meine eignen "Werke" dort zu sehen, zusammen mit jenen der südafrikanischen Freiheitskämpfer. Ich fühlte mich dadurch stark; ich war so begeistert, dass ich einen kleinen Tanz aufführte, wenn ich an der Wand hochsah.
Jedes Zeichen der Aussenwelt half mir jetzt, meine Kraft wiederzugewinnen. Eines Abends, nach dem Lichterlöschen, war es mir, als ob ich weit entfernt Stimmen rufen hörte. Ich kletterte zum glaslosen Fenster hinauf und hörte deutlich die Stimmen einer Familie. Kinder schrien und Erwachsene riefen einander zu. Spä-

ter spielte jemand Orgel in vollen, reichen Tönen. Der Musikant musste ein afrikaanischer Nationalist sein, denn er spielte Buren-Melodien wie *"Die stem van Suid Afrika"*. Ich stand unter der drahtgeflochtenen Öffnung in der Wand und schloss die Augen. Und das Bild von Klassenzimmern aus meiner Jugendzeit in Aus und Tsumeb, wo wir in schmucken Reihen sassen und in unsrer Unschuld die Buren-Tradition mit unsren schwachen Stimmchen hochpriesen, erschien klar vor mir. Ich konnte nicht anders als mitsingen, sogar jetzt. Aus, Tsumeb, Klassenkameraden und Familie, ich war zurückversetzt nach Namibia, noch einmal ein Schuljunge. Alles, was seither passiert war, war ausgelöscht und nur ein langes, unbeschwerliches Leben lag vor mir. Ben Amathila und ich waren erneut Schwester Emmas Lieblingsstudenten; da war Isak, der uns zu härterer Arbeit ermahnte und der Missionar Rechtemeyer ... Dann hörte die Musik auf, und Tränen strömten über meine Wangen. Würde ich all diese Leute je wiedersehen? Hier konnte ich nur zu den Steinwänden sprechen, die auf mich zurückzustarren schienen; undurchdringlich wachten sie über das Geheimnis meines Schicksals.

Eines Morgens hörte ich aufgeregtes Geschrei und rennende Schritte in der Strasse unterhalb meines Fensters. Rufe erschallten auf Englisch. Mein Fenster befand sich auf eine Höhe von 2m50, aber wenn ich meine Decke ganz klein zusammenfaltete und sie auf einen Eimer aufstapelte, gelang es mir gerade, einen Blick hinauszuwerfen. Gegenüber befand sich ein vierstöckiger Zellenblock, fast ohne Fenster. Zu meiner Linken befand sich eine zwei Stockwerke hohe Mauer, darüber ein Laufsteg. Unten war ein langer, enger Hof, wo eine Gruppe weisser Gefangener spielte, zwei Männer pro Team schlugen einen Tennisball gegen die Mauer. Insgesamt waren sie zehn, einer von ihnen, dessen war ich sicher, war Braam Fischer, der berühmte Anwalt, der die ANC-Führer verteidigt hatte, bevor er selbst verhaftet wurde. Sein Haar war weiss geworden und seine schmächtige Gestalt verlor sich fast in der übergrossen Khaki-Uniform, die an ihm schlotterte, als er nach dem Ball lief. Fischer blieb bis zu seinem Lebensende gefangen; sie liessen ihn nicht einmal hinaus, als er mit Krebs im Sterben lag. Nur seine Asche wurde seiner Familie übergeben.

Diejenigen Männer, die nicht spielten, schlenderten durch den Hof und genossen die wenigen Sonnenstrahlen, die die riesigen Gebäude erhellten. Der einzige Wächter in Sicht stand an der Tür zum Zellenblock, in einiger Entfernung von den Gefangenen. Diese weissen Häftlinge waren sehr wahrscheinlich auch "Politische" und hatten bestimmt auch ihren Anteil an Folterungen durchgemacht. Und doch bedeutete für mich die Tatsache, dass sie zusammensein, miteinander spielen konnten, ein wunderbares Leben. Jeden Morgen kamen sie eine Stunde in den Hof und jeden Morgen kletterte ich zum Fenster hoch und vertiefte mich so in ihr Spiel, dass ich mir, an das Gitter geklammert, wie einer von ihnen vorkam. "Schlag ihn tief! Zurück zur Linie!" Aber natürlich konnten sie mich nicht hören, ich getraute mich nicht, laut zu rufen. Sie wussten ja nicht einmal, dass ich dort war — oder dass ich überhaupt existierte — und ich konnte sie es auch nicht wissen lassen.

Meine Wunden verheilten, und, obwohl ich immer noch lange Anfälle von Kopfschmerzen hatte, war meine Sicht weniger verschwommen als zuvor. Es fiel mir leichter, in Zusammenhängen zu denken. Und doch fragte ich mich oft, was ich hier tat in diesem grauen, undefinierbaren Reich zwischen Leben und Tod. Bestimmt existierte die Welt, die ich gekannt hatte, immer noch; ich konnte ihre Geräusche hören und die Menschen sehen. Aber war ich ein Teil davon? Seit Monaten war ich von niemanden angesprochen worden und hatte zu niemanden dort draussen gesprochen. Die weissen Häftlinge gehörten einer andern Welt an. Sie lachten, spielten und benahmen sich wie normale Menschen, so wie ich sie gekannt hatte. In meinem Zellenblock jedoch benahmen sich Wärter und Gehilfen wie Automaten; mechanisch verrichteten sie die gleichen Bewegungen und schrien die gleichen Befehle zur gleichen Stunde, Tag für Tag.

Die wirkliche Welt zu beobachten, machte mich nur noch einsamer. Ich begann, lange Gespräche mit mir selbst zu halten, ohne mich dessen zu schämen. Warum nicht, so dachte ich, hier drinnen werde ich nie wirkliche Menschen treffen. So ging es weiter bis zu jenem Morgen, an dem ich kurz vor Morgengrauen durch Stimmen geweckt wurde, die Englisch sprachen.

"Mann, du hättest dieses tolle Mädchen sehen sollen, das gestern an unsrer Abteilung vorbeiging", sagte die erste Stimme. "Ich kann nicht mehr warten, bis ich draussen bin und meine Hände an so etwas legen kann."

"Ah, Willie, sprich nicht so", antwortete eine andre Stimme. "Das macht einen armen Kerl ja schlaflos."

Während kurzer Zeit dachte ich, wieder Hirngespinste zu haben. Aber die Stimmen waren zu deutlich, das Thema zu alltäglich. Manchmal wurde das Englisch auch von Sätzen in einer afrikanischen Sprache unterbrochen.

"Noch vier Tage und ich werde zurücksein im guten, alten Soweto", schnurrte die erste Stimme. "Ich frage mich, wer da sein wird, um mich zu empfangen." Dann folgte eine lange Liste von Namen der Familie und von Freunden.

Oberhalb meiner Tür befand sich eine kleine Öffnung, verriegelt durch ein dickes Drahtgeflecht. Im Winter verwandelte diese Öffnung und das glaslose Fenster die Zelle in einen eisigen Windkanal. Aber sie brachte mir auch Geräusche vom Korridor. Jetzt schob ich meine Eimer rüber, damit mein Kopf die Öffnung erreichen konnte. Der Mann namens Willie befand sich in der Zelle neben mir; der andre gegenüber. Sie tönten beide jung, aber die immer noch namenlose Stimme war sehr rauh und sprach so schnell, dass ich nur die Hälfte von dem verstand, was der Mann sagte. Beide waren von Soweto und ihr Geflüster handelte hauptsächlich vom Leben in dieser schnell wachsenden Vorstadtsiedlung.

Ich hörte angestrengt zu und dachte den ganzen nächsten Tag über Willie und seinen Freund nach. Ich wusste fast nichts über die beiden, und doch dachte ich an sie wie an alte Freunde. Wenn die Nacht hereinbrach, schlief ich nicht ein aus Angst, etwas von ihrem Gespräch zu verpassen. Sie warteten fast bis zum Tagesanbruch.

"Psst. Hey, Mann, bist du wach?"

Ich wartete, bis Willie seinen Tag im Arbeitstrupp beschrieb, bevor ich etwas sagte.

"Hallo dort." Ich versuchte zu flüstern, aber meine Stimme tönte so laut, dass ich fast in die Höhe sprang. Ruhe. "Hallo. Ich heisse John Ya-Otto und komme aus Südwest-Afrika", versuchte ich noch einmal, viel leiser.

"Um Himmels Willen, Kumpel, schrei nicht so, oder wir haben die ganze verfluchte Wache des Gefängnisses hier", antwortete die rauhe Stimme.

"Ist in Ordnung, Mann; die Schweinhunde schlafen sowieso", sagte Willie neben mir. "Woher sagtest du, bist du?"

"Deutsch West Afrika." Kaum jemand aus dem Transvaal kannte Süd-West. "Es ist nördlich von Kap."

"Ah, du bist weit von zu Hause weg", meinte der andre. "Weshalb bist du hier?"

Jede Nacht diskutierten wir, bis Willie in der folgenden Woche entlassen wurde. Er war fünf Jahre in Haft gewesen wegen Mitgliedschaft im ANC und zählte jetzt die Stunden und Minuten bis zu seiner Freilassung. Sein Freund Tommie war hier wegen Dieb-

stahls und hatte erst mit seiner Haft begonnen. Ich erzählte ihnen von Windhoek und Namibia, sie sprachen von Soweto und Johannesburg. Willie plante jede Einzelheit seines ersten Tages in Freiheit; Tommie und ich bekamen lustvolle Beschreibungen der Bierhallen und *shebeens*, die er besuchen würde und von seiner Freundin, die auf ihn wartete. Willie war erst sechundzwanzig und entschlossen, all die Jahren in Haft nachzuholen. Tommie sprach weniger. Nach Willies Entlassung fuhren wir mit unsrem nächtlichen Gedankenaustausch fort, bis er in der darauffolgenden Woche in einen andern Flügel versetzt wurde. Wieder war ich allein.
Mehrere Wochen vergingen, ohne dass mich viel erheitert hätte, ausser das Spiel der weissen Häftlinge. Ich hatte mich damit abgefunden, Jahre, oder gar den Rest meines Lebens so verbringen zu müssen. Zeit schien nicht mehr wichtig zu sein und alles andere — Ali, meine Kameraden zu Hause, SWAPO — war so weit entfernt, dass ich es vorzog, nicht darüber nachzudenken. Solche Gedanken machten die täglichen Routine nur noch schmerzlicher. Dann, eines Tages fand ich einen andern Gefangenen den Korridor auf- und abgehen, während seiner einminütigen Bewegungspause.
Er war ein Inder, trug einen sauberen Anzug und ein weisses Hemd; dagegen sah ich wie ein Bettler aus. Es muss ein Politischer sein, dachte ich. Was sonst sollte ein Inder hier, im schwarzen Flügel tun? Mein Herz klopfte schneller als er am Ende des Gangs umkehrte und auf mich zukam. Seine Augen trafen meine, und der Anflug eines Lächelns huschte über sein Gesicht. Dann, als wir aneinander vorbeigingen, hob er seine Hand, wie um sich am Kopf zu kratzen und machte mir blitzschnell das "Daumen-Hoch" Zeichen der Kongress-Bewegung.
Ich war zu verblüfft, um zu reagieren. Als ich mich umdrehte, um den Korridor runter zu gehen, sah ich wie der Inder einige Zellen von meiner entfernt eingeschlossen wurde.
Den ganzen Abend dachte ich darüber nach, warum und wie es zur Gegenwart meines neuen Freundes hier hatte kommen können. Für mich wären inzwischen alle Häftlinge zu meinen Freunden geworden in meinen Gedanken, aber dieser Mann war bestimmt was Besonderes, da er genau die gleichen Einminuten-Spaziergänge machte wie ich. Mir kamen Dutzende von Fragen in den Sinn, die ich ihm bei unsrer nächsten Begegnung stellen wollte. So viele Sachen, an die ich seit langer Zeit nicht mehr zu denken gewagt hatte, kamen mir plötzlich in den Sinn. Am begierig-

sten war ich darauf, ihn über Namibia zu befragen und über unsre Gefangennahme — war die Aussenwelt auf dem Laufenden? Unser "Treffen" würde nur einen ganz kurzen Kontakt ermöglichen, ein geflüstertes Wort höchstens; aber plötzlich entdeckte ich, dass meine Phantasie die Zellenwände durchbrach.

Mein neuer Freund war ein einfallsreicher Mann. Am nächsten Morgen fand ich einen Kugelschreiber im Toilettenpapier, das mir von einem Gehilfen als Tagesration durch das Guckloch gereicht wurde. Als ich das Papier komplett enrollte, flatterte ein beschriebener Zettel zu Boden: "Ich bin ein Anwalt aus Durban. Verhaftet im Namen des Anti-Kommunismus-Gesetzes. Wer bist du?"

Der winzige Zettel fühlte sich an wie heisse Kohle in meinen Händen; was, wenn der Wächter plötzlich die Tür öffnen würde? Und der Kugelschreiber — man konnte nichts verstecken in einer Zelle wie der meinigen. Aber offensichtlich war es dem Inder gelungen, und er erwartete von mir jetzt eine Antwort. Ich las die Notiz mehrere Male und verschluckte sie dann. Der Gehilfe hatte mir mehr Toilettenpapier gegeben, als gewöhnlich. Ich riss die Hälfte davon ab und faltete es so oft, bis ein kleines Viereck entstand. Dann hielt ich es an die Tür gedrückt und begann vorsichtig, Buchstabe um Buchstabe, zu schreiben "John Ya-Otto, Namibia, SWAPO, politischer Gefangener. Kennst du meinen Fall?" Zum ersten Mal seit Monaten hielt ich etwas zum Schreiben in den Händen. Diese zitterten vor lauter Aufregung und vor Mangel an Übung. Vielleicht war es eine Falle, und der Wärter wartete draussen, um mich auf frischer Tat zu ertappen? Der Kugelschreiber zerriss ständig das poröse Papier. Nach einer Ewigkeit, so schien es mir, versteckte ich ihn und die fertige Notiz in meiner Hose und wartete ab, was passieren würde.

Es war beim Mittagessen. Wie der Gehilfe mein Essen durch die Öffnung stiess, flüsterte er, "Nächstes Mal, auch den Kugelschreiber." Dreissig Minuten später, als der Arm in meine Zelle hineinreichte, um die leere Schüssel wegzunehmen, schob ich dem Gehilfen den um den Kugelschreiber gerollten Zettel zu; der Wärter stand genau hinter ihm. Die faltige, schwarze Hand bewegte sich mit der Schnelligkeit eines Zauberers; der Zettel verschwand unter der Schüssel. Der Bure hätte genau über uns stehen müssen, um etwas zu bemerken.

Der Gehilfe, Madala, der mich mit dem Anwalt in Verbindung gebracht hatte, war ein alter Mann mit zittriger Stimme. Er hatte sechzehn seiner fünfundzwanzig Jahre Haft hinter sich und schien

ziemlich grosse Freiheiten innerhalb des Gefängnisses zu geniessen. "Ich war im Kongress", erzählte er mir später. "Wir schnitten den Weissen die Köpfe ab." Aber das konnte nicht wahr sein; niemand im Kongress hatte in den frühen fünfziger Jahren Köpfe abgeschnitten, oder sonst jemals überhaupt.
Der Inder wurde in einen andern Zellenblock versetzt, bevor ich eine Antwort bekam, aber ungefähr eine Woche später brachte mir Madala einen weiteren Zettel, dieses Mal von Hermann Ja-Toivo, der mich nach Neuigkeiten über unsren Fall fragte. Zuerst war ich sehr aufgeregt; nun konnte ich wirklich herausfinden, was Hermann Swanepoels Bande gesagt hatte. Als sie mich damals verprügelten, hatten Ferreira und die andern darüber Witze gemacht, wie sie Hermanns Widerstand gebrochen hatten. Ich versuchte, ihnen nicht zu glauben, aber tief in meinem Innern blieb ein Zweifel. Wer weiss, was sie Hermann angetan hatten? Aber wie ich an meinem Kugelschreiber herumdrehte und über die Fragen nachdachte, überkamen mich Zweifel wegen der Notiz und wegen Madala. Um diesen Platz zu erhalten, musste er den Buren bewiesen haben, dass er ein guter Diener sein konnte. Zweifellos war er das. Jedesmal, wenn die Wächter ihn anfluchten oder ihm Fusstritte versetzten, antwortete er mit einem schrillen, nervösen Lachen. Er erlaubte sogar dem jüngsten Wärter, ihn wie einen Hund zu behandeln. Aber das reichte kaum. Je mehr ich darüber nachdachte, umso überzeugter wurde ich, dass Madala eine Doppelspiel trieb. Schliesslich schrieb ich Hermann, dass es mir gutging und dass ich nichts über unsren Fall wüsste. Und so benahm ich mich mit allen weiteren Notizen, die mir Madala brachte, wie diejenige von Jason und verschiedenen andren SWAPO-Leuten, die ich noch nicht gesehen hatte. Als mir dann Madala eine Notiz von Ishmael Fortune brachte, einem Mann, den ich von Windhoek her kannte, da wusste ich, dass man Madala nicht trauen konnte. Ich fuhr fort, seine geflüsterten Bemerkungen mit einem Grinsen und Nicken zu beantworten, aber ich war immer vorsichtig, wenn er in der Nähe war.
Der Gehilfe, dem ich am meisten traute, war ein grosser, junger Kerl, dem die Buren den Übernamen *Langgat* — "Langarsch" — gegeben hatten. Ich war immer erstaunt darüber, wie gut Langgat es verstand, die Buren das tun zu lassen, was sie wollten, ohne sich selbst zu erniedrigen. Ihrer Ansicht nach behandelte er sie wie Götter — "Ja, *basie;* richtig *nkosi"* — aber sobald sie wegsahen, fand Langgat irgendeinen Weg, um ihre Autorität herauszufordern. Er konnte, genau vor den Wächtern, nur mit Grimassen,

ganze Geschichten erzählen, und wenn sie mich manchmal, während der Zellenreinigung, etwas fragten, waren Langgats Grimassen mein Ratgeber, wie antworten, während er ruhig den Fussboden weiterscheuerte. Wenn er mich samstags rasierte, war ich immer um einige Neuigkeiten reicher, wenn er fertig war. Langgat war ein Intellektueller und hatte dem ANC angehört, als er in den frühen sechziger Jahren verhaftet wurde. Und auch wenn er noch viele Jahre in Haft zu verbringen hatte, hatte er die Hoffnung nicht aufgegeben. "Die Lage ist jetzt schwierig," flüsterte er einmal, als er den Nachteimer hinaustrug, "aber das wird sich ändern. Zu viele Leute stecken im Gefängnis, aber andere sind draussen und arbeiten. Du wirst schon sehen."
Meine Verbindung zu Langgat half mir dabei, nicht überzuschnappen. Er musste geahnt haben, welche Hölle ich mitgemacht hatte, denn er tat sein bestmögliches, um mich aufzuheitern, wann immer er dazu Gelegenheit hatte. Er erzählte mir, was er von den andern namibischen Gefangenen wusste — was nicht sehr viel war, da er nicht über Madalas Freiheiten verfügte — und die vereinzelten Fetzen Neuigkeiten, die manchmal von der Aussenwelt durchsickerten. Gerade genug, um die totale Isolation zu durchbrechen, die die Buren versuchten, mir aufzuzwingen.
Die Musik von draussen, die weissen Häftlinge, mein Kontakt mit Langgat — diese kleinen Risse in der Wand der offiziellen Isolation halfen mir, die ersten Monate des Jahres 1967 zu überstehen, ohne geisteskrank zu werden. Ich sprach nicht mehr mit mir selbst und hatte auch keine Wahnvorstellungen mehr. Nach und nach lernte ich, mit der Einsamkeit zu leben, indem ich die geringste alltägliche Ablenkung bis in letzte ausnützte. Ich lernte, jeden weissen Häftling auszumachen im Hof; es gelang mir, meine Übungspause zu verlängern, indem ich langsamer auf und ab ging. Die Wärter, die am Anfang so aussahen, als wollten sie sich jedesmal, wenn sie mich sahen, auf mich stürzen, hatten sich beruhigt und schlenderten manchmal ausser Hörweite, wenn die Gehilfen kamen, um ihre Arbeit zu verrichten.
Aber immer noch gab es lange, lange Stunden, Tage und Wochen, während denen ich nichts anderes zun tun hatte, als nachzudenken. Meine Gedanken kehrten zurück nach Windhoek. Was wohl Ali nun tat? Sie war immer eine starke Frau gewesen, unabhängig und fähig, sich selbst durchzubringen. Aber jetzt dachte sie vielleicht, ich sei tot oder würde nie mehr nach Hause zurückkehren. Würde sie mir dann noch treu sein oder würde sie sich einen andern Mann nehmen? Ich war sehr oft weg gewesen

von zu Hause, nachdem wir geheiratet hatten, vielbeschäftigt — zu beschäftigt vielleicht — mit meiner SWAPO-Arbeit. Irgendwie hatte ich mir nie richtig Zeit genommen, um Ali wirklich kennenzulernen und jetzt war es vielleicht zu spät. Und Kenneth, der nur sechs Monate alt war, als ich verhaftet wurde, ihn würde ich vielleicht nie kennenlernen. Er war sicher schon sehr gewachsen, konnte vielleicht schon gehen. Der Gedanke, dass dieses kleine, weiche Bündel eines Sohnes, für den ich das beste gewollt hatte, vielleicht aufwachsen würde, ohne mich je gesehen zu haben, füllte meine Augen mit Tränen. Wer würde nach Onkel Isak in Tsumeb schauen, wenn er zu alt wäre um zu arbeiten? Der Schweiss und die Beleidigung, die er erduldet hatte, damit seine Kinder es einmal besser hätten — würden sie je zurückgezahlt werden? Ich schuldete diesem Mann alles und hatte nichts für ihn getan. Ich dachte auch an meine SWAPO-Kameraden. Wieviele von ihnen waren verhaftet worden? Wer führte die Arbeit weiter? Oder hatten die Buren einfach die ganze Organisation verboten? Wir hatten nie Pläne für diese Art von Notfall gemacht.
Stunden, Tage und Woche vergingen, während deren ich vor mich hinstarrte und darüber grübelte. Über die tägliche und wöchentliche Routine hinaus hatte ich wenig Gefühl für die vergehende Zeit. Ich wusste, dass es bald Winter sein würde, weil die Nächte, und auch die Tage, schrecklich kalt wurden. Der Wind pfiff durch meine Zelle und kühlte den Beton ab, der mich umgab. Die zwei zusätzlichen Decken, die ich erhielt, machten keinen grossen Unterschied. Ich hätte mindestens vier der fadenscheinigen Fetzen auf mir gebraucht, aber das hätte mir nur eine gelassen, um mich gegen den eisigen Fussboden zu schützen. Ich deckte mich zu so gut ich konnte, spürte aber, wie der polierte Zement alle meine Körperwärme aus mir sog, bis meine Unterseite ganz gefühllos wurde. Benützte ich eine Decke mehr als Matratze, so spürte ich den Wind durch die Decken von oben blasen. Am Morgen waren meine Gelenke so steif, dass ich während einiger Minuten vorsichtige Übungen machen musste, bis ich mich normal bewegen konnte. Tagsüber, wenn die Decken gemäss Reglement gefaltet in einer Ecke liegen mussten, konnte ich mich nie länger als fünf Minuten hinsetzen, dann zwang mich die Kälte wieder zu Turnübungen.
An einem Samstagnachmittag wurde meine Türe plötzlich ganz unerwartet aufgeriegelt und ein älterer Wächter winkte mir, ihm zu folgen. "Kom, iemand will you sien. Komm, jemand will dich sehen."

Wir gingen durch die Stahltür am Ende des Korridors und eine Treppe hoch durch einen Gang mit Büros links und rechts. Der Wächter befahl mir zu warten, während er die Türen auf jedem Stockwerk auf- und zuschloss mit Schlüsseln, die er an einer Kette trug, welche an seinem Gürtel befestigt war. Er sagte kein Wort. Am Ende des oberen Gangs war eine Büro-Tür offen und mit einer Kopfbewegung befahl er mir einzutreten. Der Raum war gross und die Sonne strahlte durch zwei breite Fenster. Ein Sofa und ein paar Lehnstühle nahmen den grössten Teil des Raums ein. Vier würdevoll aussehende Männer in Anzügen und Krawatte sassen da und schienen auf mich zu warten. Der Gefängnisdirektor stand an einem Pult beim Fenster.
"Setz dich bitte", sagte er auf Englisch und zeigte auf einen Stuhl. Was bedeutete diese Höflichkeit und der elegante Raum? Hatte ich meine letzte Erklärung abzugeben vor meiner Hinrichtung? Ich setzte mich auf die Stuhlkante. Ein peinliches Schweigen folgte, als die vier alle auf mich schauten. Ich spürte, wie ihre Augen von meinen nackten Füssen über meine zerknitterten, zerrissenen Kleider zu meinem rasierten Schädel wanderten.
Welcher war wohl der Henker? Die andern waren sicher Richter und ein Priester. Endlich wurde das Schweigen gebrochen durch einen etwa sechzigjährigen untersetzten, weisshaarigen Mann. Er sah aus wie einige der deutschen Minen-Ingenieure in Tsumeb und als er sprach, hatte er tatsächlich einen deutschen Akzent.
"Herr Otto", sagte er, "Was halten Sie von diesem Gefängnis?" Was für eine Frage war das? Ich bemerkte den finstern Blick des Direktors. Auch die andern starrten auf mich.
"Nun, ääh ..." begann ich, "es ist nicht gerade wie zu Hause, wissen Sie ..." stotterte ich.
"Lesen Sie?" unterbrach mit der Deutsche knapp. Er machte Notizen auf einen Block.
"Lesen?" wiederholte ich. Der Mann war bestimmt kein Gefängnisbeamter. "Nein, ich lese nicht. Ich denke, lesen ist im Gefängnis verboten."
"Also haben Sie keine Kenntnis von der Gefängnis-Bibliothek?" Er schien überrascht zu sein.
Ich schüttelte den Kopf. Wer immer dieser Mann war, die Situation gefiel mir nicht. War dies ein Falle, so tat ich am besten daran, den Direktor zu loben; dieser stand da mit finsterem Blick und zusammengepressten Lippen.
Der Deutsche musste gespürt haben, wie mir zumute war. "Sie wissen nicht, wer ich bin, nicht wahr?" Er legte seinen Notizblock

nieder und versuchte, höflich zu lächeln. "Ich vertrete das Internationale Rote Kreuz in Genf. Ich bin hier, um zu prüfen, wie Gefangene behandelt werden." Er warf einen Blick auf die andern, aber ihre ausdruckslosen Gesichter verrieten nichts. "Die südafrikanischen Vorschriften verlangen, dass die Mitglieder der Gefängnis-Verwaltung während unsrer Gespräche anwesend sind. Könnten Sie mir jetzt bitte sagen, was sie zu essen kriegen?"
Als er Rotes Kreuz Genf gesagt hatte, hatte mein Herz einen Sprung gemacht. Ich spürte eine freudige Erregung. Trotz der sturen Art des Mannes, hatte ich Lust, aufzuspringen und ihn zu umarmen. Die Tatsache, dass er hier war, bedeutete, dass unser Fall in der Aussenwelt bekannt war. Und wenn die Buren dazu gezwungen worden waren, ihn mich sehen zu lassen, so würde es schwierig sein für sie, nach seiner Abreise Vergeltungsmassnahmen zu unternehmen. Und so begann ich, trotz der Gegenwart des Direktors und seiner Untergebenen, die Einzelheiten zu schildern, wie ich behandelt wurde. Wann immer ich etwas erzählte, das gegen die Rot-Kreuz-Abkommen verstiess, schrieb der Deutsche es auf. Zum Beispiel notierte er, dass ich nie Früchte oder frisches Gemüse erhielt und dass meine Decken mich nicht daran hinderten, fast zu erfrieren.
"Wie lange dürfen Sie sich im Freien aufhalten?" fragte er.
"Ich habe seit fünf Monaten den Himmel nicht gesehen." antwortete ich. "Eine Minute im Korridor ist alles, was ich kriege."
Der Deutsche blickte zum Direktor, der seinerseits auf mich starrte. "Wart's nur ab, du Kaffer", stand gross auf seinem Gesicht geschrieben, aber er bestritt nichts von dem, was ich sagte. Ich fragte mich, wie wohl die Inspektion des kommenden Morgens sein würde.
"Nun, meine Herren, ich glaube, das genügt", sagte der Besucher und kritzelte weiter Notizen. "Ich habe noch mehr Häftlinge zu sehen heute nachmittag. Herr Otto, vielen Dank für Ihre Hilfe." Er kam zu mir rüber und reichte mir die Hand, als der Wächter kam, um mich zurück in meine Zelle zu bringen.
Der Rote-Kreuz-Besuch hatte sofortige Folgen. Am folgenden Tag, als ich in den Korridor hinausgelassen wurde, wartete der Wärter mit seinem schweren Schlüsselbund. "Hak!" schrie er, als ich zum Waschbecken gehen wollte. "Du gehst ins Freie."
Es war ein sonniger Tag; nur ein paar weisse Wolken standen am blassblauen Winterhimmel. Ein Schwarm Tauben flog über die Mauer und kam in den Hof, als der Wärter die Tür öffnete. Hinter der Mauer stand ein Hain von hohen Pappeln, auf die sich

Stare niedergelassen hatten, um sich in der Sonne zu erwärmen. Die grünen Blätter raschelten in der Brise. Der Hof war lang und schmal, auf drei Seiten durch Zellenblöcke abgeschlossen. Eines der Gebäude befand sich noch im Bau. Die Sonne schien bis zum andern Ende des Hofs, wo drei Häftlinge auf einer Steinbank sassen. An der einen Wand des Hofs waren zwei offene Duschen und ein Waschbecken, demjenigen im Korridor ähnlich. Einige nackte Männer wuschen gebückt ihre Kleider.
Ich stand in der Tür und blinzelte ins helle Tageslicht. Ich versuchte, jede kleinste Einzelheit dieser riesigen Weite in mir aufzunehmen. Schliesslich gab mir der Wächter einen Stoss über die Türschwelle und schlug die Tür hinter mir zu. Verblüfft schaute ich noch einmal um mich; kein einziger Wärter war zu sehen! Ich begann, über den Asphalt zu gehen, zuerst einige zaghafte Schritte, dann rannte ich, sprang in die Luft, streckte meine Glieder ohne an irgendeine Wand, Eisentür oder einen stinkenden Toiletteneimer zu stossen: nichts als die frische Luft um mich herum. Ich füllte meine Lungen mit dem Atem dieser neuen Freiheit. Ohne die andern Gefangenen zu beachten, tanzte ich bis in den sonnenbeschienenen Teil des Hofes. Vom Tageslicht geblendet, bedeckte ich mein Gesicht mit meinen Händen und stand still. Ein prikkelndes Gefühl ging von meinem Herz aus, als die Sonnenstrahlen langsam meinen erfrorenen Körper auftauten. Ich schloss meine Augen und hielt mein Gesicht gegen die Sonne, bis mir schwindlig wurde. Meine Beine begannen zu zittern, aber ich fühlte mich so leicht und frei wie eine Gazelle auf offenem Buschland.
Von diesem Tag an erhielt ich täglich dreissig Minuten im Hof. Ich konnte eine Dusche nehmen, meine Kleider waschen und mit den andern Häftlingen diskutieren, ohne dass die Wärter zuhörten. Diese dreissig Minuten liessen mich wieder wie ein menschliches Wesen vorkommen, ein Mensch, der sprechen und gehen konnte und auch die andern Dinge tun konnte, die freie Menschen taten. In meiner Zelle fing ich wieder an, die Wände zu dekorieren. Mit grosser Sorgfalt und viel Energie ritzte ich, in allen namibischen Sprachen *"Namibier, unser Land wird frei sein!"* ein. Ich hatte die Folterungen der Polizei überlebt, ich hatte ihrem Versuch, mich wahnsinnig zu machen, widerstanden. Stärke und Vertrauen kamen zurück. Ich hatte die Vorahnung, dass ich nicht mehr sehr lange in dieser Zelle bleiben würde, und ich wollte, dass alle zukünftigen Insassen den Beweis meines Sieges sehen konnten, in der Tradition von Sisulu und Mbeki.

8
Der Prozess der Terroristen

Sieben Monate nach meiner Verhaftung wurde ich eines Morgens aus meiner Zelle in den Hof geführt, wo ein dunkelblauer Lieferwagen wartete. Der Wächter stiess mich hinein. Es sassen schon zwei Männer in der Kabine aus Stahl. "Mann, *mitiri*!" rief eine Stimme. "Ehrenwort, ich hätte nie gedacht, dich je wieder zu sehen!"

Es war Matthew Joseph — oder Jobeck — einer meiner alten SWAPO-Kameraden aus Ovamboland. Seine Kleider hingen in zerlumpten Fetzen an ihm herunter. Er trug keine Schuhe. Der wochenalte Stoppelbart an seinem Kinn konnte die eingefallenen, angespannten Züge seines Gesichts nicht verstecken, die

einst so rund und heiter gewesen waren. Aber Jobecks Grinsen war das alte geblieben und sein Händedruck war fest als er mich überschwenglich umarmte.

Der Lieferwagen füllte sich rasch. Jason kam auch und begrüsste uns lachend. Dann kamen Hermann und Kahumba, dessen Haare weiss geworden waren und viele andere, die ich nicht kannte. Maxuilili war einer der letzten, die einstiegen. Mein Herz schlug höher beim Wiedersehen so vieler bekannten Gesichter. Traurigkeit, Erleichterung, Jubel: ein Chaos von Gefühlen, die ich während Monaten zurückgehalten hatte, brach plötzlich hervor und Tränen liefen mir die Wangen hinunter. Ich war wieder unter Menschen, Freunden. Ich weinte und lachte gleichzeitig, und so erging es auch den andern. Der Wagenkasten war erfüllt von Namenszurufen und es entstand ein Gedränge, als alle sich umarmten und die Hände schüttelten, auch diejenigen, die sich noch nie gesehen hatten. Verschwunden war die kalte Einsamkeit der steinernen Zellen; was immer auch jetzt passieren würde, wir würden es gemeinsam durchstehen.

Als die Hintertür zugeschlagen wurde, waren wir so dicht gedrängt, dass keiner sich mehr bewegen konnte. Irgendwo im Hintergrund begann Maxuililis bekannte Stimme, so befehlsgewohnt wie in alten Tagen, mit *"Buren, geht nach Kakamas!"* Siebenunddreissig uneingeübte Stimmen erfüllten den Gefängnishof, als unser mobiler Käfig schaukelnd und rumpelnd durch das Tor fuhr. Die Aussenwelt war immer noch am Leben! Wir fuhren vorbei an Bussen, die vollbeladen waren mit Afrikaner, vorbei an Taxen, Radfahrern und Leuten, die die Strassen zur Stadt entlanggingen. Ich drückte mein Gesicht an das Drahtgeflecht, um diese Luft der Freiheit einzuatmen. Der Wagen musste seine Fahrt verlangsamen, als die Gebäude höher und die Strassen belebter wurden. Wir schrien unsere Parolen den Leuten zu, die uns verwundert anstarrten.

Der Wagen bog von der Strasse ab und fuhr in eine Tiefgarage. Das Tor war nicht verschlossen. Zwei Reihen Polizisten mit Maschinengewehren warteten davor. Gericke, der Major der Sicherheits-Polizei und ein anderer Offizier packten uns, als wir ausstiegen und schleuderten uns auf den Betonboden. "Geht! Bewegt eure Ärsche, ihr Schweine!" Dann wurden wir durch einen langen, schmalen Gang getrieben, in einen grossen Raum, wo noch mehr Polizisten warteten.

Eine aufgeregtes Treiben herrschte um uns herum. Kameras blitzten auf, und Männer mit Notizblöcken lehnten sich auf ihren

Stühlen nach vorne, um uns besser sehen zu können. Sie schauten in unsere Gesichter und machten eifrig Notizen. Hinter ihnen sprachen andere in Mikrofone hinein. Ein schreiender Polizei-Wachtmeister stiess uns nach vorne, wo andere Polizisten und Beamte in dunklen Anzügen hinter einer Reihe von Pulten sassen. Ein Pult, das höher stand als die andern, war unbesetzt: Wir befanden uns in einem Gerichtssaal. Bestimmt würden wir bald die Anklage hören. Wir hatten längst mit Singen und Rufen aufgehört. Schulter an Schulter an meine Kameraden gedrängt, kam ich mir nackt vor unter den feindlichen Blicken rund um uns herum. Schliesslich schritt der Richter durch den Saal und rief zur Ruhe.

Der stellvertretende Staatsanwalt erhob sich, um die Anklagen gegen uns vorzulesen. Ich erkannte in wieder: er war bei meinen Verhören im Kompol-Gebäude ein häufiger Besucher gewesen. Auf einen Stapel Dokumente gestützt, begann er, unsere Namen zu verlesen. Kahumba Nummer 2, ich war Nummer 22. Während unsre Namen und Nummern ausgerufen wurden, kam ein Beamter und hängte Nummernschilder um unsere Nacken. Von jetzt an wurden wir nur noch mit unsren Nummern aufgerufen, wie Vieh an einer Versteigerung.

Dann folgten die Anklagen. Die eintönige Stimme des Staatsanwalts leierte ununterbrochen herunter: "Nummer 1: Versuch, die südafrikanische Regierung gewaltsam zu stürzen; Verschwörung mit andern, die Regierung zu stürzen; Rekrutierung von Leuten, mit dem Ziel, terroristische Tätigkeiten aufzunehmen ..."

Es waren mindestens fünf Anklagepunkte gegen Kahumba und genau so viele gegen diejenigen, die ihm auf der Liste folgten. Bei jeder Anklage bezog sich der Staatsanwalt auf diesen oder jenen Paragraphen des Gesetzes. Aber nur wenige von uns auf der Anklagebank konnten genug Afrikaans, um die Anklagen zu verstehen und nur vier von uns — Jason, Maxuilili, Hermann und ich — hatten Kenntnisse von Gerichtsverfahren. Jason, der neben mir stand, streckte sich, um den Staatsanwalt besser zu hören. "Ich kann es nicht verstehen", flüsterte er. "Ich weiss nicht, welches Gesetz sie anwenden."

"Nummer 22", ertönte die trockne Stimme des Staatsanwalts, "hat sich gemeinsam mit dem Mitverschwörer Sam Nujoma verschworen, die südafrikanische Regierung gewaltsam zu stürzen; hat andre rekrutiert mit dem Ziel, die Regierung zu stürzen; hat Feindseligkeiten zwischen verschieden-rassischen Gruppen auf dem Gebiet von Südwest-Afrika angeregt und/oder sie angezettelt und/oder dazu aufgemuntert; hat mit dem Ausland korrespondiert, um den Interessen der Republik von Südafrika zu schaden."

Dies waren Verbrechen, von denen ich noch nie gehört hatte: "... mit dem Ausland korrespondiert, um der Regierung zu schaden." Wie ich angestrengt versuchte, die Stimme des Staatsanwalts, die vielen "und/oder" und die vagen Bezeichnungen zu verstehen, begriff ich auf einmal, dass während meiner Gefangenschaft ein neues Gesetz verabschiedet worden war. Meine Augen trafen Jasons besorgten Blick. "Es muss doch etwas geben, war wir tun können," murmelte ich.

Der Staatsanwalt brauchte eine ganze Stunde, um alle Anklagen zu verlesen. Dann war der Richter an der Reihe. "Angeklagter Nummer 1, bekennen Sie sich für schuldig oder nicht schuldig?" wandte er sich mit schriller Stimme an Kahumba.

Kahumba schaute hilflos um sich; er hatte kaum ein Wort von dem verstanden, was der Staatsanwalt gesagt hatte. Dann trat Jason nach vorn. "Euer Ehren, wir sind alle während Monaten in Einzelhaft gehalten worden, wir haben nie einen Anwalt gesehen und wir selbst kennen das Gesetz nicht. Könnten wir bitte unsere Verteidigung verschieben, bis wir Rechtsbeistand erhalten haben?"

Der Richter schien verwirrt. Er zögerte und schaute sich hilfesuchend nach dem Staatsanwalt um. Ich ergriff diesen Moment. "Euer Ehren, wir könnten eventuell eine *pro bono deo* Verteidigung* in Betracht ziehen, sofern dies erlaubt wäre. Aber wir benötigen etwas Zeit, ums uns zu beraten, bevor wir plädieren."

Nach einer geflüsterten Beratung mit dem Staatsanwalt willigte der Richter ein. Als wir uns aufstellten, um den Gerichtssaal zu verlassen, schrien die Polizisten wieder ihre Befehle und die Gewehre rasselten. Hinten im Saal drängten sie die Journalisten mit ihren Geschichten für die Titelseite der Nachmittags-Ausgabe zur Tür.

Wie konnten wir zu einem rechten Anwalt kommen? Eine Offizialverteidigung konnte schlimmer sein als gar keine Verteidigung. Unsre beste Chance lag natürlich bei einem progressiven Rechtsanwalt, einem der gegen die Apartheid war, aber eine solche Person war nicht leicht zu finden. Die politischen Prozesse der fünfziger und frühen sechziger Jahre hatten einige Anwälte hervorgebracht, welche die Erfahrung hatten, die wir brauchten; aber nun, 1967, waren die meisten von ihnen hinter den Kulissen verschwunden. Einige, wie zum Beispiel Bram Fischer, waren verhaftet worden, andere hatten Südafrika verlassen und andere wiederum waren so eingeschüchtert worden, dass sie sich von politischen Fällen fernhielten. Die Gesetze wie das Anti-Kommunismus Gesetz und das Gesetz gegen illegale Organisationen gaben der Sicherheitspolizei freie Hand. Dazu kam, dass Afrikaaner-Nationalisten als Geschworene einberufen worden waren. Alles schien auf ein summarisches Gerichtsverfahren und ein entsprechendes Urteil hinzuweisen.

Aber die Hilfe kam schneller als erwartet. Am Tag nach unserer Anklage wurden Hermann, Jason, Maxuilili und ich aus unsren Zellen geholt und in einen kleinen Raum im Erdgeschoss geführt, der sich neben dem Empfangsbüro des Gefängnisses befand. Als wir eintraten, erhob sich ein grosser, schwerer Mann in einem braunen Anzug, um uns zu begrüssen. "Guten Tag", sagte er in gebrochnem Afrikaans, "ich heisse Joel Carlson. Ich bin Anwalt in Johannesburg."

Ohne ein weitres Wort zu verlieren, übergab er uns einen Stapel Papiere aus seiner Aktentasche. Das erste war ein Telegramm von einem Londoner Anwaltsbüro, das einige Monate alt war und ihn bat, Hermann vor Gericht zu verteidigen. Da war auch ein Brief in Sam Nujomas Handschrift, die mir sehr vertraut war, zusammen mit einer Liste von zehn Namen, meinen inbegriffen. Wir reichten uns die Papiere weiter; Carlson beobachtete uns schweigend. Ich las Sams Brief mehrere Male; es bestand kein Zweifel über seine Echtheit. Hermann, der während Jahren in Kapstadt gelebt hatte, dachte, dass Carlsons Name ihm bekannt vorkomme. "Was glauben Sie, für uns tun zu können?" fragte ihn schliesslich Maxuilili.

"Ehrlich gesagt, ich weiss es nicht", antwortete der Anwalt und schaute uns direkt ins Gesicht. "Wie Sie sicher bemerkt haben, hat das Parlament ein neues Gesetz verabschiedet, speziell für Sie: das Anti-Terrorismus Gesetz. Das lässt nicht viel Hoffnung."

Gemäss dem neuen Gesetz, so erklärte uns Carlson, konnte jeder ein "Terrorist" sein, der die Regierung bei den Vereinten Nationen, Amnesty International oder irgend einer "fremden Körperschaft oder Institution" kritisierte. Das Gesetz wurde auch auf Leute angewandt, die "irgend einer Person des Staates beträchtlichen finanziellen Verlust verursachten" oder die auf irgend eine Weise versuchten "den Staat in Verlegenheit zu bringen". Eine Mittäterschafts-Klausel machte in unserem Fall irgendein SWAPO-Mitglied verantwortlich für die Tätigkeit irgend eines andren Mitglieds. Das Gesetz ermächtigte die Polizei, einen Verdächtigen in Isolationshaft zu halten, solange sie wollte, ohne sagen zu müssen, ob die Person tatsächlich verhaftet war oder nicht. Besuche und Rechtsbeistand für Verhaftete waren verboten. Die Urteile reichten von fünf Jahren bis zur Todesstrafe, ohne die Möglichkeit einer bedingten Haftentlassung oder eines Aufschubs der Urteilsvollstreckung.

Im Falle eines Freispruchs erlaubte das Gesetz eine sofortige erneute Verhaftung, und neue Anklagen konnten auf den gleichen ursprünglichen Tätigkeiten basieren, wie die alten. Carlson erklärte uns die Paragraphen langsam, strich mit seiner Hand durch sein rötliches, dichtes Haar. "Das ist es, speziell für die SWAPO", endete er.

"Aber wenn sie es erst letzte Woche verabschiedet haben, so kann das Gesetz auf uns nicht angewandt werden", sagte Jason. "Oh doch, das kann es sehr wohl", antwortete der Anwalt. "Sie machten es rückwirkend, gültig für fünf Jahre — bis Juni 1962." Plötzlich schien der Gedanke an eine Verteidigung sinnlos; wie kann man sich gegen ein solches Gesetz wehren? Jason murrte etwas vor sich hin. Hermann hielt seinen Kopf in die Hände vergraben. Schliesslich unterbrach Carlson die Stille. "Ihr habt meine Bedingungen gesehen. Da ich nicht amtlich zugelassen bin, einen Fall vor dem Obersten Gerichtshof zu vertreten, müsste ich ein Anwalts-Team zusammenbringen, das zugelassen ist und das könnte einige Schwierigkeiten bereiten. Und damit Sie überhaupt eine Chance haben, müsste ich die ganze Wahrheit kennen; ich benötige Ihr volles Vertrauen. Jetzt liegt die Entscheidung bei Ihnen."

In diesem Augenblick wurde die Tür aufgerissen und Oberst Aucamp, einer der Vorsteher der Gefängnis-Abteilung, stürzte herein. Sein Gesicht war gerötet. "Was tun Sie hier, Carlson?" schnauzte er. "Wer zum Teufel gab Ihnen die Erlaubnis, diese Terroristen zu sehen?"

Der Anwalt schien nicht überrascht zu sein. Er nahm seine Brille ab, schaute einen Moment lang Aucamp an, bevor er die Rechte eines Verteidigungsanwaltes nach unsern formellen Anklage zu zitieren begann.

"In Ordnung", gab der Oberst nach. Dann wandte er sich plötzlich an uns. "Habt ihr diesen Mann als euren Anwalt akzeptiert?" Wir schauten uns alle vier kurz an. "Ja", sagte Maxuilili, "Mr. Carlson vertritt uns."

Am nächsten Tag begannen wir mit der Vorbereitung unserer Verteidigung. Carlson wies uns fünf an — Hermann Ja-Toivo,

Joseph Shityuwete, Jason, Maxuilili und mich — den Bericht eines jeden unsrer Kameraden aufzuschreiben, da wir etwas Englisch konnten. Er wollte darin so viele persönliche Auskünfte wie nur möglich über die Tätigkeit eines jeden in der SWAPO und einen Bericht der Verhaftung. Wir schrieben alles in Schulheften nieder; Carlson nahm sie während seiner fast täglichen Besuchen mit sich. Unser Besuchsraum war ausgetauscht worden gegen ein kleines Räumchen, von dem wir annahmen, dass es eine Abhöranlage enthielt. So verliefen viele unsrer Unterhaltungen mit Hilfe von schriftlichen Notizen und Zeichensprache. Diese Erschwernis, sowie unser gebrochnes Englisch und Carlsons schlechtes Afrikaans waren Grund genug für ziemlich viel Frustration. Aber wir hatten zu viel zu tun, um uns durch solche unwesentliche Hindernisse ablenken zu lassen.
Carlson arbeitete unermüdlich. Auch wenn er bei unsrem ersten Treffen mit bitterer Offenheit gesprochen hatte, schlug er doch nie mehr einen pessimistischen Ton an, nachdem wir angefangen hatten, zusammen zu arbeiten. Ich glaube, dass es die vielen Jahre waren, die er damit verbracht hatte, gegen Pass-Gesetze und schlimmere politische Vorfälle zu kämpfen, die ihn befähigten, so viel Energie für unsren Fall aufzubringen. Nach ein paar Tagen brachte er uns Kleider, die er mit Hilfe seiner Freunde gesammelt hatte. Meine eignen Fetzen konnten mich nur warm halten, wenn ich die Arme um meinen Körper schlang. Andren erging es noch schlimmer; einige trugen nur kurze Hosen oder hatten keine Schuhe und fröstelten dauernd im kalten Juni-Wetter, sogar dann, wenn sie sich in ihre Decken einhüllten. Carlson reiste auch nach Windhoek, um unsre Familien über unsre Lage aufzuklären. Bald danach erhielten einige von uns auch Kleider von zu Hause. Es war jedes Mal wie Zauberei, wenn Carlson seinen Koffer öffnete, den er an unsre Treffen mitbrachte: Früchte, Zeitungen, Tabak — Sachen, die für uns alle nicht mehr existiert hatten und uns jetzt daran erinnerten, was ein normales Leben bedeutete und wofür wir zu kämpfen hatten.
Aber immer noch bestand die heikelste Aufgabe darin, Anwälte für unsre Verteidigung zu finden. Als öffentlich bekannt wurde, dass Carlson uns vertrat, begannen einige Zeitungen ihn als "Terroristen-Anwalt" zu verleumden. Er wurde beschuldigt, von Moskau bezahlt zu sein, derweil das Geld für unsre Verteidigung in Wirklichkeit von einem britischen Adligen, Lord Campbell von Eskan, kam. Die Polizei bedrohte Carlsons Sekretärinnen und zwang acht von ihnen hintereinander zu kündigen während

Carlson für uns arbeitete. Aber trotzdem hatte er zwei Wochen nach unsrer Anklage ein Team von fünf Anwälten zusammengebracht, die uns vor dem Obersten Gerichtshof vertraten. Einige Tage später gelang es ihnen, unsren Prozess um zwei Monate bis zum September zu verschieben.

Dies war unser erster Sieg, ein erstes kleines Anzeichen, dass es trotz allem lohnte, sich vor Gericht zur Wehr zu setzen. Jeder von uns konnte diese Ermutigung gebrauchen. Wir alle hatten unter den Grausamkeiten der Leute von Swanepoel und unter der Hölle der Einzelhaft gelitten. Jetzt, da wir angeklagt und in Zellen zu viert oder fünft zusammengebracht worden waren, fand ich heraus, dass einige viel Schlimmeres durchgemacht hatten als ich. Der alte *Ephraim Kaporo*, einer meiner Zellengefährten, war fast bis zur Unkenntlichkeit abgemagert. Als unsere Guerillas ihre Basen in Omgulumbashe errichteten, war Kaporo einer der ersten gewesen, der sie mit Nahrung versorgte und der Waffentraining erhielt. Einmal pro Woche ging er zu Fuss die zwanzig Meilen von seinem Kraal zum Lager, und er war dort, als die Südafrikaner angriffen. Es gelang ihm, zu entwischen, aber nach einigen Tagen spürten sie ihn mit Helikoptern auf. Er, der schon unter normalen Umständen ein wortkarger Mensch war, hatte nichts gestanden. Nach neunmonatiger Haft konnte er kaum noch sprechen; schweratmend hob und senkte sich seine knöcherne Brust und er spuckte Blut. Carlson verlangte dauernd seine Überweisung in die Gefängnis-Klinik, aber die Amtsgewaltigen stellten sich taub. Nachts, wenn ich in meine Decke gehüllt lag, hörte ich ihn nach Atem ringen und fragte mich oft, ob ich nicht auch, verdammt durch das Anti-Terrorismus-Gesetz in Kaporos Lage war. Wären nicht unsere jüngeren Spassmacher Julius und Kaleb, beide Guerillas, bei uns gewesen, ich weiss nicht, wie ich jene ersten trüben Wochen hinter mich gebracht hätte.

Auch *Kahumba* war total erschöpft; vor seiner Gefangenschaft und Folterung war er monatelang auf der Flucht gewesen. Aber was ihm am meisten zu schaffen machte, war seine Rolle in dieser Sache. Mehr als jedes andere SWAPO-Mitglied im Landesinnern war er darauf erpicht gewesen, es den Buren mit ihrer eignen Münze heimzuzahlen. Nun, da die Buren zurückgeschlagen hatten, wollte er alle Schuld auf sich nehmen. Immer wieder rief er mich beiseite und sprach von den Diskussionen, die wir vor Jahren über den bewaffneten Widerstand geführt hatten. "Du hattest recht und ich unrecht", sagte er. "Ich will jetzt gestehen; so rette ich vielleicht einige unsrer jüngeren." Wenn ich nicht auf ihn einging, ging er zu den andern, aber immer mit dem gleichen Ergebnis. Niemand machte Kahumba verantwortlich; wir hatten alle das getan, war wir für das Beste hielten und zwar freiwillig. Andererseits gab uns Kahumba viel Kraft. Trotz all seines Hasses für das, was der Kolonialismus uns Namibiern angetan hatte, und seinem Willen, zurückzuschlagen, war er tief religiös geblieben. In seinen Augen führte unser Volk den gleichen Freiheitskampf, wie es in der Bibel von den Juden erzählt wird. "David tötete Goliath, weil er die Gerechtigkeit auf seiner Seite hatte", sagte er während unsres Prozesses zum Richter, "und wir Namibier glauben daran, dass auch wir die Gerechtigkeit auf unsrer Seite haben." Jedesmal, wenn unsere Gruppe zusammenkam, begann Kahumba mit einem Gebet und er war es auch, der Carlson darum bat, für uns einen Priester zu finden. Das einzige, was den ernsten Ausdruck aus seinem Gesicht vertreiben konnte, war ... Schnupftabak. Sein Gesicht erhellte sich beim Anblick des wertvollen Zeugs in Carlsons Tasche, und sobald er schnupfen und sich dabei zufrieden die braungefleckten Finger reiben konnte, war er für den Rest des Tages der friedvollste Gefangene im Gefängnis von Pretoria.

Wenn es eine Person gab, die wir als unsren Führer betrachteten, so war es *Hermann*. Wegen seiner politischen Tätigkeit in Kapstadt in den fünfziger Jahren, war er für mich einer der geistigen Väter der SWAPO. Das war er auch für die Sicherheits-Polizei und sie sparten keine Mühe, ihn zu zerstören. Vier Tage lang hatte er im Kompol-Gebäude an der Wasserleitung gehangen, bevor er schliesslich etwas sagte. Nachher bestand Swanepoels Taktik darin, ihn zu erniedrigen, zuerst nur vor sich selbst, dann bei den andern, indem er uns während der Folterung erzählte, dass Hermann "alles" gestanden habe.

Hermann und ich hatten seit der Zeit, da ich Generalsekretär geworden war, in ständigem Briefwechsel gestanden, aber wir hatten uns nie getroffen bis zu dem Tag beim Strafrichter. Er sah älter aus, als ich ihn mir vorgestellt hatte und obwohl wir uns umarmten und lachten, verschwand der unruhige, abwesende Blick nicht aus seinen Augen. Wie viele von uns, hatte auch er sehr vorsichtig sein wollen, wenn es darum ging, Guerillas in unser Land zu bringen; aber als sie plötzlich kamen, tat Hermann sein Möglichstes, um ihnen beizustehen. Er organisierte Nahrungsmittel und half, gestohlenes Dynamit für die Ausbildung zu beschaffen. Swanepoel hatte es nicht unterlassen, ihm zu sagen, was der Richter von solchen Tätigkeiten halten würde. Als ich ihn gleich nach-

dem wir angeklagt worden waren, fragte, was für Anwälte wir seiner Ansicht nach kontaktieren sollten, fauchte er: "Machen wir doch Schluss mit dieser Geschichte." Er erzählte mir, dass er jedesmal, wenn er die Augen schloss, die Schlinge um seinen Hals spüre und, in kalten Schweiss gebadet, schreiend aufwache. Neun Monate der Folterung und totalen Isolation hatten ihn in eine Wolke der Verzweiflung gehüllt. Er war Carlson gegenüber gleichgültig und wollte uns seine Verteidigungsschrift nicht geben.
Ich verbrachte viele Stunden mit Hermann und versuchte, einen Hoffnungsschimmer in ihm zu wecken. *Ihn* zu überzeugen, hiess mich selbst zu überzeugen. Auch wenn wir am Ende sterben sollten, so gab uns der Prozess doch die Gelegenheit, der Welt von Namibia zu erzählen. Es war unsre Pflicht gegenüber unsrem Volk zu Hause, uns vor Gericht gegen die Buren zu wehren. Nachdem wir so weit gekommen waren, mussten wir bis zum Ende kämpfen! Oder sollten wir still wie Lämmer zum Schlachthaus gehen und damit zugeben, dass wir eines Verbrechens schuldig waren, und den Kampf für diejenigen, die übrig blieben, erschweren? — Langsam kamen diese Argumente bei Hermann an. Sein Kampfgeist kehrte zurück, und er wurde wieder zum Führer, der uns aufmunterte, wenn der Prozess schlecht verlief.

Die Strasse ausserhalb des Gerichtsgebäudes war voller Leute, als wir am Eröffnungstag unsres Prozesses ankamen. Während Wochen hatten die Zeitungen über unsren Fall berichtet und erwogen, wieviele oder wer von uns gehängt würde. Interviews mit Polizei- und Armee-Offizieren wiesen darauf hin, wie wichtig es sei, ein Exempel zu statuieren, sonst würden Horden von Terroristen die südafrikanischen Grenzen überschreiten. Die Sicherheits-Beamten waren die Helden des Tages. Offiziere mit Sprechfunkgeräten und Feldstechern bellten ihren Truppen Befehle zu, als wir ausstiegen. In der grossen, umgebauten Synagoge war die Galerie voll von aufgeregten Zuschauern. Falls sie erwartet hatten, Monster mit Fangzähnen und klauenartigen Händen zu sehen, mussten sie enttäuscht sein. Wir waren jetzt gut angezogen und sahen aus wie unsre eignen Anwälte, als wir in den Saal einmarschierten. Kahumba mit seiner Nummer 1 zuvorderst. In der kleinen Galerie für "Nicht-Weisse" im Hintergrund des Saals bemerkte ich die feindseligen Gesichter von Sergeant George und der andern Schwarzen des Kompol-Gebäudes.
Der Anführer unsres Verteidigungs-Teams war Nick Phillips, ein

Karriere-Anwalt, der viele Erfolge beim Obersten Gerichtshof hinter sich hatte. Seine Taktik bestand darin, zuerst die südafrikanische Vollmacht in Namibia in Frage zu stellen, jetzt, wo die Vereinten Nationen das einstige Mandat des Völkerbunds widerrufen hatten. Zu diesem Zweck hatte er John Dugard, einen Professor für internationales Recht an der Witwatersrand Universität zur Aussage gebeten. Dugard war immer noch mit seinen Papieren beschäftigt, als wir den Gerichtssaal betraten. Phillips sprach mit dem Ober-Staatsanwalt Oosthuizen, einem grossen, mageren Afrikaaner, der in seiner schwarzen Amtskleidung furchterregend aussah.

Von Phillips und den andren Anwälten des Teams hatten wir nicht gerade viel gesehen. Wir trafen uns meistens mit Carlson, der unser instruierender Anwalt war, aber formell nicht zu unsrer Verteidigung gehörte. Carlson setzte uns über Phillips Pläne in Kenntnis und bat um unsre Meinung. Während ich mich mit Carlson vertraut fühlte — ich glaube er begriff, wofür wir kämpften und verstand den Hass, den wir gegen unsre Ankläger verspürten — schien die Distanz zu Phillips und den andern Anwälten den ganzen Prozess für mich ausser Reichweite zu rücken. Vielleicht war dieses Vorgehen nötig, aber es führte dazu, dass ich mich während der Wochen vor dem Prozess unbehaglich fühlte. Und jetzt, wo ich eingezwängt auf der Anklagebank sass und zuhörte, wie Dugard und der südafrikanische Regierungsvertreter tagelang Definitionen auslegten und feilten, die nichts mit dem wahren Grund zu tun haben schienen, wofür ich gehängt werden könnte, da konnte ich meine Frustration kaum mehr verbergen. Nach einer Woche entschied der Richter zu Gunsten des Staates und unser wirklicher Prozess konnte beginnen.

Es war Phillips nicht erlaubt worden, einen einzigen Entlastungszeugen nach Pretoria zu bringen. Der Staatsanwalt hingegen hatte nicht weniger als siebzig Zeugen der Anklage aufgestellt; viele von ihnen waren SWAPO-Mitglieder, die zusammen mit uns verhaftet worden waren. Derjenige, der uns am meisten schadete, war Louis Nelengani, ein Gründungsmitglied der SWAPO und ein Anführer der Guerillas. Die Sicherheitspolizei hatte bestimmt hart an ihm gearbeitet, um seinen Widerstand zu brechen. Als ich ihn einmal im Gefängnis gesehen hatte kurz vor unsrem Prozess, war sein Gesicht immer noch entstellt von den Schlägen. Es war entmutigend, ihn im Zeugenstand zu sehen, wie er die Taten der Kameraden neben mir in allen Einzelheiten beschrieb. Die meisten der andern Zeugen hatten dagegen keine wichtigen Informationen, aber wegen des Wortlauts des Anti-Terrorismus Gesetzes beschlossen Phillips und sein Team, mit jedem von ihnen in ein Kreuzverhör zu gehen. Unsre Verteidigung war dabei sehr scharfsinnig und brachte die Zeugen immer wieder dazu, sich zu widersprechen. Aber der Prozess war lang und ermüdend; fast jede Frage brachte einen Einspruch vom Staatsanwalt und alles, was gesagt wurde, musste von Afrikaans auf Ovambo und umgekehrt übersetzt werden. Und bei einem Gesetz wie diesem, was konnte das schon ändern?

Ich glaubte nicht eine Sekunde lang daran, dass irgendeiner von uns freigesprochen würde. Bestenfalls würden vielleicht ein paar weniger zum Tode verurteilt. Aber die Urteile waren nur einer der Gründe, warum wir beschlossen hatten, uns zur Wehr zu setzen; alle in unsrer Gruppe waren damit einverstanden, dass wir diesen Prozess dazu benutzen mussten, um die Wahrheit über den südafrikanischen Kolonialismus und das brutale Burenregime an den Tag zu bringen. Und wie der Prozess sich hinzog und der Richter ständig zu Gunsten der Staatsanwaltschaft entschied, wuchs unsre Überzeugung, dass wir recht hatten. Wenn wir schon den Klauseln des Anti-Terrorismus Gesetzes nicht entkommen konnten, so war es umso wichtiger, eine starke politische Aussage zu machen. Aber Phillips sah dies anders. Er hatte von Anfang an klargemacht, dass es seine Aufgabe sei, unsere Verurteilung so weit als möglich zu mildern. Um das beste aus einer schlechten Situation zu machen, befand er es für nötig, mit dem Staatsanwalt Kompromisse zu schliessen. Phillips machte sich hauptsächlich Sorgen wegen der Aussagen, die wir gegenüber der Sicherheits-Polizei gemacht hatten. Viele davon enthielten Geständnisse, die mehr als genügten, um gehängt zu werden. Der Staatsanwalt war einverstanden, diese Aussagen nicht zu gebrauchen, aber nur unter einer Bedingung: dass wir keine Aussagen machten über unsre Folterung und die Behandlung im Gefängnis. Einige unsrer "Geständnisse" waren von der Art, wie sie kein Mensch, der bei gesundem Menschenverstand war, freiwillig machen würde, und wir wollten diese Aussagen dazu benützen, um das Problem der Folterung zur Sprache zu bingen, was unsrer Ansicht nach die Grundlage des ganzen Prozesses in Frage stellen würde. Aber Phillips blieb unnachgiebig; er war weniger am Kampf Namibias interessiert als an den Verordnungen des Anwaltsberufes. Er hatte unsren Fall aus beruflichen und nicht aus politischen Gründen angenommen. Ein guter Auftritt in diesem ersten Fall unter dem Anti-Terrorismus Gesetz würde seine Karriere nur fördern. Aus-

serdem mussten wir, solange er unsre Verteidigung anführte, tun, was er wollte. Falls wir seine Taktik nicht befolgten, würde er zurücktreten.
Hermann, Jason und ich hatten die Aufgabe, die Pläne unsrer Anwälte den andern unsrer Gruppe darzustellen und dann ihre Reaktionen an die Anwälte weiterzuleiten. Aber einige Fragen der rechtlichen Taktik waren für unsre Kameraden so schwer zu akzeptieren, dass wir spezielle Vollversammlungen einberufen mussten. Natürlich liessen wir schliesslich Phillips fortfahren mit seinen sonderbaren Abmachungen mit dem Staatsanwalt und seinem Feilschen um das Urteil. Die Anklage schien kein Beweismaterial gegen Jobeck zu finden und sehr wenig gegen Jason, Maxuilili und mich. Der Staatsanwalt war auch sehr erpicht darauf, uns drei Anführer aus dem Süden unschädlich zu machen, indem er uns davon abhielt, in den Zeugenstand zu treten. Sein Angebot an Phillips war es, Jobeck freizusprechen und die Anklage gegen uns drei statt im Namen des Anti-Terrorismus Gesetzes, in jenem des Anti-Kommunismus Gesetzes zu führen, vorausgesetzt, dass wir uns in den neuen Anklagepunkten schuldig bekannten. Jobeck war wütend. "Wenn ich unschuldig bin, dann bin ich unschuldig. Warum soll es dazu Bedingungen geben?" beharrte er während einer erhitzten Diskussion mit Phillips. Jason, Maxuilili und ich würden wahrscheinlich kürzere Strafen erhalten, aber unsre Fälle, die langsam internationale Aufmerksamkeit erregten, würden aus dem Rampenlicht geraten. Auch würde die Regierung in die Augen der Weltöffentlichkeit vernünftiger erscheinen und wäre unsren Kameraden gegenüber ungebundener. Als wir schliesslich in die Angebote der Staatsanwaltschaft einwilligten, bedeutete dies einen Sieg für Phillips und seine Kollegen und führte zu einer schrecklichen Entmutigung für uns alle. Wir waren es, die die Fäuste und Stiefel und brennenden Zigaretten in unserem Fleisch gespürt hatten, und jetzt mussten wir schweigend zusehen, wie Swanepoel und Ferreira unangefochten im Zeugenstand auftraten und wie Helden in den Zeitungen beschrieben wurden. Mir war, als hätte ich nichts mehr mit dem ganzen Prozess zu tun. Mein Leben befand sich in den Händen von Leuten, die fast nichts von dem wussten, was ich getan hatte oder warum ich es getan hatte. Sie hatten die Verliesse nie gesehen, in welchen die Vertragsarbeiter zu leben gezwungen waren, und sie hatten nie Kratzfüsse vor jemandem machen müssen, der einer andern Rasse angehörte. Für sie ging es um Spitzfindigkeiten über legale Ausdrücke und Interpretationen, ein

Spiel der Anwälte, das wenig zu tun hatte mit dem, wofür wir überhaupt hier waren. Vielleicht hatte Hermann doch recht — lohnte es sich überhaupt, weiterzukämpfen?
Im November, ungefähr in der Hälfte des Prozesses, wurde der alte Kaporo zu schwach, um überhaupt noch auf der Anklagebank zu sitzen. Während Wochen hatte Carlson den Richter gebeten, ihn in die Klinik einzuliefern. Aber erst als Kaporo im Gericht zusammenbrach, hörte der Richter auf ihn. Seit Beginn des Prozesses war Kaporo kaum imstande gewesen zu essen, so sehr seine Zellengefährten auch versuchten, ihm behilflich zu sein. Sein Husten tönte, wie wenn sein Inneres in Stücke gerissen würde, Blut und Speichel rannen sein Kinn herunter. Nachts sassen wir abwechselnd neben ihm, wischten sein Gesicht mit einem Tuch ab und versuchten, ihn warm zu halten. Schliesslich brach er zusammen und der Richter willigte ein, ihn in die Klinik zu bringen. Mit Kaporo auf dem Rücken stolperte ich ins Krankenhaus, wurde aber von einem Arzt wieder hinausgeschickt. "Wir vertun unsre Zeit nicht mit Terroristen hier. Ihr werdet sowieso alle gehängt werden", sagte er. Schliesslich erhielt Kaporo, dank Carlsons Vermittlung, ein Bett. Aber es war nicht mehr lange nötig: er starb noch in derselben Nacht. Bei der Wiederaufnahme des Verfahrens am andern Morgen kündigte der Richter einfach an, dass Nummer zwölf eines "natürlichen Todes" gestorben sei, und sein Name stand nicht mehr auf der Anklageliste.

Ich erhielt Ali's ersten Brief kurz nach Kaporo's Tod. Es war keine gewöhnliche Art von Briefen; der Umschlag trug schwarze Tinte und das Papier war schwarz umrandet. Was war passiert? Meine Hände zitterten, als ich zu lesen begann: "Mein lieber Ehemann, es wird ein Schlag sein für dich ..." Meine Augen rasten die Zeilen entlang, und ich suchte nach einem Schlüsselwort, einem Namen. Ich fand es; es war, was ich am meisten befürchtet hatte. Kenny war tot. Er war kurz nach meiner Verhaftung gestorben. Kenny, für den ich alles so sehnlichst erwünscht hatte, war nicht mehr. Durch Krankheit von uns gerissen, bevor ich ihn überhaupt kennenlernen konnte. An das kleine warme Bündel zu denken, hatte mir in der Einzelhaft so viel Kraft gegeben, dabei war er da schon tot gewesen. Die Sicherheits-Polizei hatte davon gewusst, es aber nicht für nötig gehalten, es mir zu sagen.
Ich liess den Brief fallen und verbarg mein Gesicht zwischen meinen Knien. Wofür sollte ich noch kämpfen, wenn mein Sohn nicht mehr war? Was konnte Ali noch Kraft geben, wenn ich hier

verkam und sie nichts anderes hatte, als Kennys Grab zu besuchen? Meine Zelle, meine Kameraden, unser Rechtsfall — alles hörte auf, zu existieren. Der ganze, verdammte Prozess schien weiter entfernt, denn je. Was tat ich hier, anstatt mich um meine Familie zu kümmern? War ich solch eines Verbrechens schuldig, dass ich nicht einmal das Recht hatte, meinen Sohn zu sehen oder ihn wenigstens in sein Grab zur Ruhe zu legen? Und diese Buren, die es nicht einmal für nötig befunden hatten, mir etwas zu sagen — was waren sie? Ja, sie hatten mich auf die tierischste Weise gefoltert, aber da konnte ich wenigstens verstehen, weshalb. Sie wollten Auskünfte und taten alles, um sie zu erhalten. Aber es zu unterlassen, mich über Kenny zu informieren, wie konnten Menschen so handeln? Meine Betäubung verwandelte sich in bitteren Hass, in etwas, was ich noch nie in meinem Leben gegen jemanden verspürt hatte. Ich wurde vor Wut geschüttelt. Ich hätte explodieren wollen, brachte aber nicht einmal eine Träne hervor. Dann, nach ein paar Tagen, brach plötzlich etwas in mir zusammen und ich bekam in der Zelle Anfälle, ich schrie und schlug mit den Fäusten auf die Steinwand ein. Ich hasste sie, alle, nicht nur die Sicherheits-Abteilung, sondern alle Afrikaaner-Polizisten, Beamte, Farmer und Geschäftsleute, die irgendetwas mit diesem schrecklichen System zu tun hatten. Wenn sie uns für Tiere hielten, warum sollten wir dann anders von ihnen denken? Kahumba hatte immer recht gehabt, wir hatten lange genug mit diesen Ungeheuern gesprochen. Die einzige Sprache, die sie je verstehen würden, war ihre eigene: *Brutalität*. Da wusste ich, dass ich imstande wäre, zu töten. In meinem Geist sah ich meine Feinde — Swanepoel, Vorster, Blignaut, sie alle — den schmerzhaftesten aller Tode sterben. Eines Tages würden wir sie kriegen, und sie würden jede Kugel verdienen, die sich in ihr Menschenschinderfett bohren würde. Wenn ich nur hier rauskommen könnte, wenigstens lange genug, um einen oder zwei von ihnen zu kriegen, dann würde sich alles lohnen, was kommen würde!

Nach zwei Monaten Prozess war das Verfahren unsrer Ansicht nach einem zu sinnlosen Ritual geworden. Es war nichts andres als eine vom Staat organisierte Schau, um das vorbestimmte Ziel zu rechtfertigen. Die rechtlichen Kompromisse und die ausgehandelten Schuldbekenntnisse konnten vielleicht die Pläne der Buren leicht ändern, aber nur leicht. Phillips und seine Kollegen kämpften für jeden Punkt, aber ein kleiner Sieg hier und dort genügte nicht mehr, um die Düsterkeit zu vertreiben, die über uns hing, von seiten der Verteidigung wie von der Anklage.

Es war die Idee von Carlson, den Kampf ausserhalb des Gerichts zu führen. Unsere SWAPO-Kameraden im Ausland hatten getan, was sie konnten, um Aufmerksamkeit für unsren Prozess zu wecken. Sie hatten einige Regierungen überreden können, die Verfahren zu verfolgen, und von Zeit zu Zeit kamen Mitglieder der ausländischen Presse in Pretoria beim Gericht vorbei. Aber das genügte kaum; das Regime tat Proteste aus dem Ausland mit einem Achselzucken ab und fuhr weiter, im Landesinnern die weisse Hysterie aufzupeitschen. Zum Glück hatte Carlson schon einen Pass — etwas, was für Regierungskritiker schwierig zu erhalten war — und als der Richter einen zweiwöchigen Unterbruch verordnete, stahl er sich aus dem Lande, bevor ihn die Polizei daran hindern konnte. Er besuchte Europa und die Vereinigten Staaten, verteilte Kopien des Anti-Terrorismus Gesetzes und traf sich mit Anwälten und Politikern.

Die Resultate liessen nicht auf sich warten. Ein neuer Rot-Kreuz-Delegierter besuchte uns im Gefängnis und bald darauf wurde der Arzt, der sich geweigert hatte, uns zu behandeln, ausgewechselt. Als der Prozess wieder aufgenommen wurde, sassen mehrere Beobachter in der Abteilung der Diplomaten auf der Galerie neben dem Richter, und die ausländischen Journalisten begannen, regelmässig dem Prozess beizuwohnen. Welche Erlösung war es, zu wissen, dass die Aufmerksamkeit der Zuschauer für einmal unsren Anklägern galt und nicht uns allein. Nach ein paar weiteren Tagen wurden die Polizeihunde aus dem Gerichtssaal entfernt und auch die meisten der Polizisten mit ihren Maschinengewehren verschwanden. Aber was uns am meisten freute, waren die Unterstützungstelegramme und Briefe, die hereinzuströmen begannen — aus England, Schweden, den Vereinigten Staaten, Ostdeutschland und einer Anzahl andrer Länder. Wir lasen diese Mitteilungen laut während unsrer Meetings; wir konnten es kaum glauben, dass Leute in all diesen Ländern so weit weg jetzt unsren Prozess verfolgten. Wäre dies zwei Monate früher passiert, hätten wir nie in Kompromisse eingewilligt. Aber etwas konnte noch getan werden, wenn wir jede Gelegenheit ausnützten! Ich begann wieder, aktiv an dem Verfahren teilzunehmen. Ich hörte den Belastungszeugen aufmerksam zu und dem Regierungsübersetzer. Sagten sie etwas, was meiner Meinung nach widerrufen werden musste, so gab ich unsrer Verteidigung eine Notiz, die sie während ihres Kreuzverhörs benützte.

Auch die Staatsanwaltschaft war sich der neuen Sachlage bewusst. Es war komisch, zu sehen, wie der Staatsanwalt und seine

Assistenten ihr Benehmen unter dem Blick der Ausländer änderten; die Sprache wurde milder und höflicher, die Fragen an die Belastungszeugen präziser. Damit änderte sich zwar der Ton des Verfahrens, am Resultat würde sich nicht unbedingt etwas ändern. Es hat für mich nie einen Zweifel gegeben, dass der Prozess in Wirklichkeit von irgendeinem Ministerium der Regierung aus geführt wurde und dass die Urteile am gleichen Ort gefällt wurden. Die Frage war nur, wieviel internationaler Druck nötig war, damit die Buren-Regierung ihre Pläne ändern würde. Wir hörten von amerikanischen Kongress-Mitgliedern, die Vorster ihre Proteste gesandt und von britischen Regierungs-Mitgliedern, die unsren Fall vor ihr Parlament gebracht hatten. Als anfangs Dezember die Generalversammlung der UNO den Abbruch unsres Prozesses verlangte, waren die Afrikaans-Zeitungen endlich gezwungen, uns Beachtung zu schenken. Und als Hubert Humphrey, damals Vize-Präsident der USA, sowohl den Prozess als auch das Anti-Terrorismus Gesetz verurteilte, konnte Vorster nicht mehr länger ignorieren, was vorfiel. Er machte unsren Prozess zum Hauptgegenstand seiner Ansprache an die Nation am "Covenant Day" (Bündnis-Tag). Wir seien nichts andres als Mörder, sagte er, und all diese ausländischen Einmischungen in die Geschäfte Südafrikas würde den Lauf der Gerechtigkeit nicht beeinflussen. Vorsters Ansprache machte klar, dass die Regierung nicht die Absicht hatte, uns gehen zu lassen. Und als das Ende des Prozesses sich näherte, verdüsterte der Schatten des Galgens immer mehr unser Leben.

Trotz all der Aufmerksamkeit, die unser Fall erzielte, zögerte Phillips und sein Team, die Taktik zu ändern. Sie machten sich Sorgen, dass die Kritik aus dem Ausland die Regierung in eine Ecke treiben könnte, von wo aus sie zurückschlagen musste, um der rassistischen Bevölkerung zu beweisen, dass Südafrika sich nicht einschüchtern liess. Deswegen, meinte Phillips, sollten wir die Politik weiterhin im Hintergrund lassen. Auf diese Art wäre es dem Richter möglich, Nachsicht walten zu lassen, ohne vor dem Publikum das Gesicht zu verlieren. Unsre letzte Unstimmigkeit mit Phillips betraf unsre abschliessende Aussage, die wir von Rechts wegen vor Gericht machen konnten. Unsre Gruppe hatte Hermann gewählt, um in unser aller Namen zu sprechen, und er hatte eine Rede vorbereitet, die sowohl den Richter als auch das System verurteilte, das uns vor Gericht gebracht hatte. Phillips fand, die Aussage sei zu herausfordernd, und einer der Anwälte war sogar dagegen, dass wir überhaupt eine Aussage machten.

Aber dieses Mal weigerten wir uns nachzugeben. Alle Beobachter würden am letzten Tag des Prozesses zugegen sein. Sagten wir nicht aus, dann würden wir die beste Gelegenheit verpassen, jemals unsren Fall — den Fall Namibias — der Weltöffentlichkeit vorlegen zu können. Und Hermann war eindeutig der Mann, der sprechen musste. Seit Prozessbeginn hatte er nie die Hoffnung aufgegeben. In den schlimmsten Momenten, wenn alle von uns verzweifelten und in Apathie versanken, war Hermann der erste gewesen, der unsren Geist neu belebte. Dass die Anklage ihn am meisten gedemütigt hatte, machte ihm nichts mehr aus. Auch, dass der Richter ihn öffentlich lächerlich gemacht hatte, indem er ihn einen Feigling genannt hatte, weil er nicht den Guerillas beigetreten war. Es war klar, Hermann musste sprechen. Sollte der Zorn, der in seiner Rede zu spüren war, den Richter provozieren, umso besser. Jason und ich arbeiteten mit Hermann zusammen, um den Text auszufeilen. Als er sich am letzten Tag der Verhandlung von der Anklagebank erhob und dem vollen Gerichtssaal sagte, dass es die Apartheid und der südafrikanische Kolonialismus seien, die durch diesen Prozess verurteilt würden, da spürte ich endlich, dass wir etwas erreicht hatten. Auch wenn dies unsre letzten Worte sein sollten, wir hatten wenigstens gesagt, was wir dachten: keine Reue, keine Zweifel, nur der Glaube daran, dass unsre "Sache" am Schluss siegen würde.

Die Urteilsverkündung war auf den 9. Februar festgelegt worden, den Tag vor meinem dreissigsten Geburtstag. Zum letzten Mal füllten wir die Wartezellen im Hof des Gerichtsgebäudes mit unsren Freiheitsliedern und Hymnen. Kahumba führte unser Gebet an. Während fünf Monaten hatten wir zusammen dem Tod ins Angesicht geschaut. Wir alle hatten schreckliche Augenblicke durchgemacht, aber es gab keinen Grund, unsre Gefühle zu verbergen. Ich weiss nicht, was für eine Lage Menschen sich näher bringen könnte, als diejenige, die wir gemeinsam durchgemacht hatten. Wir brauchten unter uns keine langen Reden. In ein paar Minuten würde jeder von uns sein Schicksal kennen; ob er sterben würde oder leben, ob er je die Freiheit wiedersehen würde. In den letzten Tagen hatten wir darüber gesprochen, dass Namibia sicher bald unabhängig sein würde und dass diejenigen von uns, die noch im Gefängnis wären, dann freigelassen würden. Aber als wir uns umarmten und gegenseitig Glück wünschten, waren unsre Stimmen gedämpft. Ich schaute ein letzten Mal auf Hermann, Kahumba und die andern, die die schlimmsten Anklagen gegen sich hatten, als wir aufgerufen wurden, uns aufzustel-

len. Kahumba erwiderte meinen Blick und lächelte. Dann ergriff er sein Schild mit der Nummer 1 und ging als erster in den Gerichtssaal.
Jason, Maxuilili und ich waren die ersten, die aufgerufen wurden. Es war atemlos still, als wir uns von der Anklagebank erhoben. Der rotbekleidete Richter hielt den Hammer in seiner rechten Hand, als er vorlas: "... ich erkläre Sie für schuldig, im Gebiet von Südwest-Afrika Feindseligkeiten verursacht zu haben. Ich erkläre Sie für schuldig, die Bevölkerung von Südwest-Afrika aufgewiegelt zu haben ... Ich verurteile Sie zu fünf Jahren Einkerkerung, wovon vier Jahre und elf Monate zur Bewährung ausgesetzt werden."
Ich traute meinen Ohren nicht — alles bis auf einen Monat ausgesetzt! In einem Monat würde ich auf meinem Heimweg nach Windhoek sein! Es war gelungen — die Buren hatten dem Druck vom Ausland nachgegeben. Aber was war mit den andern? Die nächste Gruppe, die aufgerufen wurde, umfasste zwölf Leute, Hermann inbegriffen. Sie wurden zu zwanzig Jahren verurteilt. Die andern zwanzig, unter ihnen Kahumba, wurden zu lebenslänglicher Zwangsarbeit verurteilt.

9
Die Heimkehr

Die quietschende Tür aus Drahtnetz von Jobecks Café hatte sich während Stunden nicht bewegt. Das einzige Geräusch war das störende Brummen einer einzelnen Fliege und das ferne Lachen der Kinder von Jobeck und seinen Freunden, die im Freien spielten. Zwei Arbeiter einer südafrikanischen Strassenbau-Firma sassen schweigsam da und tranken. Der einzige zusätzliche Gast, der an diesem Tag etwas konsumiert hatte, war ein weisser Geschäftsmann aus Windhoek, der nichts Besseres zu tun wusste, als zu Jobeck zu kommen. Sonst war das Café wie gewohnt den ganzen Tag leer gewesen, und Jobeck und ich, wir wussten beide, dass ich einer der Gründe war.
"Nimm noch ein Bier, *mitiri.*"
"Nein, danke", antwortete ich und stand auf, um die Zeitung anzuschauen, die der Weisse auf seinem Stuhl liegengelassen hatte. "Ich bin nicht durstig."
"Nicht durstig? Bei dieser Hitze?" Die Fliege setzte sich auf der Theke nieder, und ich schlug mit der Zeitung nach ihr. Ich verfehlte sie. Jobeck lachte und stellte eine offne Flasche vor mich hin. "Mach dir wegen der Bezahlung keine Sorgen", sagte er. "Es ist nicht dein Fehler, dass sie dir hier keine Arbeit geben."
Ich öffnete die Zeitung, ein *Windhoek Advertiser,* datiert vom 26. Februar 1969. Das schien kürzlich gewesen zu sein, obwohl mein

Sinn für Zeit im Exil gelitten hatte. Nichts schien in Ondangwa zu passieren, jeder Tag glich dem andern. Im Gegensatz zu meiner Gefangenschaft in Pretoria, gab es hier keine Wände, auf denen man die Geschichte eines Tages hätte einritzen können; meine Zelle dehnte sich bis zur Grenze von Ovamboland aus. Ungefähr ein Jahr war vergangen seit unserem Prozess und der Ausweisung. Ovamboland war nun seit drei Jahren ein *Bantustan**, was bedeutete, dass meine Gefängniswärter Ovambo-Häuptlinge waren, eingesetzt von der südafrikanischen Verwaltung. Ich wusste auch, dass es Februar war, weil Ali kürzlich in einem Brief meinen einunddreissigsten Geburtstag erwähnt hatte. Ich kam mir alt vor.

Ich schlürfte das kalte Bier und schaute die Zeitung durch nach Neuigkeiten von der SWAPO im Süden. Es gab keine. Seit unserem Prozess waren sie selten. Wollte die Presse damit sagen, dass die SWAPO keine Bedrohung mehr war — oder war dies die Wahrheit? Die verbliebene Mitgliederzahl unserer einst starken Mannschaft von SWAPO-Führern war klein geworden. David Meroro und Jason Mutumbulwa waren in Windhoek und, soviel ich wusste, immer noch aktiv. Aber es war schwierig, von ihnen etwas zu erfahren. Maxuilili hatte einen fünfjährigen Einschränkungs-Befehl erhalten, der ihn dazu verbannte, in Walvis Bay zu bleiben und ihm verbot, öffentlich zu sprechen oder mehr als fünf Leute aufs Mal zu treffen. Der Rest von uns, der nicht zu Gefängnisstrafen verurteilt worden war — Karita, Nganjone und viele andre — war in abgelegene Gegenden des Landes verbannt worden, wo wir isoliert und unter Aufsicht lebten. In Ondangwa hatte ich wenigstens Jobeck, und er hatte seine Familie und sein Geschäft, obwohl das Geschäft durch meine Anwesenheit gelitten hatte. Aber Jobeck war optimistisch. "Mach dir keine Sorgen", sagte er zu mir, "das Geschäft wird kommen. Wir müssen geduldig sein."

An diesem Nachmittag öffnete sich die Tür aus Drahtnetz noch einmal quietschend, und zwei Jungen in der Uniform der neuen Ovambo-Sekundarschule traten ein. Einer sah mich und gab seinem Freund einen Stoss; dieser flüsterte etwas zur Antwort, hielt sich aber an das ungeschriebene Gesetz von Ondangwa und sagte nichts zu mir. Ich beobachtete sie, während sie versuchten, von Jobeck Bier zu kaufen, und fragte mich, ob Studenten heutzutage gleich waren wie zu meiner Zeit im Augustineum oder ob sich die Zeiten geändert hatten. Ob sie wohl immer noch heimliche politische Diskussionen führten? Oder drehten sich ihre Gespräche nur um Mädchen, Musik und Bier?

Jobeck weigerte sich, den Jungen Bier zu verkaufen, obwohl er die Einnahmen hätte brauchen können und als ein grosser, gutgekleideter Bur eintrat, rannten sie davon. Der Südafrikaner schaute sich um und wandte sich dann an mich. Ich hatte ihn schon gesehen. Er war der örtliche Kommissar für Bantu-Angelegenheiten.
"Hallo, John! Hast du dich jetzt entschieden, die Arbeit anzunehmen?" Sein boshafter Seitenblick brachte meine Haut zum Kribbeln. Die Arbeit, die er mir einige Tage zuvor angeboten hatte, war die als Angestellter im *Pass-Büro!* Es war ein Angebot, das mich demütigen sollte. Anderseits war es die Möglichkeit, zu arbeiten und wenigstens etwas Geld zu verdienen. Seit meiner Ankunft in Ondangwa war ich ungefähr für alles eingestellt und wieder weggejagt worden, vom Bauarbeiter bis zum Schullehrer; bis ich begriff, was mir passierte. Den Lehrerposten nach einer hoffnungsvollen Woche zu verlieren, hatte am meisten geschmerzt. Ich hatte gerade angefangen, mich im Klassenzimmer wieder zu Hause zu fühlen, als der Ovambo-Vorsteher eintrat, um mit mir zu sprechen.
"Gefeuert?" tobte ich. "Aus welchem Grund?"
"Zu wenig Erfahrung", sagte er, ohne mich anzusehen.
Ich musste lachen. "Sieben Jahre sind nicht genug?"
"Es tut mir leid, aber frag bitte nicht warum. Ich bin nicht schuld daran."
"Ich weiss. Die Buren befahlen dir, mich loszuwerden."
"Nein, es sind nicht die Buren", sagte er plötzlich fest. "Ich nehme von keinem Weissen Befehle an. Unser eigener Häuptling hat das befohlen."
"Was macht das aus? Die Buren geben Befehle an den Häuptling, und der gibt sie weiter an dich."
"Aber wenn ich nicht tue, was er sagt, muss ich mich vor ihm rechtfertigen. Du hast gesehen, was er Leuten tut, die nicht gehorchen ..."
Die alten Führer waren wegen ihrer Position in der Kirche, ihrer Bildung und ihres Alters respektiert worden. Aber diese neuen Häuptlinge waren nur wegen ihrer Macht gefürchtet — oder eher wegen der Macht von Südafrika hinter ihnen. "Ist gut, ich verstehe. Du bist nicht schuld, du kannst nichts dafür. Ich gehe."
An der Tür zum kleinen Klassenzimmer ergriff er meine Hand und schob eine Fünfrand-Note hinein. "Ich weiss, du bist ein guter Mann. Du bist kein Kommunist, wie sie sagen. Vielleicht findest du eine andere Arbeit ..."

Aber ich wusste, dass es sich nicht lohnte, zu probieren. Ohne Stelle war ich auf das Geld angewiesen, das Ali mir von ihrer Arbeit in der chemischen Reinigung in Windhoek sandte, und auf die Freundlichkeit von Jobeck und seiner Familie. Zuerst war ich bei ihnen eingezogen; ich arbeitete im Café und ihrem Haus nebenan und lehrte die Kinder singen. Aber bald danach wurde das Haus von der örtlichen Polizei in Brand gesteckt, da zog ich aus. Nun lebte ich allein in einer Einzimmer-Hütte mit einem Bett, einer Lampe, einem kaputten Tisch und — meinem einzigen Luxus — einem Vorhängeschloss an der Tür. Mir war es nicht recht, dass ich Jobecks Familie solche Unannehmlichkeiten bereitet hatte und dass ich weiter von ihnen Nahrung erhielt.

Ich versuchte, in Jobecks Gesicht zu lesen, als er und der Kommissar für Bantu-Angelegenheiten auf meine Antwort warteten. Schliesslich wandte ich mich an den Buren und sagte "Geh zum Teufel." Ich war eher erschöpft als zornig, und meine Worte kamen mit wenig Kraft hervor. "Du glaubst wohl, dass ich für dasselbe Passsystem arbeiten werde, gegen das ich all die Jahre gekämpft habe?"

"Sei realistisch", sagte er, sein Lächeln war verschwunden. "Du kämpfst nicht mehr. SWAPO gehört der Vergangenheit an. Wir sind bereit, all das zu vergessen und dir einen netten Job zu geben. Warum kannst du nicht vergessen, wenn wir es können?"

Ich schüttelte meinen Kopf. "Niemals. *Die SWAPO ist nicht tot.* Wir sind nur ..."

"Deine Freunde, sie kämpfen nicht mehr." Der Bur setzte ein hämisches Grinsen auf. "Du hast von deinem Freund Jason gehört, nicht wahr?"

Ich erhob mich, um ihm ins Gesicht zu schauen. Jobeck schrie, "John!" Ich winkte ab. "Was ist mit Jason?"

"Ein Versicherungs-Vertreter!" Er täuschte einen Versuch vor, seine Schadenfreude zu verbergen, und lachte dann doch laut heraus. "Stell dir vor! Ein reisender Verkäufer, der von Tür zu Tür geht und mit Lebensversicherungen hausiert, anstatt mit Kommunismus!"

Jobeck, der glaubte, dass ich den Mann gleich schlagen würde, packte mich und setzte mich auf einen Stuhl. "Geh fort", sagte er zum Weissen. "Er will von dir keine Arbeit." Der zuckte die Achsel und, zufrieden mit der Wirkung seines Spottes, ging er. Die Tür schloss sich quietschend hinter ihm.

Allein mit Jobeck in der Stille des leeren Cafés, verfiel ich ins Grübeln und sagte dann, "Und wenn er recht hat? Wegen Jason, meine ich."

"Ja, und?" sagte Jobeck. "Wir können nicht aufgeben, bloss weil einer oder zwei aussteigen. Unsere Zeit wird kommen. Wir müssen nur geduldig sein."

Zwei Jahre später hatte die Tür aus Drahtnetz von Jobecks Café ihr Quietschen verloren, oder ich hatte aufgehört, davon Notiz zu nehmen, denn erst als ich meinen Namen hörte, bemerkte ich den Fremden. Jobeck führte den Mann, seinem Erscheinen nach ein Vertragsarbeiter, an den Kunden vorbei, die an der Theke standen, an den Platz, wo ich bei einem Bier sass und Notizen machte.
"Eine Mitteilung von *Meroro*", sagte der Mann ruhig.
Wir warteten. "Nun?" Er blickte auf Jobeck. "Er ist in Ordnung", sagte ich. "Er ist auch SWAPO."
"Entschuldigung", sagte der Arbeiter, "aber ich habe die strikte Anweisung, nur mit John Ya-Otto zu sprechen. Gehn wir besser hinaus, ja?"
Ich erhob mich, zahlte Jobeck mein Bier und sagte, dass ich ihn später sehen würde.
"Heute abend", erinnerte er mich. "Vergiss es nicht."
Draussen unterbrachen die Kinder ihr Spiel und riefen mir zu *"Mitiri*, Herr Lehrer." Ich winkte ihnen zu, lächelte. Sie wussten es nicht, aber ihnen verdankte ich meine Wiedereinstellung. Sie waren kleine Mitglieder des Chores, den ich ins Leben gerufen hatte. Das hatte mich mit der Kirche in Verbindung gebracht und langsam dazu geführt, dass ich von der Gemeinde von Ondangwa akzeptiert wurde. Als Jobecks Frau, ein Mitglied des Schulrats, mich für einen freien Platz vorschlug, waren die meisten der Kirchenältesten einverstanden. Dieses Mal mischte sich die Sicherheits-Polizei, die anscheinend zufrieden war, dass ich ein vernichteter Mann war, nicht ein. Das war vor sechs Monaten.
"Etwas sehr Grosses wird im Süden geplant", sagte der Fremde, schaute zuerst um sich und dann auf mich. "Was genau, kann ich dir nicht sagen."
"Hat es etwas zu tun mit der Entscheidung des Internationalen Gerichtshofs?" In diesem Monat März 1971 hatte der Internationale Gerichtshof die Besetzung unseres Landes durch Südafrika für illegal erklärt, was Manifestationen im ganzen Land hervorgerufen hatte; eine von ihnen wurde durch die örtlichen Gymnasiasten organisiert.
Der Fremde schüttelte seinen Kopf. "Grösser als das, viel grösser. Und die Vorbereitung wird Monate, vielleicht ein Jahr brau-

chen. Wenn die Zeit kommt, wirst du mehr erfahren, damit du dich vorbereiten kannst." Er unterbrach sich, als ein Freund vorüberging, der mich grüsste. "Habt ihr hier eine Organisation?"
"Ja, wir haben sogar heute abend eine Sitzung."
"Sag ihnen noch nichts, Meroro sagt, es soll alles äusserst geheim bleiben."
Ich hatte noch viele Fragen, aber der Fremde, ein aktives SWAPO-Mitglied auf seinem Heimweg am Ende seines Vertrags, hatte mir alles gesagt, was er wusste.
Als ich nach Hause kam, war Ali schon da — sie war zu mir nach Ondangwa gezogen, als ich Arbeit gefunden hatte — und ich konnte kaum meine Aufregung über Meroros rätselhafte Mitteilung verbergen. Das vage Versprechen von "etwas Grossem" reichte aus, um in mir die Sicherheit zu wecken, dass die frustrierenden Jahre meines Exils bald zu Ende sein würden. Die Sicherheits-Polizei täuschte sich: ich war nicht geschlagen, ich hatte ausgeharrt. Trotz ihrer Einschüchterungsversuche und meiner eigenen Zweifel, hatte ich in Ondangwa überlebt und sogar der SWAPO-Abteilung von Ovamboland wieder auf die Beine geholfen.
An diesem Abend spürte ich, wie Jobeck mich sorgfältig beobachtete, als wir mit Shamena, Shoombe und Skinny Hilundwa darüber diskutierten, wie wir auf die Demonstration des Gymnasiums reagieren sollten. Shoombe, der fast von Anfang an in der Bewegung gewesen war, meinte, dass es ein Fehler wäre, uns jetzt einzumischen. Skinny, ein alter Freund aus Windhoek, war einverstanden: die Polizei hatte überall ihre Spitzel; ein Fehltritt und unsere winzige SWAPO-Abteilung könnte ausgelöscht werden. "Lassen wir im Moment die Studenten sich selbst organisieren, wie wir es auch taten. Unsere Zeit wird kommen", fügte er hinzu, sich Jobecks Lächeln bewusst. "Wir müssen geduldig sein."
Und wir waren geduldig. Sechs Monate später, im September, schmuggelten sich Meroro und Maxuilili nach Ondangwa, um mich zu sehen. Ihre Augen glänzten, als sie ihren Plan enthüllten: *"Streik"*.
Ich musste verdutzt oder enttäuscht dreingeschaut haben, denn Meroro fügte schnell hinzu, "Nicht einfach ein Streik in einer Fabrik oder einer Stadt, für bessere Nahrung oder höhere Gehälter, sondern für die Beendigung des ganzen Vertragssystems."
"Siehst du denn nicht John", sagte Maxuilili, "sie werden das ganze Land lahmlegen!"
Und sie taten es.

Am 11. Dezember 1971 reiste ich nach Windhoek, verkleidet mit Überkleid, Arbeitsstiefeln und zerlumpter Mütze. Zurück blieben meine vertrautesten Kameraden, die mit der Vorbereitung der zweiten Phase des Streiks beschäftigt waren. Polizei und Sicherheits-Polizei würden bald anderes zu tun haben, als nach mir zu suchen. Innert fünf Tagen würde jede Stadt von Namibia, einschliesslich den Minengebieten von Oranjemund und Tsumeb, betroffen sein.

In Windhoek begann es mit den achttausend Vertragsarbeitern, die sich in den riesigen "Compound" am Rande von Katutura eingeschlossen hatten, nicht zur Arbeit gingen und sich für den Augenblick weigerten, mit Arbeitgebern oder Regierungsbeamten zu verhandeln. Der plötzliche Streik hatte die Weissen vollständig überrumpelt. Die Geheimhaltung der Vorbereitung war während der ganzen neun Monate beibehalten worden, bis zu diesem Morgen, und dies trotz der vielen Polizei-Informanten innerhalb des Compounds. Als ich spät an diesem Tag ankam, hatten die südafrikanischen Truppen erst damit begonnen, den Compound abzuriegeln; vier Panzerwagen stellten sich auf dem Platz ausserhalb des Compounds in Position, wo Tausende von Siedlungsbewohnern sich versammelt hatten, um zuzuschauen. Ich ging durch die Menge und näherte mich dem Tor, aber erst als ich meine Schlappmütze abnahm, erkannte man mich wieder und das Tor wurde weit geöffnet. Drinnen spürte ich die Begeisterung der Arbeiter, als sie voller Eifer davon erzählten, was noch vor ihnen lag und wie der Streik weitergeführt werden sollte. Sie waren angespannt und besorgt wegen der Truppen, die den Compound umringt hatten. Aber während der ganzen drei Wochen, in denen die Arbeiter drinnen blieben, gab es keine Gewalttätigkeiten. Diese kamen später.

An diesem ersten Abend besuchte ich Freunde in der Siedlung, wo die Nachrichten über den Streik der Vertragsarbeiter die Siedlungsbewohner anregten, dem Beispiel zu folgen: "Habt ihr's gehört? Niemand geht morgen zur Arbeit!" Der Ruf schien aus der Nacht aufzusteigen. Um Mitternacht kreuzten Polizeiwagen mit Lautsprechern durch die Strassen und warnten die Leute davor, dem Beispiel der Vertragsarbeiter zu folgen, aber damit gewährleisteten sie nur, dass auch wirklich jeder vom Streik wusste. Die weitverbreitete Wirkung des Streiks war aufsehenerregend. Angestellte, Hausdiener und sogar die Farbigen, die sich bis dahin besser als die Afrikaner fühlten, blieben der Arbeit fern. Die Busse, die normalerweise in die Siedlung kamen, um jeden Morgen die Arbeiter abzuholen, wurden mit Steinhageln empfangen. Frauen brachten Nahrung an Meroros Tor für die Männer im abgeriegelten Compound, die sich immer noch weigerten, mit den Offiziellen zu verhandeln. So lange sie durchhielten, würde jederman in der Siedlung den Streik beachten. Während drei Wochen war Windhoek eine tote Stadt.

Zum ersten Mal in ihrem Leben begriffen die weissen Bewohner von Windhoek, wie sehr sie von den Schwarzen abhingen. Keine Milch wurde geliefert. Es gab kein frisches Brot, kein Fleisch und sonstige Frischwaren in den Läden. Der faulige Gestank nicht abgeholten Unrats breitete sich von den Hintergassen aus bis in den wohlhabenden Vorort Kasteel, und die ungewischten Strassen und Gehsteige gaben dem Geschäftsviertel der Innenstadt den Anschein des Verfalls. Züge aus Südafrika reihten sich im Bahnhof aneinander, konnten aber nicht entladen werden; Detailgeschäfte hatten nichts mehr zu verkaufen, während Früchte und Gemüse in den Lagerhäusern faulten.

Die Arbeitgeber von Windhoek mussten Schuljungen, die Ferien hatten einstellen, um den Kehricht einzusammeln und die Eisenbahnwagen zu entladen. Ein Vertragsarbeiter verdiente drei Rand die Woche und ein Mann aus der Siedlung zwanzig, aber ein sechzehnjähriger weisser Schuljunge, der einen Mehlsack nicht allein hochheben konnte, verdiente *siebzig!* Die Nachrichten über die Löhne, die die Geschäftsleute diesen Jungen bezahlten, sagten den Arbeitern mehr aus über ihre Ausbeutung, als wir in der SWAPO je hätten sagen können.

Einer der Gründe, warum Vertragsarbeiter so magere Gehälter erhielten, war der, dass sie am Ende ihrer zwölf- oder achtzehnmonatigen Verträge auf ihre kleinen Höfe zurückkehrten in Ovamboland, wo sie sich abrackerten, um aus dem kahlen Land einen kärglichen Lebensunterhalt zu gewinnen. Weisse Arbeitgeber brauchten nie in irgendeiner Weise für die Familien der Arbeiter aufzukommen, und nur während der Zeit des Vertrages sorgten sie dafür, dass die Arbeiter nicht gerade verhungerten. Aber die letzten zwei Ernten vor dem Streik waren besser als gewöhnlich gewesen. Ende Dezember verlangten die streikenden Vertragsarbeiter, zurück in ihre Reservate geschickt zu werden, da sie keine Nahrung und kein Geld mehr hatten.

Als ich nach Ondangwa zurückkehrte, waren Tausende von Arbeitern auf ihrem Heimweg in einem riesigen eingezäunten Feld eingeschlosssen worden. Arbeitsbeamte erlaubten ihnen erst, in ihre Dörfer weiterzureisen, als die ersten Eisenbahnladungen mit

Streikbrechern aus Angola ankamen, die auf ihrem Weg in den Süden waren. Die südafrikanischen Soldaten beobachteten ungerührt den blutigen Kampf, der sich zwischen diesen Leuten und unsern abspielte, bevor sie sich entschlossen, Tränengas zu feuern und der gewaltsamen Auseinandersetzung ein Ende zu machen. Danach kamen keine Streikbrecher mehr durch Ondangwa. Die kämpferischen Arbeiter gingen in ihre Dörfer und organisierten Treffen mit der Bevölkerung, wo sie die Buren, die Häuptlinge und die grausame Ungerechtigkeit des Vertrags-Systems anprangerten.

Als im Mai 1972 die Arbeiter schliesslich das Ende des Streiks ausriefen, wehte ein neuer Geist durch Ovamboland. Leute, die bis dahin — aus Angst oder aus Desinteresse — ruhig ihren Beschäftigungen nachgegangen waren, kamen jetzt in die SWAPO. Viele kamen zu mir ins Haus, um anzufragen, was sie für die Bewegung tun könnten. Es gab Versammlungen nach Gottesdiensten, in Schulen, Spitälern — wo immer die Leute sich trafen. Hunderte junger Leute, die aus dem Süden verbannt worden waren, bildeten eine Ortsgruppe der neugegründeten SWAPO-Jugend-Liga. Die Leute suchten bei der SWAPO wieder Hoffnung und Führung und wandten sich von den Häuptlingen ab, die in Verruf geraten waren, weil sie während der Streikverhandlungen als Lakaien der Regierung gedient hatten. Geschichten von Häuptlingen, die mit Steinen beworfen und von den besetzten Compounds verjagt worden waren, halfen mit, den Leuten die Angst zu nehmen. Auch im Ausland verloren die Häuptlinge und ihr Ovambo-Bantustan an Glaubwürdigkeit, und dies warf die südafrikanische Propaganda-Kampagne um Jahre zurück. Als im April 1972 Kurt Waldheim, der Generalsekretär der Vereinten Nationen, Ondangwa besuchte, erwarteten ihn mehrere Tausend SWAPO-Mitglieder am Flughafen, um der Welt unseren Wunsch für die nationale Unabhängigkeit Namibias kundzutun.

Die Regierung beantwortete den Streik und alles, was wir dadurch gewonnen hatten, mit brutaler Gewalt. Südafrikanische Truppen trieben wahllos Dorfbewohner, Streikende und andere in Notbehelfslager, wo sie verhört wurden. Es gab auch ein solches Lager in Ondangwa, so nah an der Siedlung, dass wir die Schreie der Gefangenen hören konnten. Die Krankenschwestern des Spitals erzählten von Soldaten, die bis zur Unkenntlichkeit verstümmelte Gestalten brachten, und zwar so viele, dass der diensthabende Arzt sich schliesslich weigern musste, noch irgend jemanden anzunehmen. Namenlose Gräber tauchten im Busch auf, der die Lager umgab. Draussen in den Dörfern stellten die Häuptlinge mit öffentlicher Körperverletzung ihre Autorität wieder her. Ich war gezwungen, einigen dieser Züchtigungen als Zeuge beizuwohnen.

Eine grosse Menschenmenge versammelte sich vor dem Ovambo-Regierungsgebäude, um einer solchen Szene zuzuschauen. Die Gefangenen standen aneinandergekettet in der Mitte des Platzes, unter der brütenden Mittagssonne. Der persönliche Sekretär des Häuptlings sass an einem Tisch. Ein Lehnstuhl war im Schatten des Hauptgebäudes aufgestellt worden; wir warteten immer noch auf den Häuptling. Schliesslich kam er, Chief Filemon Elifas, Häuptling der Ndonga, Chief Minister von Ovambo — ein wuchtiger Mann. Der Stuhl verschwand unter seiner Körperfülle, als er sich setzte. Ein Diener stellte eine unangebrochene Flasche Whisky an seine Seite.

Die erste Gefangene, eine junge Frau, wurde an den Tisch geführt. "Mitglied der SWAPO. Hat dem Häuptling gegenüber Respektlosigkeit gezeigt", las der Sekretär laut vor.

Der Assistent drängte sich an Elifas zur Beratung. "Dreissig Rand Busse", erscholl das Urteil durch die gespannte Stille, "und fünfzehn Stockhiebe."

Ein Stammespolizist brachte einen Stuhl und zwang die Frau, sich über den Stuhl zu beugen. Vier Polizisten drückten sie nieder, während ein fünfter ihr Kleid hochzog. Einer der Diener des Häuptlings stand bereit mit dem *makalani* — einem dornigen Palmzweig mit messerscharfen Kanten. Ein Raunen des Entsetzens ging durch die Menge. Es gibt nichts traditionell Namibisches in der Prügelstrafe; die Buren hatten sie eingeführt mit ihren *Sjambok*-Peitschen. Ein Pistolenschuss zerriss die Stille, gefolgt von einem Schrei, als der *makalani* auf den nackten Hintern der Frau niederfuhr. Weitere Schreie folgten. Rosarotes Fleisch wurde sichtbar. Es verfärbte sich rasch dunkelrot vom Blut, das bei jedem Rutenhieb hervorquoll.

Als die Schreie der Frau plötzlich aufhörten, nahm Elifas einen tüchtigen Schluck Whisky und lehnte sich nach vorn. "Frag sie, wie sie sich fühlt", lachte er. "Ist sie immer noch in der SWAPO?" Aber er bekam keine Antwort, die Frau war bewusstlos geworden. Elifas zuckte die Achsel und befahl, die verbleibenden Hiebe zu verabreichen.

Noch nie hatte ich so sehr gewünscht, einen schwarzen Mann umzubringen, wie in diesem Augenblick Elifas. Und tatsächlich tötete ihn zwei Jahre später jemand anders in einem Alkoholgeschäft in Ondangwa. Aber damals konnte man nichts anderes tun, als sich ruhig zu verhalten oder zu weinen. Hunderte von uns waren da, um diesem abscheulichen Schauspiel zuzuschauen, aber wir waren hilflos gegenüber der bewaffneten Stammespolizei, die rund um den Platz aufgestellt war. Auch die neuaktivierten SWAPO-Guerillas konnten die Prügel nicht verhindern, standen ihnen doch Tausende von Soldaten aus Südafrika und die neuen Owambo-Verteidigungskräfte gegenüber.

Diese intensive Unterdrückung dauerte noch zwei ganze Jahre. Allein im Jahre 1973 wurden über achthundert unserer Ovamboland-Mitglieder verhaftet, mindestens zwölf wurden umgebracht und über hundert wurden verwundet bei Zusammenstössen mit Soldaten und Polizisten.

Viele andere verschwanden ganz einfach. In Swakopmund wurden acht Führer der Jugend-Liga unter dem Sabotage-Gesetz zu je acht Jahren Gefängnis auf Robben Island verurteilt. In Rehoboth wurden 155 Leute vor Gericht gestellt, weil sie öffentliche Meetings abgehalten hatten. David Meroro und Axel Johannes, zwei unserer wichtigsten Führer, wurden im Windhoeker Gefängnis in Einzelhaft gehalten und gefoltert. Mir wurde klar, dass die Absicht, mich auszuschalten, nur noch eine Frage der Zeit sein konnte.

Meine bedingte Strafe von Pretoria lief im Jahre 1973 ab, aber im April dieses Jahres wurde ich verhaftet und der Aufwiegelei des Volkes und der Anstiftung zur Gewaltanwendung angeklagt. Am Tag meines Prozesses griff die Polizei Hunderte von Anhängern an, die sich vor dem Gerichtsgebäude versammelt hatten. Der Prozess wurde eiligst vertagt in einem Chaos von fliegendem Glas und Tränengas, das viele meiner Freunde verwundete. Schliesslich wurde ich zu sechs Monaten verurteilt, und während meine Berufung lief, wurde ich wieder verhaftet unter ähnlichen, aber separaten Anklagepunkten. Ich musste mich jeden Tag auf der Ondangwa-Polizeistation melden, und Agenten folgten mir, wo immer ich hinging. Ich war jetzt so bekannt, dass es schwierig wurde, aktiv zu sein: ich sammelte Zeugenaussagen und andere Dokumente über die Unterdrückung in Ovamboland und gab sie Bischof Richard Wood von der Anglikanischen Kirche von Windhoek. Dieser wiederum gab die Auskünfte ins Ausland weiter; wir brauchten internationalen Druck auf Südafrika, um mit dieser Unterdrückung Schluss zu machen.

Ein Jahr später, meine Gerichtsfälle waren mehr oder weniger geregelt, aber neue Anklagen standen noch aus, brachte mich der

Bischof diskret nach Windhoek, um von Vertretern von Amnesty International und europäischen Regierungen angehört zu werden sowie von Journalisten, die nicht das Recht hatten, den Norden des Landes zu betreten. Ich nahm meine Familie mit in der Hoffnung, eine Weile in Windhoek zu bleiben und da mit der SWAPO zu arbeiten. Aber die Buren hatten anderes im Sinn mit mir. An einem frühen Junimorgen des Jahres 1974 rief mich Bischof Wood zu sich in sein Haus. Er führte mich in sein Arbeitszimmer, wo eine andere Missionarin wartete, eine deutsche Frau, die ich gut kannte. Sie war die ganze Nacht von Ondangwa hergefahren, um mir eine dringende Nachricht von Jobeck zu übergeben: die Sicherheits-Polizei suchte mich wieder einmal; sie hatten in der Gegend mit einer grossangelegten Menschenjagd begonnen. Meine Kameraden rieten mir, so rasch wie möglich das Land zu verlassen.

Namibia verlassen? Vor drei oder vier Jahren, als ich isoliert und deprimiert war, hätte ich die Idee vielleicht begrüsst. Aber jetzt? Es gab zuviel, das getan werden musste. Und war ich denn nicht in Sicherheit, so lange ich mich in Windhoek unter den Augen von Anwälten und Ausländern aufhielt?

"Um Himmels Willen, hör auf deine Kameraden", bat die Deutsche. "Die Polizei plant, dich verschwinden zu lassen. Man wird dich nie mehr sehen."

Anstatt weiter zu streiten, bedankte ich mich für das, was sie getan hatte und ging zum Haus meiner Schwiegermutter zurück. Sie zog mich ins Haus hinein und schloss die Tür. "Die Polizei war hier und hat nach dir gefragt. Sie sagten, sie werden zurückkommen."

Ali war immer noch im Bett. Sie stillte unsre neugeborne Tochter. Das Baby ruhte friedlich in ihren Armen, genau wie Kenny an dem Tag vor acht Jahren, als ich nach Pretoria gebracht wurde. Danach hatte ich ihn nie mehr gesehen.

"Ich kann nicht gehen", sagte ich.

Ali und ich hatten schon darüber gesprochen, das Land zu verlassen. Sie hatte schon vor einem Jahr versucht, mich zu einer Flucht nach Botswana zu überreden, nachdem ein Ondangwa-Häuptling mit einem Gewehr auf mich geschossen hatte. Aber ich hatte die Entscheidung immer hinausgeschoben.

Nun war Ali ruhig, entschlossen. "Du *musst* gehen", sagte sie. "Dieses Mal werden sie dich umbringen."

"Aber was ist mit dir und dem Baby?"

"Wir haben das schon besprochen, John. Wir können dir in Sicherheit folgen, wenn du einmal draussen bist. Du bist es, den sie wollen."

So nah die Gefahr auch war, sie schien nicht Wirklichkeit zu sein. Als ich mich tagsüber im Hause des Bischofs versteckt hielt, hatte ich lange über die Bedeutung des Exils gebrütet: andere Länder, Ablenkung, schwere Zeiten, noch mehr Zweifel und Einsamkeit, als ich sie schon aus Ovamboland kannte. Anderseits hatte ich auch Freunde draussen, Kameraden, einschliesslich *Sam Nujoma*, den Präsidenten der SWAPO. Ich konnte lernen, etwas Nützliches zu tun, wie Vinnia Ndadi mit seinen Radiosendungen für SWAPO's Radio Namibia. Vielleicht könnte ich sogar in ferne Länder reisen und die Leute dort dazu bringen, Südafrika entgegenzutreten und die SWAPO zu unterstützen. Möglichkeiten gab es, auch wenn sie etwas angsterregend waren. Was ich jedoch am meisten fürchtete, als ich meinen kleinen Koffer packte, war der Gedanke, nie mehr in mein Land zurückkehren zu können.

Früh am nächsten Morgen verabschiedete ich mich hastig und fuhr mit einer Engländerin in einem Volkswagen Richtung *Oniipa,* einer finnischen Mission in Ovamboland. In einem Lieferwagen folgten Collie Nujoma und mehrere Mitglieder der Jugendgruppe, die auch nach Angola wollten. Seit dem Staatsstreich vom April 1974 in Portugal war die Grenze nach Angola nicht mehr von feindlichen Soldaten bewacht; die beste Route aus Namibia hinaus führte jetzt nordwärts. Wir hatten geplant, den Ovambo-Grenzposten zu täuschen, Collies Gruppe im Café von Jobeck zu treffen und dann zur Mission zu fahren, wo mein Freund Philip Alwendo mit einem andern Auto wartete, um die letzte und gefährlichste Etappe unserer Reise in Angriff zu nehmen.

Wie geplant, gelangten wir nach Einbruch der Dunkelheit an den Kontrollpunkt, wo die Strasse ins Ovamboland hineinführt. Als wir vor uns die hellen Flutlichter sahen, nahm ich meine Brille ab und setzte mich zu den zwei Frauen der Jugendgruppe hinten ins Auto. So sass unsere englische Freundin allein vorne — jede andere Anordnung hätte verdächtig ausgesehen. Alles, was die Frau wusste, war, dass es eventuell ein Problem bei der Kontrolle geben könnte, weil ich keinen Pass hatte, nichts weiter. Aber sie war ziemlich nervös und ihr zögernder, skandinavischer Akzent konnte nur einen dämlichen Buren täuschen.

Er stellte viele Fragen, winkte uns aber weiter, als unsre geplante Ablenkung, Collies alter Lieferwagen mit Fehlzündung in den Lichtkreis hinter uns ratterte. Aber ihre Nerven versagten, und

sie würgte den Motor ab; er stotterte noch ein paar Mal, sprang aber nicht mehr an.
Der Zollwächter bückte sich durchs offne Fenster, um zu sehen, was los war. Ich versteckte mein Gesicht in meiner Jacke und täuschte Schlaf vor. Die Flutlichter erleuchteten das Wageninnere taghell.
"He, du, kannst du nicht sehen, dass die Dame Schwierigkeiten hat und angeschoben werden muss!" schrie der Bure.
Ich rührte mich und schaute ihn fragend an.
"Ja, du", wiederholte er, mich anstarrend.
Aber bevor ich antworten konnte, hatten sich Collies Freunde um das Auto geschart. Ein grosser Stoss und der Motor sprang an. Wir schossen in die sichere Dunkelheit der Wüste und warteten nicht auf Collies Lieferwagen. Wir hatten vereinbart, getrennt zu fahren, um keinen Verdacht zu erwecken, und uns später in Jobecks Café zu treffen.
Aber die Wahl des Treffpunkts erwies sich als schlecht. Es war Freitagabend und Jobecks Café war voller Leute. Wir sassen im Auto und warteten über eine Stunde. Ich zog wieder meine Jacke über den Kopf, als die Mädchen versuchten, neugierige Trinker wegzujagen, die zu einem Schwatz rüberkamen. Wo war Collie geblieben?
Ein paar Scheinwerfer tauchten in der Strasse auf. "Endlich!" dachte ich. Aber es war kein Lieferwagen — sondern eine Polizeistreife! Das Fahrzeug verlangsamte das Tempo, kam die Auffahrt herauf und parkte genau vor uns. Vier weisse Polizisten in komplettem Tarnanzug sprangen aus dem Auto. Einer leuchtete mit einer Taschenlampe ins Wageninnere. "Ist alles in Ordnung, Fräulein?" erkundigte er sich.
Jetzt, da wir über den Kontrollpunkt waren, wusste unsere Fahrerin nicht mehr, warum ich mich weiter versteckte. "Ja, ja, alles in Ordnung", stotterte sie mit einem lächerlichen Akzent.
Der Polizist zögerte eine Weile, unsicher.
"Suchen Sie etwas?" fügte sie etwas mutiger hinzu.
"Terroristen", sagte der Bur grimmig.
Das erleichterte Lachen unserer Fahrerin war echt. "Nein, ich sehe keinen von ihnen", sagte sie.
Der Polizeiwagen fuhr rund ums Café und auf der holprigen Strasse weiter in die Siedlung hinein. Seine Scheinwerfer huschten über mein altes Haus, das dunkel und verlassend dastand.
Schliesslich kam der Lieferwagen. Sie hatten angehalten, um ein paar Biere zu trinken, und einige von ihnen wurden ausgelassen

— zu ausgelassen. Sie stiegen aus und gingen auf das Café zu, laut lachend und witzelnd. "Jetzt werden die Buren bald kriegen, was sie verdienen; jawohl, wir werden zurückkommen! Komm, *mitiri*, nehmen wir ein Bier!"
Die Narren! Ich rief Collie und befahl ihm, seine Leute zusammenzurufen und weiterzufahren. Dann fuhr unser Volkswagen los, in Richtung Oniipa, wo Philip Alwendo auf mich wartete. Ich wollte noch *heute Nacht* über diese Grenze kommen.
Oniipa ist das Hauptquartier der Ovambo-Kavango Kirche. Die Mission war ein Zufluchtsort für die SWAPO gewesen, seitdem Hermann vor vielen Jahren angefangen hatte, diese Gegend zu organisieren. Als sich unsere britische Freundin ins Gästehaus zurückzog, ging ich auf Zehenspitzen umher, um Philip zu suchen. Aber ich konnte ihn nicht finden. Es war schon fast Mitternacht.
Es blieb mir nichts andres übrig, als zu warten. Eine der Schwestern gab mir ihr Zimmer, während sie aufblieb, um auf Philip zu warten. Ich war erschöpft, konnte aber nicht schlafen. Als ich im Dunkeln lag, hörte ich eine grosse Kirchenuhr die Stunden schlagen. Drei Uhr, immer noch kein Philip. Jetzt war es zu spät, um noch vor Tagesanbruch über die Grenze zu kommen.
Das Schwesternhaus war tagsüber zu geschäftig, als dass ich mich sicher dort hätte verstecken können. Nach dem Frühstück ging meine Gastgeberin zu ihrem Schrank und zog ein grosses Kleid und ein Kopftuch hervor. "Sei nicht scheu", lachte sie, "**wir müssen dich ins andre Gebäude hinüberbringen.**" Zum Glück war niemand im Hof, als wir zum Zimmer einer weissen Missionarin hinüberschlichen, sicherlich der letzte Ort, in dem die Polizei suchen würde.
Meine kameradschaftliche Schwester beschloss, Gesellschaft für mich zu organisieren, und holte einen der Pastoren, einen Mann, den ich schon lange kannte. Er schloss rasch die Tür hinter sich. "John, ich habe für deine Sicherheit gebetet ..."
"Und ich habe auch für Ihre Gesundheit gebetet, Pastor." Ich versuchte, zwanglos zu tönen; je weniger Leute von meiner Flucht wussten, umso besser.
Aber der Pfarrer wusste mehr als ich. Er erzählte von einem Meeting des Ovambo-Kabinetts an diesem Morgen. Jannie de Wet hatte verlangt, dass die Häuptlinge mich suchten und alle andern SWAPO-Führer des Nordens verhafteten. Die Buren waren daran, Strassenblockaden rund um Ondangwa und an jeder Kreuzung bis zur Grenze aufzustellen.

Ich war gefangen! Warum war Philip letzte Nacht nicht gekommen? Ich hätte jetzt in Angola sein können. Aber als ich anfing, dem Pastor vom verpatzten Zusammentreffen zu erzählen, unterbrach er mich. "Aber Philip ist hier, im oberen Stockwerk! Er hat die ganze Nacht auf jemanden gewartet, wollte aber nicht sagen, auf wen." Er verschwand für eine Minute und kam mit dem bestürzten Philip zurück.

Mittags füllte sich die Mission mit Leuten, die gekommen waren, um die Veröffentlichung der ersten Bibel in Ovambo-Sprache zu feiern. Philip und ich standen hinter den gezogenen Vorhängen, während sich draussen schwatzende Gäste an unser Fenster lehnten. Wir verharrten in angespanntem Schweigen. Am Schluss der Feier kam der Pastor mit einem Kollegen aus Engela zurück, einer Mission, die nur ein paar Meilen von der angolanischen Grenze entfernt war. Der Ankömmling musterte uns mit einem Lächeln. "Ich weiss nicht, wohin ihr gehen wollt, aber ich kann euch sicher bis Engela mitnehmen." Sein mit Kirchenarbeitern gefüllter Minibus wartete draussen. Ich klemmte meinen kleinen Koffer unter den Sitz, hielt ein Gebetbuch in meinem Schoss, kauerte mich zwischen zwei würdevolle, ältere Damen und beobachtete die Polizei, welche die Ausweise des Fahrers an jeder Strassenblockade auf der 45 Meilen langen Strecke nach Engela überprüfte. In Engela erwartete mich Collies Gruppe.

Es würde noch einige Stunden dauern bis zum Einbruch der Dunkelheit, und unsre Gruppe war nun zu gross geworden, um nicht aufzufallen. Wir fanden rasch Unterschlupf beim Inhaber eines Dorfladens, den ich von Jobecks Café her kannte. Im Lagerraum des Ladens konnten wir die südafrikanischen Armeefahrzeuge auf der Strasse vorbeidonnern hören, die an der Grenze entlangführte. Als es dunkel wurde, sahen wir ihre Suchscheinwerfer durch den kahlen Wald nach Norden leuchten. Der Ladenbesitzer stopfte unser Gepäck voll mit Konserven und Brot, Proviant, der für die mehrtägige Reise durch Angola nach Sambia ausreichen musste. Einer seiner Angestellten anerbot sich, uns einen guten Ort zu zeigen, wo wir über die Grenze gelangen konnten. Dann wollte er anschliessend den Lieferwagen zurück nach Ondangwa bringen. Acht Uhr: es war Zeit, zu gehen!

Der Mond erhob sich am schwarzen Himmel. Zwei Jeep-Spuren im Sand zeigten uns den Weg. Der Wagen holperte und ächzte langsam im ersten Gang vorwärts, ohne Lichter. Engela verschwand hinter uns. Im Wageninnern war es so ruhig, dass wir den Eindruck hatten, die quietschende Aufhängung müsste meilenweit jede südafrikanische Patrouille alarmieren. Alle paar Minuten hielten wir an, um zu horchen. Ich konnte nichts andres hören, als das Klopfen meines Herzens. Nach diesem, wie uns schien, stundenlangen Anhalten und Anfahren — wahrscheinlich waren es etwa zehn Minuten — machten die Spuren eine scharfe Wende und wir fuhren einen leichten Abhang hinunter. Collie hielt an und der Lastwagen leerte sich in aller Stille. Wir spähten über das offene Grasland; es war alles ruhig. Das galvanisierte Material des Zauns glänzte im Mondlicht.

Ich ging hinter dem Wagen den Abhang hinauf und meine Füsse versanken im sandigen Boden. Ich nahm eine Handvoll Sand und liess die trockenen Körner durch meine Finger rinnen. Ich dachte an Levy Nganjone und wie wir einst niederknieten und den Sand auf dem heiligen Boden seiner Herero-Ahnen gesiebt hatten. Was war wohl aus Nganjone nach seiner Verbannung geworden? Und Karita, wo war er wohl? Gute Leute: alle verbannt, gefangen, getötet oder ins Exil vertrieben. Wie lange würde das noch andauern?

Zwei Lichtkegel zündeten durch den Busch. Hunde bellten in der Ferne. "*Mitiri*, wir können nicht mehr warten", flüsterte jemand. Die andern waren schon über dem Zaun, unser Führer hatte den Wagen gewendet und war zur Abfahrt bereit.

Musste ich so weggehen? Namibia war meine Heimat! Ich gehörte hierher, zu meinen Freunden, meiner Familie, den Alten, die mich aufgezogen hatten, zu all meinen Kameraden, die fortfuhren, die Buren herauszufordern, trotz aller Risiken.

"Um Himmels Willen, Mann, sie werden jeden Moment hier sein", rief Collie vom Zaun her. Der Lieferwagen war weg.

Ich öffnete meinen Mund, um ihm zu antworten, aber meine Stimme versagte. Tränen strömten über meine Wangen. Ich packte eine Handvoll Blätter vom nächsten Gebüsch und stopfte sie in meine Tasche.

Der Jeep der Patrouille war jetzt so nah, dass ich seinen Motor hören konnte. Einen Augenblick lang starrte ich in seine Scheinwerfer. Dann drehte ich mich mit einem tiefen Seufzer um und schritt dorthin, wo der Stacheldraht mit Gewalt auseinandergedrückt worden war. Hilfreiche Hände halfen mir durch. Ohne mich umzuschauen, ergriff ich meinen Koffer und folgte der Reihe dunkler Gestalten in den Busch, nordwärts.

Glossar

Baas: wörtlich: Boss, Meister, Arbeitgeber, Vorgesetzter
Baasie: symbolisch: höhergestellter Weisser, der dem Schwarzen Befehle erteilen darf...
Boss: In der Umgangssprache ist es aber noch sehr weitverbreitet, dass *jeder Weisse* von *jedem Schwarzen* als "Boss" angeredet wird — auch wenn der Schwarze z.B. 60 Jahre als ist und der Weisse 20!
Namas, Hereros, Ovambos: die 3 grössten der vielen Stammesgruppen Namibias. Die Hereros z.B. hatten den Deutschen erbitterten Widerstand geleistet und wurden zu 80% von den Kolonialisten vernichtet. (Siehe auch Geschichtsteil im Vorwort. Selbstverständlich hat jede dieser ethnischen Gruppen ihre eigene Sprache. Allgemein wird im Buch die Bezeichnung
Afrikaner: gebraucht, wenn von der *schwarzen* Bevölkerung Namibias die Rede ist.
Bure / Afrikaaner: europäische Einwanderer holländischen Ursprungs, seit dem 17. Jahrhundert. Ihre Sprache ist
Afrikaans: eine Form von Holländisch, welches durch französische und deutsche Einwanderer beeinflusst und vereinfacht wurde. Ist neben Englisch die offizielle Regierungssprache Südafrikas und Namibias. Deutsch wird noch von einem grossen Teil der weissen Bewohner Namibias, deutscher Herkunft, gebraucht (siehe Geschichte).
Shebeen: Trinkbude in der illegal selbstgebrauter Alkohol verkauft und konsumiert wird.
Karakul-Schafe: liefern den wertvollen Astrakan-Pelz
Meme: Grossmutter
Kraal: traditionelle afrikanische Siedlung
Piccanin / Kaffer: Schimpfwörter, mit denen die Weissen die Schwarzen bezeichnen. *Kaffer* wird in der Umgangssprache von den rassistischen Weissen ständig benützt, wenn die Rede ist von Schwarzen (vergleiche Nigger in den USA).

SWANLA (South West African Labour Association): offizielle Agentur, welche Wander- (Vertrags-)arbeiter rekrutierte, einteilte und an ihre Arbeitsplätze im Süden transportierte. Von der Bevölkerung gehasst, wurde sie anlässlich des Generalstreiks der Vertragsarbeiter (Dez. 71 bis März 72) abgeschafft. Die nachher gegründete Organisation, welche heute die gleiche Rolle spielt, ist ebenso unbeliebt.

Mau-Mau Revolte in Kenya: neben Algerien, einer der wichtigsten und aufsehenerregendsten Aufstände Afrikas nach dem 2. Weltkrieg, in welchem die unterdrückte Bevölkerung sich gegen die Herrschaft der Kolonialisten zur Wehr setzte.

Kleinmeisie: Meisie = Mädchen (afrikaans)
Missies: Meisterin, Herrin
ANC (African National Congress): Die älteste Bewegung des nationalen Widerstandes von Afrika. 1912 von schwarzen Bewohnern Südafrikas gegründet, um sich gegen die weisse Alleinherrschaft zur Wehr zu setzen. Bis 1960 verfocht der Kongress die These des gewaltlosen Widerstandes. Ihr Grundprogramm wurde in der 1955 erschienenen Freiheitscharta niedergelegt, welche volle demokratische Grundrechte aller Bürgerinnen und Bürger verlangt, unabhängig von ihrer Rasse. In den fünfziger Jahren verfügte der ANC schon über eine breite Basis und eine gewisse Anzahl weisser Mitglieder.

Busboykotte: Die friedlichen Aktionen wie Busboykote der schwarzen Bevölkerung oder Demonstrationen gegen das obligatorische Tragen eines Passes, wurden von der südafrikanischen Regierung mit gewalttätigem Einschreiten der Polizei beantwortet. Das markanteste Ereignis war das

Massaker von Sharpeville: (1960), bei welchem über 60 Personen ums Leben gekommen sind. Daraufhin beschlosse der ANC, einen bewaffneten Flügel zu gründen genannt

Umkonto weSizwe (Speer der Nation): demzufolge, und angesichts der ständig ansteigenden Popularität der Bewegung, erklärte die südafrikanische Regierung diese für illegal, verhaftete eine grosse Zahl ihrer Führer, der bestbekannte von ihnen,

Nelson Mandela: wurde zu lebenslänglicher Haftstrafe verurteilt, andere verliessen das Land und führen ihre Arbeit heute aus dem Exil fort.

Bantu: wörtlich: Mensch. Ein grosser Teil der schwarzen Bevölkerung des südlichen Afrikas gehören zur Sprachgruppe der Bantus — aber lange nicht alle.
Die südafrikanische Regierungssprache benützt den Ausdruck in der Gesetzgebung und der Apartheid (Beispiel: Bantu Educa-

tion: spezifische Schulbildung der schwarzen Bevölkerung, die derjenigen der weissen nachsteht).

Grootmeneer: Grosser Herr, Meister
Meneer: mein Herr
Bassie, Basie: siehe Baas
Oranje-Freestate: eine der 4 Staaten Südafrikas

verligte: wörtlich: erleuchtet — wird im südafrikanischen Politbild benützt im Gegensatz zu
verkrampte: wörtlich verkrampft
"verligte" = Apartheid-Anhänger, welche zu einigen Reformen der Rassentrennung bereit wären
"verkrampt" = Nationalisten, welche jegliche Form von Erleichterung des Apartheid-Systems ablehnen.

Tsotsi: Banden marignalisierter Jugendlicher der überbevölkerten schwarzen Vorstadtsiedlungen, welche rauben und stehlen.

Klagte: klagen
Mayibuye Afrika: Afrika gehört uns
Amandla: "Macht dem Volke" Slogan des ANC, ähnlich dem englischen Wort "Power"
"Die stem van Suid Afrika": Nationalistenlied der Buren
Nkosi: Herr, Gott

Bantustan (oder Homeland): von den Weissen zugewiesene Landesteile, in welchem die Schwarzen, getrennt nach ihrer Stammessprache, zu leben haben und in welchen sie auch Bürger wären. Also bezweckt die weisse Regierung, dass jeder Schwarze nicht mehr Bürger Namibias (bzw. Südafrikas) wäre und wäre befreit von Arbeitslosen, Kranken, Alten oder Jugendlichen. Andererseits verfügt sie aber über ein Reservoir billiger Arbeitskräfte, die als "Fremdarbeiter" im weissen Gebiet tätig wären.

Umkonto weSizwe (Speer der Nation)

Fussbrücke — rassengetrennt

Schwarze Arbeiter und weisse Aufseher

Überprüfung der Muskelfunktionen von Wanderarbeiter in einer Mine bei Johannesburg

Inspektion eines schwarzen Bergarbeiters

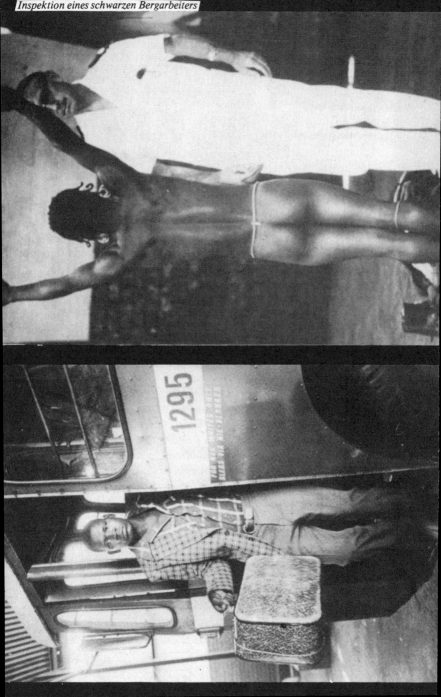

Wohnräume

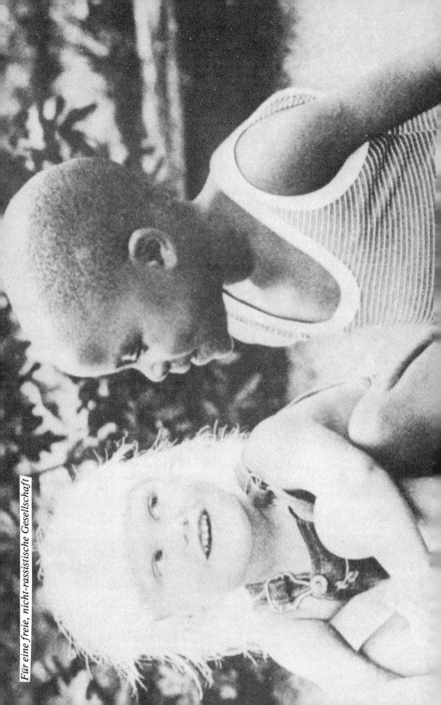

Für eine freie, nicht-rassistische Gesellschaft

rotpunktverlag: **Karl Hofmaier: Memoiren eines Schweizer Kommunisten 1917 - 47,** *304 Seiten, gebunden, illustriert, dokumentiert, Fr. 20.—/DM 24.—, ISBN 3-85869-006-6.* Erinnerungen aus der Zeit von 1917 bis 1947, das heisst für einen Schweizer Kommunisten sich erinnern an die «alte» KPS, an den Zusammenschluss der Altkommunisten mit der neugegründeten bolschewistischen KP, an das Verbot der KPS im Jahre 1940, an die darauffolgende Illegalität, an die Gründung der Partei der Arbeit 1944. Karl Hofmaier hat diese Erfahrungen als aktiver Kommunist und Funktionär der KPS und der PdA gemacht. Seine und der Partei Arbeit war ständig begleitet von Verfolgungen durch den bürgerlichen Staat, sie war auch begleitet von Auseinandersetzungen unter den linken Parteien. Und sie endete mit einem «Skandal», als er, Zentralsekretär der PdA, 1947 wegen Geldmanipulationen aus der Partei ausgeschlossen wurde.

Hofmaiers Erinnerungen sind Zeugnisse des Kampfes der kommunistischen Arbeiterbewegung in der Schweiz um Einflussnahme auf die Schweizer Politik. Sie sind aber auch Zeugnisse für die inneren Reibereien, welche die Arbeiterbewegung ständig in Atem hielten und auch schwächten.

Hofmaier war auch international tätig, als Funktionär der Komintern (1924-36), als Instruktor in Italien, wo er von der faschistischen Geheimpolizei verhaftet und für sieben Jahre in den Kerker verbannt wurde.

Seine Memoiren sind knapp in der Ausführung, sie beschränken sich auf die Beschreibung der Ereignisse. Persönliches kommt eher zu kurz. Der Memoirenband (Format A 4) besteht denn auch zur Hälfte aus Dokumenten von Hofmaiers Arbeit oder zu den Auseinandersetzungen, in welche er verwickelt war. Er gewinnt insbesondere seine Bedeutung aus dem Umstand, dass Hofmaier der wohl bekannteste noch lebende Schweizer Kommunist der ersten Stunde ist. *"Das Konzept", Zürich.*

rotpunktverlag **Erwin Marti: Aufbruch — Sozialistische- und Arbeiterliteratur in der Schweiz,** *224 Seiten, reich illustriert, Fr. 10.—/DM12.—, ISBN 3-85869-004-X.* Das Buch des Literaturwissenschaftlers Erwin Marti ist tatsächlich ein Aufbruch zu einer faszinierenden Reise in die Geschichte der sozialistischen und Arbeiterliteratur der deutschsprachigen Schweiz. Glücklicherweise ist es keine trockene Abhandlung geworden, sondern vielmehr ein wirklich lesbares Buch mit sehr gut ausgewählten Textbeispielen und vielen Illustrationen (Moreau, Zbinden, Erni, Varlin u.a.). Von den «Vorgängern» Bräker und Zschokke spannt der Autor den Bogen über die sozialdemokratische und kommunistische Literatur bis zum antifaschistischen Schaffen vor dem 2. Weltkrieg. Marti schreibt aber nicht nur über die Literatur, vielmehr stellt er diese in den notwendigen historischen, politischen und sozialen Rahmen, wie z.B. in den Kapiteln «Sozialdemokratie und Literatur bis 1914» oder «Die Arbeiterbewegung zwischen Generalstreik und Antifaschismus».

Viele längst vergessene Namen und Werke werden uns vorgestellt, aber nicht etwa mit nostalgisch verklärtem Blick, sondern sachlich und kritisch. Marti deckt die Widersprüche schonungslos auf und scheut sich nicht, auch vernichtende, entlarvende Urteile abzugeben. Jakob Bührer, Carl Albert Loosli und die als heimatlos bezeichneten Literaten zwischen Bürgertum und Arbeiterbewegung werden in eigenen Kapiteln behandelt. Die Kommunisten, unter ihnen auch Hans Mühlestein, nehmen einen breiten Raum ein, wie natürlich auch die Literatur des antifaschistischen Widerstandes. Abgerundet wird das Buch durch ein Nachwort von Bernhard Wenger, in dem er die Schweizer Literatur vom 2. Weltkrieg bis heute darstellt.

So ist ein gerade für unsere Zeit sehr wichtiges, gutes Buch entstanden, das die Möglichkeit bieten könnte, an alte, fast vergessene Traditionen der Arbeiterbewegung und ihrer Literatur anzuknüpfen. *"Das Konzept", Zürich.*

rotpunktverlag **Maurice Lemoine, «Bitterer Zucker», Skven heute in der Karibik, dokumentarischer Roman,** *illustriert, 304 Seiten, Fr. 24.80/DM 27.80, ISBN 3-85869-024-4.* Haiti, in den karibischen Gewässern gelegen, ist ein bei uns ziemlich «vergessenes Land». Allenfalls tauchen die neuesten Eskapaden von dessen selbsternannten Präsidenten auf Lebenszeit, «Baby Doc» Jean-Claude Duvalier, Nachfolger seines Vaters und selbigen Titelhalters, «Papa Doc» François Duvalier, in der Presse auf. Dass ebenfalls Tausende von «Boat People» von «Baby Doc» und seinen Schlägertruppen, den «Tontons Macoutes», auf gefährliche Fahrten nach den Vereinigten Staaten flüchten, dort aber auf Grund des 'demokratischen Charakters' des Regimes Duvalier nicht als Flüchtlinge anerkannt und entweder zurückgeschickt oder in spezielle «Lager» in Florida eingeliefert werden, löst bei uns bedeutend weniger Emotionen aus, wie dieselben Ereignisse in Vietnam.

Die Dominikanische Republik, der andere auf der Insel Hispanola gelegene Staat, geriet 1965 zu Berühmtheit, als der gewählte Präsident Juan Bosch es wagte, eigenständig zu denken und handeln und logischerweise bald die Interessen der USA tangierte.

Der anfangs des Jahres im Zürcher Rotpunktverlag erschienene dokumentarische Roman «Bitterer Zucker» macht diese beiden Länder historisch, ökonomisch, ethnologisch und soziologisch transparenter, wiewohl er primär ein anderes Geschehnis behandelt: Die dominikanische Zuckerindustrie ist auf haitische Arbeitskräfte angewiesen, und so werden jährlich 15'000 Haitier für die «Zafra», die Zuckerrohrernte, rekrutiert; bisher arbeiten 250'000 Männer, Frauen und Kinder auf den Plantagen des Nachbarlandes. Sie wollen dem Massenelend in Haiti entfliehen und lassen sich von der Propaganda des Regierungsradios überzeugen, geraten aber buchstäblich vom Regen in die Traufe. Hunger, Arbeit bis zur Erschöpfung, raffinierte Ausbeutung auf allen Ebenen, Rassismus zwischen den schwarzen Haitiern und den helleren Dominikanern, Betrügereien, Elend und (beinahe) keine Möglichkeit, sich dem Verschuldungsmechanismus zu entziehen, prägen ihren Alltag auf den Batays der Dominikanischen Republik. Sowohl deren Zuckerindustrie wie auch «Baby Doc» verdienen hübsche Summen an den modernen Sklaven — so spricht die Antisklavereigesellschaft in London darüber. Maurice Lemoine greift in seinem Buch drei Kongos — so werden die haitischen Arbeitskräfte genannt — heraus, Estimé Mondestin, Brutus und Petit-Pierre Déroseaux, und beschreibt deren Alltag, geht anhand von Biographien in die Geschichte zurück und bringt uns das nicht immer verständliche Denken, Handeln und Fühlen dieser beiden Völker näher. Einige Fotos, die der Autor selbst in den Batays gemacht hat, Belegen auch visuell das Beschriebene. *"Vorwärts", Zürich.*

rotpunktverlag: **Vilma Hinn: "mannundfrauspielen"**, *312 Seiten, Fr. 22.80/ DM 24.80, ISBN 3-85869-021-x* "Mannundfrauspielen" handelt von einer Liebesgeschichte zwischen Vilma und Ivan. Vilma ist Schweizerin, Ivan ein Flüchtling aus Uruguay. Die beiden begegnen sich zum ersten Mal in einer Kuba-Ausstellung. Ivan sucht Arbeit und Kontakt zu Schweizern, um die Sprache zu erlernen. Vilma, die spanisch spricht, hilft ihm bei der Integration in den Kreisen der Zürcher Linken und der neuen Frauenbewegung, in denen sie sich fortbewegt. Vilma betreibt Forschungen zur Frauenfrage, arbeitet politisch und schreibt Werbe-Texte für ihren Lebensunterhalt. Ivan muss sich, nach Folterungen und einem Gefängnisaufenthalt in Argentinien, erst wieder in seinem Leben zurechtfinden und seine Zukunft planen. Er schlägt Vilma für die kurze Zeit, die er noch in der Schweiz bleiben kann, einen kleinen Freundschaftspakt vor, unter Bewahrung der gegenseitigen Selbständigkeit. Seine Vergangenheit ist in Liebesdingen belastet von einer langjährigen Beziehung zu Marta, einer dominanten Frau. Vilma ihrerseits hatte sich nach verschiedenen Beziehungserfahrungen in Algerien plötzlich wieder verliebt, nachdem sie in einem Lager der saharauischen Frauen eine andere Welt, andere Menschen und eine neue Arbeitsteilung der Aufgaben der Geschlechter kennengelernt hatte. Die Beziehung zwischen Ivan und Vilma entwickelt sich in Sprüngen, beide lernen die Vergangenheit ihres Partners kennen. Vilmas grösste Abneigung ist die vor der Küche als dem Zentrum einer Beziehung, wo eine Frau bei uns in ihre soziale Rolle eingepasst wird. Ivan bringt bald einmal einen Polstersessel mit und richtet sich bei Vilma häuslich ein. Nach Ablauf der Vertragszeit des kleinen Paktes zieht Ivan nach Genf, wo er sich sprachlich besser bewegen kann. Aus seinen Plänen, nach Algerien oder Spanien zu gehen, wird nichts. Er bleibt in Genf hängen, wo er schliesslich eine Elektrikerlehre anfängt. Während langer Zeit schwankt die Beziehung hin und her zwischen Nicht-Existenz und sporadischem Leben. Vilma treibt ihre Forschungen über die Liebe voran und entdeckt überall Herrschaftsverhältnisse statt Liebesbeziehungen, auch schon im Spiel der Kinder. Vilma fährt mit einem früheren Freund in die Ferien. Nach einem Unfall von Ivan beschliessen Vilma und er, in Genf zusammenzuziehen. Beide bringen etwas Besonderes in den neuen Hausstand mit: Ivan ein Auto, Vilma ihre Autobiographie. In Le Lignon, einer Satellitenstadt von Genf, finden sie eine grössere Wohnung. Vilma studiert die Verhältnisse in dieser Wohnmaschine. Ihre eigene Wohnung wird zunehmend kollektiv genutzt von Ivans Freunden und Bekannten, die im Exil leben. Sie alle erwarten von Vilma die Erfüllung ihrer Rolle als Hausfrau und Gastgeberin, der nachzukommen sie sich aber weigert. Ivan versteht dieses Verhalten nicht. Die Beziehung verschlechtert sich. Vilma bekommt Depressionen. Sie hält ihre Erlebnisse in Form eines Tagebuchs fest. Die Beziehung ist gescheitert, weil sie ihr wahres Gesicht als Machtverhältnis offenbart hat. In der Auflösung des Buchs, für die man das Buch umdrehen muss, steigt Vilma ins Labyrinth hinab und stösst auf die wahre Bedeutung der alten Mythen etwa der Ariadne und des Minotaurus, von Zeus und Hera, von Adam und Eva usw. sowie auf ein neues feministisches Manifest. Ihr Scheitern mit Ivan kann sie jetzt als vergeblichen Wiedergutmachungsversuch einer früheren Schuld erkennen, der Schuld der Ausübung eines Herrschaftsverhältnisses an ihren Brüdern in ihrer Jugend. *"Kulturmagazin"*, Zürich.

rotpunktverlag: **Rodolfo Walsh: Operación Masacre — Argentinischer Tatsachenbericht nach Aussagen Erschossener,** *208 Seiten, Fr. 17.80/ DM 19.80, ISBN 3-85869-027-9.* Der argentinische Journalist und Schriftsteller Rodolfo Walsh (1927 - 1977) ist bisher zu Unrecht bei uns unbekannt geblieben. In Lateinamerika hat er längst seinen festen Platz als Meister des "Testimonio", jener literarischen Gattung, die aus Lateinamerika stammt und Elemente des Romans mit solchen der Reportage vermischt. Julio Cortázar bewunderte in seinem Landsmann Walsh den Autor, dem es gelungen ist, "Realität in Literatur zu verwandeln, d.h.: Literatur mitten in die Realität hineinzustellen".

Die eigentliche Motivation für dieses Engagement war wohl ein gefühlsmässiger Gerechtigkeitssinn, eher als eine politische Überzeugung oder gar Ideologie. 1977 schreibt er einen offenen Brief an die gerade ein Jahr amtierende Militärdiktatur seines Landes, in dem er die Bilanz einer Schreckensherrschaft zieht (der Brief ist im Anhang wiedergegeben): "Die Zensur der Presse, die Verfolgung von Intellektuellen, die Hausdurchsuchungen bei mir, die Ermordung guter Freunde und der Verlust einer Tochter im Widerstandskampf — das sind einige der Gründe, die mich nach beinahe 30 Jahren Öffentlichkeitsarbeit als freier Journalist und Schriftsteller nun zu klandistinen Formen der Meinungsäusserung zwingen". So beginnt der Brief, der Rodolfo Walsh das Leben kostet; seit seiner Veröffentlichung gehört Walsh zu den 30'000 "Verschwundenen" Argentiniens.

Walsh war nicht immer ein politisch engagierter Autor. Als einige peronistische Offiziere 1956 gegen die damals herrschenden Militärs in Argentinien einen hoffnungslosen Aufstand probierten, trieb er sich in den Cafes von La Plata herum, spielte Schach, schrieb Kriminalromane und "verdiente sich das Leben" — "Perón interessiere mich nicht, die Revolution auch nicht" — bis er Monate später von den Erschiessungen im Anschluss an den Aufstand hört und davon, dass "einer der Erschossenen noch lebt". Da wird der Kriminalautor zum Detektiv. Er sucht den Davongekommenen, findet ihn, entdeckt, dass es noch mehr Überlebende gibt, forscht nach. Es entsteht das Bild einer seltsamen Gruppe von Arbeitern und Kleinbürgern, die, während sie sich im Radio die Übertragung eines Fussballmatchs anhören, verhaftet werden. Wenige Stunden später ist ihr Tod beschlossene Sache und sie werden ohne Anklage, ohne Prozess, ohne rechtskräftiges Urteil in einer Abfallgrube der Vorstädte hingeschlachtet. Es ist ein minutiöser Bericht über einen sinnlosen wie realen Vorgang.

War es eine Hinrichtung oder einfach ein Massenmord? War es gesetzeskonform? Wurde Kriegsrecht angewandt? Wurde ein simpler Mord nachträglich legitimert? Dadurch, dass Walsh die Fragen kühl, eigentlich formaljuristisch stellte, die Täter von Staats wegen sozusagen an ihrem Vorhaben und mit ihren eigenen Massstäben misst, wird die Ungeheuerlichkeit ihrer Tat erst vollends deutlich. Der verantwortliche Polizeichef erklärt den Vorgang so: "Wegen der Flucht des Verurteilten konnte die Erschiessung nicht rechtzeitig erfolgen und war später, als er wieder in Haft war, umso weniger durchführbar, weil in der Zwischenzeit das Kriegsrecht aufgehoben worden war".

Nichts konnte plastischer die Absurdität dieser wahren Begebenheit zusammenfassen. Die Fadenscheinigkeit und die Menschenverachtung einer Justiz, deren einzige Sorge dahin geht, einen makellosen Schein von Gerechtigkeit zu wahren. Recht als Fiktion mit authentischen Folgen — Walshs "Kriminalreportage" wird zu einem Lehrstück über den Unrechtsstaat, gerade weil der Autor (wie ein Untersuchungsrichter) sich ganz auf den Einzelfall beschränkt; Walsh hält es mit der Genauigkeit. *"Die Tageszeitung", Berlin.*

NAMIBISCHES URAN IN SCHWEIZER AKW'S

SCHWEIZER BANKKREDITE AN SÜDAFRIKA UND NAMIBIA

SCHWEIZER WAFFEN IN DER SÜDAFRIKANISCHEN ARMEE

SCHWEIZER MULTIS UND GROSSBANKEN STÜTZEN DAS SYSTEM DER APARTHEID,
SIE VERLÄNGERN DAMIT AUCH DIE ILLEGALE BESETZUNG NAMIBIAS.

DIE ANTI-APARTHEID BEWEGUNG TRITT FÜR DIE ISOLATION DES APARTHEID-
REGIMES EIN, FÜR DEN ABBAU DER WIRTSCHAFTLICHEN BEZIEHUNGEN MIT
SÜDAFRIKA, FÜR DEN BOYKOTT SÜDAFRIKANISCHER PRODUKTE.

DIE ANTI-APARTHEID BEWEGUNG UNTERSTÜTZT DIE BEFREIUNGSBEWEGUNGEN
ANC (SÜDAFRIKA) UND SWAPO (NAMIBIA) IN IHREM KAMPF UM DIE BE-
SEITIGUNG DER APARTHEID, UM FREIHEIT UND SELBSTBESTIMMUNG.

DIE ANTI-APARTHEID BEWEGUNG INFORMIERT ÜBER DAS GESCHEHEN IM
SÜDLICHEN AFRIKA, ÜBER DIE BEZIEHUNGEN DER SCHWEIZ ZUM APARTHEID-
REGIME, ÜBER DEN BEFREIUNGSPROZESS DER VÖLKER IM SÜDLICHEN AFRIKA
UND ÜBER DIE MÖGLICHKEITEN ZU IHRER UNTERSTÜTZUNG.

DIE ANTI-APARTHEID BEWEGUNG VERSTEHT SICH ALS SELBSTÄNDIGER TEIL
EINER INTERNATIONALEN BEWEGUNG, SIE ARBEITET ENG ZUSAMMEN MIT
INTERNATIONALEN ORGANISATIONEN GLEICHER ZIELSETZUNG (Z.B. OEKU-
MENISCHER RAT DER KIRCHEN, VEREINTE NATIONEN).

NEHMEN SIE TEIL AN UNSERER ARBEIT, TRETEN SIE IN KONTAKT MIT UNS,
VERLANGEN SIE UNSERE UNTERLAGEN, LASSEN SIE UNS EINE SPENDE ZU-
KOMMEN. DIE VÖLKER DES SÜDLICHEN AFRIKA DANKEN IHNEN DAFÜR.

ANTI-APARTHEID BEWEGUNG
LEONHARDSTR.19, POSTFACH 7652
8023 ZÜRICH

TEL. 01/251 42 54   PC 40-16403-9